新时代「强基兴师」丛书

互动与分享

王为民谈思政教育

王为民◎著

安徽师范大学出版社
ANHUI NORMAL UNIVERSITY PRESS

·芜湖·

图书在版编目(CIP)数据

互动与分享：王为民谈思政教育 / 王为民著 . -- 芜湖 : 安徽师范大学出版社, 2023.10
（新时代"强基兴师"丛书）
ISBN 978-7-5676-5995-7

Ⅰ.①互… Ⅱ.①王… Ⅲ.①政治课—教学研究—中学 Ⅳ.①G633.202

中国版本图书馆CIP数据核字(2022)第243221号

互动与分享：王为民谈思政教育

王为民◎著

HUDONG YU FENXIANG WANGWEIMIN TAN SIZHENG JIAOYU

策划编辑：吴顺安　　吴毛顺

责任编辑：陈　艳　　　　　责任校对：李晴晴

装帧设计：王晴晴　冯君君　　责任印制：桑国磊

出版发行：安徽师范大学出版社

　　　　　芜湖市北京中路2号安徽师范大学赭山校区　　邮政编码：241000

网　　址：http://www.ahnupress.com

发 行 部：0553-3883578　5910327　5910310（传真）

印　　刷：江苏凤凰数码印务有限公司

版　　次：2023年10月第1版

印　　次：2023年10月第1次印刷

规　　格：787 mm × 1 092 mm　　1/16

印　　张：22

字　　数：350千字

书　　号：978-7-5676-5995-7

定　　价：126.00元

凡发现图书有质量问题，请与我社联系（联系电话：0553-5910315）

内容简介

"新时代'强基兴师'丛书"以安徽师范大学"基础教育振兴行动计划"为指引，坚持落实"立德树人"的根本任务，立意高远，目标清晰，特点鲜明。

本书分为三个篇章：课程篇、教学篇、教师篇。"课程篇"主要围绕新课标解读高中思想政治新课程改革的理念和要求；"教学篇"结合教学实践，着重探讨思想政治课"互动式教学模式"的探索建构；"教师篇"主要围绕思想政治课教师专业成长路径，就教师的教育教学品质、成长机制等方面加以提炼总结，分享给青年教师，展现教师多重素养和多元角色。本书对提升思想政治课教师学科教育的认知水平和专业能力，对推动思想政治课教学改革与发展有积极意义。

作者简介

　　王为民，正高级教师，安徽省特级教师，芜湖市骨干教师，入选教育部"国培计划"专家库，安徽师范大学教育硕士研究生导师、安徽省教育学会中学政治教育专业委员会常务理事、芜湖市中学政治学科校际教研大组组长。荣获"全国优秀思想政治课教师""江淮好学科名师""芜湖市卓越教师（芜湖市名师）""芜湖市卓越教师（学科带头人）"等荣誉称号。承担省级及省级以上课题研究 10 余项，获得省级教学成果奖 2 项，出版个人专著 2 本，主编高中思想政治学案 4 本，参编教材 3 本，在《思想政治课教学》《中学政治教学参考》等刊物发表论文多篇，多次参与安徽省高考、芜湖市中考命题工作。

赓续学脉　强基兴师
擦亮师范教育的育人底色

　　教育、科技、人才是全面建设社会主义现代化国家的基础性、战略性支撑，建设教育强国是中华民族伟大复兴的基础工程。安徽师范大学在新时期的办学理念上坚持"1234"：一是以实现中华民族伟大复兴为己任；二是尊重科学、尊重知识；三是做好基础与应用、理论与实践、科学与工程的结合；四是人才培养注重服务"四个面向"战略部署。新时代新征程，学校全面实施推进"基础教育振兴"和"学科振兴"两大行动计划，着力提升学校办学综合实力与核心竞争力，奋力在"双一流"建设上实现新突破，全面引领服务安徽基础教育发展，打造基础教育振兴安徽模式。

　　百年大计，教育为本；教育大计，教师为本。基础教育是人才成长的起点，又是整个教育体系的根基，在国民教育体系中承担着特殊使命，事关国民素质提升，事关人的全面发展，事关社会公平正义。

再回母校，我越发深切地意识到提升基础教育的质量、造就一支高素质专业化基础教育教师队伍，对于办好基础教育乃至整个国民教育至关重要。强基兴师，利在当下、功在千秋。

强基兴师，是师范院校的使命。师范教育一直都是安徽师范大学的办学底色，也是办学核心竞争力的关键所在。学校是安徽基础教育的"母机"，是强基兴师的主力，要牢牢坚守培养高素质基础教育师资的办学使命，坚决扛起基础教育振兴时代重任，擦亮师范教育的育人底色，努力解决"双减"政策背景下，基础教育优质资源难以满足人民群众需求的难题。我们要为安徽基础教育改革做点事情，务实求真，做好高品质教师培养，全面服务安徽基础教育发展，努力为振兴安徽基础教育作出师大人的贡献。

强基兴师，是创新教育的基石。在中国式现代化进入新征程的今天，强化教育优先发展的战略地位，体现了以创新为核心的教育、科技、人才三大战略的规律性联系。无论是加快建设科技强国，实施创新驱动发展战略，加快实现高水平科技自立自强，积聚力量进行原创性引领性科技攻关，坚决打赢关键核心技术攻坚战，增强自主创新能力，还是建设人才强国，加快建设世界重要人才中心和创新高地，着力形成人才国际竞争的比较优势，基础都在教育。创新的基础教育才能培养创新的人才，而创新人才培养又有赖于高素质专业化创新型教师队伍。因此，学校要从师资队伍建设、人才培养方案、教材教法教案抓起，着力打造优秀教师培养体系和教师终身学习体系，让每个从安徽师大走出的教师乐教善教，成为安徽教育的主力军，推动教育高质量发展。

　　强基兴师，是教育强国的关键。党的二十大描绘了中国式现代化的宏伟蓝图，亟须进一步形成加快建设高质量教育体系赋能中国式现代化的实践进路，实现中华民族伟大复兴的中国梦。习近平总书记在致清华大学苏世民学者项目启动仪式的贺信中指出，教育决定着人类的今天，也决定着人类的未来。教育兴则国家兴，教育强则国家强。"教育是提高人民综合素质、促进人的全面发展的重要途径，是民族振兴、社会进步的重要基石，是对中华民族伟大复兴具有决定性意义的事业。"由此，我们师大人使命光荣、责任重大，唯有踔厉奋发、笃行不怠，方不负党和人民的信任和重托。

　　安徽师范大学出版社策划的"新时代'强基兴师'丛书"很好地顺应了学校事业发展上水平、上台阶谋划设计的发展举措——"基础教育振兴行动计划"，立意高远，目标清晰，特点鲜明。

　　其一，开放性与系统性相结合。"新时代'强基兴师'丛书"是一个开放性的体系，在确保科学性、学术性、可读性的基础上，不断吸纳新理论、新思想的教育论著，推进创新；不断发现有创举、有成效的教育成果，推广运用；不断推荐省内有思想、有成就的学科名师，传经授艺。同时，丛书围绕理论、实践和名师三个系列，将介绍教育理论、推荐教育实践、总结名师经验进行系统性整合，希望可以打造成为安师大出版社教育类图书的品牌。

　　其二，科学性与前沿性相统一。丛书既有高校教育专家学者的理论研究，也有中学教育名师关于自身成长历程的总结和对教育管理与教育教学的探索，还将总结与推广2022年安徽省基础教育教学特等奖和一等奖的获奖成果，展示这些成果坚持立德树人的价值导向，一切从学生出发，释放学生生命活力和智慧灵性的实践案例，产生激励、引领、推而广之的积极作用。丛书力求展现安徽基础教育前沿成果，宣传安徽名师典型，充分发挥名师效应。

其三，理论性与实践性相呼应。丛书包含两条主线：一是重点展现名师关于教育理论和教育实践的理性思考，体现他们对教育本质的探索和追求；二是展示新时代教育工作者对基础教育改革与发展的新探索和新实践，让教育教学创新成果落地生根。丛书既关注教育教学研究的前沿动态，又贴近中小学教师的工作生活，做到理论与实践相统一，力求建立一套完善的中学学科教师专业发展机制，形成一批可复制、可推广的中学师资队伍建设改革经验，发挥示范引领作用。

这套丛书将为中国教育的高质量发展提供我们安徽的真知灼见，也为安徽师大正在打造的金牌教案、金牌教练、金牌师范生"三金"工程提供鲜活的案例，力争为全国师范教育改革和基础教育振兴提供"参考样板"。

李亚栋

癸卯兔年盛夏于清华园

（李亚栋，中国科学院院士、安徽师范大学校长）

前　言

我们正处于一个伟大变革的新时代。伴随着新的课程方案、新的课程标准、新的教材、新的高考改革等渐次展开、有序推进，我国基础教育迈进全面深化改革的新时代，迈上高质量发展的新台阶。

新时代的教育必然会孕育出新的教育理念，提出新的教育要求，萌发出新的教育现象，探索出新的教育策略……既会提出诸多新的问题挑战，也会带来诸多新的发展机遇，这既为每个基础教育工作者提供了人生出彩的机会，也为每个基础教育奋斗者提供成就教育梦想的舞台。

2019年3月18日，习近平总书记在学校思想政治理论课教师座谈会上发表重要讲话。思想政治理论课倍受党和国家重视，广大的思想政治课教师倍感使命光荣、责任重大。新时代的思想政治学科要承担起应有的责任与使命，新时代的思想政治课教师要展现出应有的作为与担当。

作为一名从事高中思想政治课教育教学三十多年的基础教育工作者，我有幸成为基础教育新课程改革的亲历者、实践者与研究者。"我与课改同行，课改伴我成长。"本书较为系统地诠释了新课程改革与新课程标准的教学理念与要求，较为全面地阐述了中学思想政治课"互动式教学模式"的探索与建构，较为深刻地概括总结了自己从教三十多年的教育人生经验，较为深入地揭示了优秀教师应具有的教育教学品质和成长机制。全书具有以下特点。

首先，主题内容具有较强的实践性。高中思想政治课教育教学改革涉及方方面面，我立足高中思想政治课教育教学实践，以"谈思想政治教育"为主线，着重从课程、教学、教师三大方面畅谈自己关于高中思想政治课教育教学的所思所想、所作所为，全方位概括总结了自己的教学经验与教育思考。

"课程篇"侧重于从我国基础教育面临的时代大背景，站在课程的战略高度，通过解读基础教育新课程改革和高中思想政治课程标准的理念与要求，厘清新课程改革和新课程标准教育教学理念与要求的思路条理，引导广大思政课教师树立正确的教学观念，践行更加科学、更加自觉、更加理性、更加有效的教育教学行为。

"教学篇"侧重于从教学方式方法视角，立足中学思想政治课堂教学实践，全面阐述"互动式教学模式"，以更为具体的教学行为诠释并推动基础教育新课程改革和高中思想政治课程标准的理念与要求在课堂教学实践层面落地生根，以极具个性化的方法探索教学改革，转变教师教学观念，改进教师教学方式与方法。

"教师篇"侧重于从教师主体的角度，通过系统概括自身教学经验，以期为年轻教师成长提供帮助；探究优秀教师的教育教学品质和成长机制，引领未来名师树立更高教育目标，追求更高教育理想，点亮年轻教师成长之路。

其次，策略方法具有较强的可操作性。本书在基础教育新课程改革的基本要求方面，提出了"备好课""上好课""命好题""育好人""教好研"五大具体实施策略；在贯彻落实高中思想政治课程标准的基本要求方面，提出了"活动型"与"综合性"学科课程教学的具体实施建议；在课堂教学方式与方法改革方面，提出了"互动式教学模式"的基本策略、实践应用与典型课例；在教师专业发展方面，梳理了从教三十多年的心路历程，给予年轻教师可供分享与借鉴的教育教学经验，提出了优秀教师的教育教学品质与成长机制等。这些关于教育教学、教师专业发展方面的理念要求、方式方法、措施策略等既源于实践，又经过实践检验，具有很强的针对性、实效性与可操作性，便于年轻教师在实践中学习借鉴并进一步丰富发展完善。

最后，结构体系具有较高的简约性。全书设置"课程篇""教学篇""教师篇"三部分内容，贯穿一条主线，既相对独立，又紧密联系。每一篇设立"题记"，用高度凝练的语言提示本篇的内容主旨。围绕每篇主题，精心设计相关章节内容，"课程篇"精选课程改革和课程标准理念与要求方面的相关内容；"教学篇"精选课堂教学方式方法方面的相关内容，"教师篇"精选教师专业发展方面的相关内容。每个章节在正文之前设置"内容提要"，对本章主要内容进行简要介绍，方便读者阅读和理解本章节内容梗概。

实践无止境，探索无止境；改革无止境，创新无止境。我国基础教育改革现已进入全面深化阶段，各项改革新举措能否"改得动""改得了""改得成"，取得预期的积极成效，遇到的最大挑战就是能否摆脱传统教育模式弊端。我们需要坚定改革自信，保持改革定力，期待更多有识之士进一步发扬创新精神，顺应经济社会发展时代潮流，攻坚克难，勇毅前行，踔厉奋发，笃行不怠，以科学的教育理念和有效的教学行为推进基础教育改革向纵深发展。

王为民

2022年五一国际劳动节

目　录

课程篇　解读:让理念要求更条理

教学篇　互动：让课堂教学更精彩

教师篇　分享：让名师成长更给力

课 程 篇
解读：让理念要求更条理

　　理念是行动的先导，我们的教育教学总是在一定的社会历史文化背景和一定的教育教学理念指导下进行的。"课程篇"着重解读我国基础教育新课程改革和普通高中思想政治课程标准的核心价值理念与实施基本要求，引导广大思想政治课教师树立正确的教育教学观念，实施更加自觉、更加理性、更加科学、更加有效的教育教学行为。

——题记

第一章　基础教育新课程改革的基本理念与基本要求

内容提要：改革开放以来，我国基础教育改革经历一个从课堂教学方法改革到课程系统改革的过程。从课堂教学微观视角开展的教学方法改革无法根本改变应试教育的弊端，站在课程宏观战略高度开展的课程系统改革成为新世纪推进素质教育的必然选择。进入21世纪，我国新一轮基础教育课程改革凸显了"以人为本、回归生活、彰显生命"的人文价值取向，集中体现了"以人为本"的教育观，"民主、科学、开放"的课程观，"集中、统一、权威"的课程标准观，"专业化"的教师观，"主体性"的学生观，"民主、平等、和谐"的师生关系观，"发展、交往、生成"的教学观，"自主、合作、探究"的学习观，"学本教材"与"用教材教"的教材观，"旨在促进发展"的评价观等教学理念。教师应贯彻落实新课程理念，努力做到"备好课""上好课""命好题""育好人""教好研"。

课程是学校学生学习的学科总和及其进程与安排，是教育思想和教育观念的集中体现，是实施培养目标的施工蓝图，是组织教育教学活动最主要的依据。我国基础教育课程承载着党的教育方针和教育思想，规定了教育目标和教育内容，是国家意志在教育领域的直接体现，在立德树人方面发挥着关键作用。进入新世纪，我国基础教育课程改革是系统性、根本性改革，旨在全面推进素质教育。进入新时代，我国全面深化基础教育课程改革，旨在全面贯彻党的教育方针，促进人的全面发展，落实立德树人根本任务。深入解读我国基础教育新课程改革的基本理念，是我们做好高中思想政治课教育教学工作的基本前提；诠释践行我国基础教育新课程改革的基本要求，为我们做好高中思想政治课教育教学工作提供实践引领。

第一节　我国基础教育改革的回顾与反思

1978年12月，党的十一届三中全会胜利召开，揭开了我国改革开放的序幕。我国基础教育发展迎来了改革的春天。

一、立足课堂教学微观视角，教学方法改革无法根本改变应试教育弊端

改革开放后，我国中小学的教育教学改革大多从单项、单学科开始，如语文和英语教学改革就出现过识字（或单词）教学改革、阅读教学改革、作文教学改革等。有的教师把课程教学改革简单理解为教学内容的微调，更多的教师是探究符合素质教育方向的教学方法改革，如我国近年来有一定影响的九个典型教学改革实验：邱学华的尝试教学法、卢仲衡的自学辅导教学法、黎世法的异步教学法、张熊飞的诱思探究教学法、李吉林的情境教学法、王敏勤的和谐教学法、张思中的"十六字"外语教学法、马承的英语三位一体教学法以及顾泠沅的"青浦实验"等。除此以外，还有目标教学法、点拨式教学法、体验式教学法、活动式教学法等。这些教学实验和改革比较一致地关注了"学生自主阅读课本—学生自己做练习—及时反馈结果—教师辅导并小结"，有的还涉及"个别化教学"等，这对我们今天的新课程课堂教学改革有着很重要的借鉴意义。从新课程所倡导的系列教学方式与教学策略来看，这些有益的教学实验和改革成果对新课程的理论与实践活动产生了

积极影响。

　　教师要正确认识课程与教学的关系。教学改革与课程改革将保持一种良性的动态平衡，互为前提和动力，共同支撑基础教育向前发展。在课程论的话语体系中，课程是一个大概念，它是学校教育的心脏，教学是课程实施的一个环节。如果课程本身就不是按素质教育思想或主体性教学思想来设计的，那么要在教学层面实现素质教育进课堂、主体性教学，就几乎是不可能的。传统课程下的课堂教学强调以知识为本位，教师和教材是权威，有严密的知识体系，学生以被动接受学习、死记硬背、机械训练的方式学习，教学过程和评价是"讲—练—考"的单一模式，教学过程被窄化为"教教材、学教材、考教材""考什么教什么，教什么学什么"的简单的传授书本知识和解题技能的过程，否定了教学过程作为共同的生活体验过程和人生成长过程的现实性。所以，多年的教学改革探索给了我们一个非常重要的启示：教学改革要取得根本性突破，必须跟课程改革联系起来，从课程教学的整体上进行综合考虑。教学改革的成功在很大程度上依赖于课程改革的整体推进。

二、站在课程宏观战略高度，课程系统改革成为新世纪推进素质教育的必然

　　课程是教育思想和教育观念的集中体现，是实施培养目标的施工蓝图，是组织教育教学活动的最主要依据。课程改革是整个教育改革的核心内容之一，是全面实施素质教育的核心问题和关键环节。基础教育课程改革位居实施素质教育四个核心问题之首，是全面推进素质教育的必然要求和治本之策。为了能够从根本上解决基础教育领域存在的不利于学生科学发展的各种教育问题和弊端，1999年全国教育工作会议之后，党和政府站在国家和民族未来发展的战略高度，从学生科学发展和健康成长的角度出发，正式启动新世纪新一轮基础教育课程改革。本轮基础教育新课程改革不仅包括课本内容的改革，而且是一个包括课程功能、课程结构、课程内容、课程评价、课程管理政策等具体改革内容的复杂而又细致的系统工程，是一个由课程改革所牵动的整个基础教育的全面改革。纵观已经推行了二十多年的基础教育新课

程改革，我们以课程标准颁布实施为主要标志，将本轮课程改革大体上划分为两个阶段加以评析。

（一）以"三维教学目标"为代表的新课程改革初始阶段成效评析

进入新世纪，以教育部2001年印发《义务教育课程设置实验方案》、2003年印发《普通高中课程方案（实验）》和15个学科课程标准（实验）为主要标志，基础教育新课程改革进入初始阶段。新一轮基础教育课程改革全面推进，情境教学模式，学生自主合作探究的学习方式，教师发展、交往、生成的教学方式，学科教学与信息技术整合的课堂教学呈现方式，积极的教学评价方式，突出培养学生创新意识和实践能力的教材编写方式等一系列全新教育教学方式的变革，促进了先进教育理念的传播，推动了基础教育的整体变革，为全面推进素质教育发挥了重要作用：基本建立了有自身特色的、更加符合时代要求的新课程体系，一大批全面体现德育要求、反映人类文明成果的教材深受广大师生喜爱；人才培养模式改革积极推进，学生社会责任感、创新精神和实践能力的培养受到高度重视；考试评价制度改革取得重要进展，注重学生成长过程和全面发展的评价体系正在形成；广大教育工作者的教育观念和教学行为发生积极变化，改革的主动性和创造性不断增强，为进一步深化基础教育课程改革奠定了扎实基础。

基础教育课程改革初始阶段确立了"知识与技能、过程与方法、情感态度价值观"三位一体的开放的课程与教学目标，这是开放性教学的核心内涵，也是推进素质教育的集中体现。教师要在课堂教学的过程中潜移默化地培养学生健康的情感、积极的态度和正确的价值观，并将知识与技能、过程与方法、情感态度价值观有机统一于课堂教学目标中，全面贯穿于课堂教学过程中，具体落实在课堂教学行为中，促进学生全面和谐发展。但是，有些教师片面认为："三维教学目标"中，"知识与技能"目标和"过程与方法"目标可以通过测验与测试等考查方式外显量化得出结果，是个硬性任务，教师在课堂教学过程中需要扎实有效完成，而对于情感态度价值观目标，由于相对抽象而难以量化显现，是个软性任务，教师在课堂教学过程中既没有引起足够重视，也没有采取有效措施加以落实，从而忽略了情感态度价值观教育，也就淡化了学生的非智力因素教育。这种人为割裂"三维教学目标"的做法，片面强调了知识本位，以此追求人才选拔功能，将基础教育演变为知识教育、英才教育，忽视了教育对象的普遍性和教育的作用和本质。一些教育有识之士对此有着强烈的危机感，痛批教育功利化倾向，指出我们培养的学生，要有对个人、对整个国家、对人类的责任感。如果学校教育只注重知识，不注重德性培养，那么培养的人越有知识，越可能成为社会的祸害。此外，在人生价值观教育方面还存在另一个误区，即片面强调"社会本位"，忽视了人的多种内在需求与整体人格的成长。在现实的课堂教学中，教学目标上的结构性失衡，最终将会导致人的畸形发展，这是一个关系到基础教育"培养什么样的人"的根本问题。

在以"三维教学目标"为代表的新课程改革起始阶段，尽管"以学生为中心"的教学方法很灵活，但很难保证学生的学习成绩不受影响，在"没有任何经验可以证明新的改革措施是有效的"前提下，一些教师没有真正有效参与改革也就不足为奇。于是，一些教师仍然按照传统教学方式实施新课程课堂教学，有太多居高临下的灌输与说教，而缺少创造条件让学生通过自身的体验达到自我完善、自我发展。这种教育模式最大弊病就在于不是学"问"，而是学"答"，其实质是以新课程的名义推行应试教育之实，越来越偏离了素质教育的根本方向。

（二）以"学生发展核心素养"为代表的新课程改革深化阶段成效评析

十八大以来，中国特色社会主义进入新时代，新课程方案、新课程标准、新教材、新高考开启基础教育新课程改革新阶段，中国基础教育进入高质量发展的新时代。

基础教育课程承载着党的教育方针，规定了教育目标和教育内容，是国家意志在教育领域的直接体现，在立德树人中发挥着关键作用。课程标准是国家规定某一学科的课程性质、课程目标、内容目标、实施建议的教学指导性文件。课程标准集中体现课程改革理念与要求。以教育部印发《义务教育课程方案和课程标准（2022年版）》《普通高中课程方案和语文等学科课程标准（2017年版2020年修订）》为主要标志，基础教育新课程改革进入全面深化阶段。对比高中思想政治2004年实验版与2020年修订版课程标准，我们可以总结出一些突出变化：在教育目标方面，长期以来，宏观育人目标是明确的，中观的学科育人目标比较笼统，容易造成微观的教学目标只关注具体的知识学习，为此2020年修订版课程标准提出了"中观学科育人目标"——学科核心素养。在教学策略方面，2004实验版课程标准没有明确规定采用何种教学策略具体实施"三维教学目标"，结果导致教学目标虚化淡化，没有达到新课程改革预期成效。2020年修订版课程标准为了在课程实施环节真正全面落实学科核心素养培育目标，明确提出以议题方式实施"综合性、活动型学科课程教学"。在教学质量方面，2004实验版课程标准没有明确规定教学应达到什么样的质量水平，导致无从评价新课程改革成效，新课程倡导的一些教学理念与要求在一定程度上只能流于形式；2020年修订版课程标准为有效监测学科核心素养的教学成效，在每个必修及选择性必修模块中设置"学业要求"，在整个课程中设置"学业质量标准"，以此检测学科核心素养教学目标培育状况。相比之下，高中思想政治课程标准2020年修订版比2004年实验版更具有权威性、指导性和可操作性。

综上所述，我国当前兴起的基础教育新课程改革自2001年推行以来，必将经历一个长期、复杂、系统的推进过程，这不仅是对过去传统教育教学的反思与扬弃，更是顺应时代发展的必然要求。基础教育新课程改革现已进入全面深化的攻坚阶段，要想成功推进，需要多方共同发力。影响基础教育新课程改革成效的根本在于教育教学主渠道实施，教育教学主渠道实施的关键在于促进基础教育新课程理念转化为教师教育教学行为。积极应对基础教育新课程改革，需要广大教师充分发挥主观能动性，"在教学过程中研究，在研究状态下教学"，立足课堂教学主渠道，积极实施课堂教学改革，加强教育教学实践研究，促进自身成长。同时，教师应加快转变班级管理方式，努力探究并诠释新课程理念下教师课堂教学方式、教师专业成长方式和班级管理方式的实践策略，着力使新课程理论通俗化，新课程改革思路体系化，新课程改革实施策略可操作化，坚定持之以恒推进新课程改革的决心，最终使彰显素质教育核心价值理念的基础教育新课程改革落实到教师教育教学的实践中。

第二节 我国基础教育新课程改革的基本理念

进入21世纪，我国新一轮基础教育课程改革凸显了"以人为本、回归生活、彰显生命"的人文价值取向，着眼于学生、教师和学校的全面、协调和可持续发展；核心任务在于构建符合素质教育要求的基础教育课程体系，为学生的终身发展奠定基础；核心理念是"以学生发展为本，基于学生发展，关注学生发展，为了学生发展"；核心目的是要通过课程的变革来实现学生学习的变革，进而促进学生素质的全面提升。

一、"以人为本、回归生活、彰显生命"的人文价值取向

第一，"以人为本"——课堂教学生态化：目中有人、心中有人、立德树人。

"以人为本"就是在基础教育新课程课堂教学中科学定位教师主导作用和学生主体地位，实施积极的教学评价，充分调动学生参与课堂教学活动的积极性、主动性与能动性，突出学生的主体性、全面性、自主性与个体差异性，促进学生个性化、特色化发展，在基础教育新课程生态化课堂教学中促进全体学生科学发展与健康成长。教师的主导作用定位于规划设计者、组织协调者、平等对话者、合作促进者、意义建构引导者。学生的主体地位定位于话语的主体、思维的主体、学习的主体、活动的主体。正确处理教师和学生的"双主关系"，打造"以人为本"的课堂生态环境。

第二，"回归生活"——课堂教学生活化：源于生活、基于生活、为了生活。

"回归生活"就是以学生生活经验为教学的切入点，以创设生活化教学情境为教学平台和载体，充分发挥学生生活经验在课堂教学中的能动作用；以引入富有生活气息的课程资源为教学素材，突出课堂教学的生活性、互动性、实践性与体验性，在基础教育新课程生活化课堂教学中回归生活的本

源。生活化的教学情境来自两个方面，即国内外重大时事政治、重要的社会现实生产与生活问题，即"教学内容情境化，教学情境内容化"，引领正确的价值取向，高扬主旋律，充满正能量。生活化的教学情境具有两种用途：引出教学问题，引导教学活动。其理论依据是皮亚杰的建构主义学习理论。教师应关注学生的生活经验，让课堂教学真正做到从学生实际出发，充分发挥教师教学经验的能动作用，塑造个性化教学风格，提高课堂教学效能。

第三，"彰显生命"——课堂教学生命化：教师专业发展的职业生命与学生"学会学习"的学习生命和谐共生。

"彰显生命"就是遵循学生的成长规律，贴近学生的心理需求，尊重学生的个性差异，满足学生多元化发展的心理需要，突出课堂教学的平等性、民主性、和谐性与生成性，在基础教育新课程生命化课堂教学中促进教师和学生共同和谐发展。教师的专业发展生命就是要提升教师职业的幸福指数和幸福感；学生的学习生命就是要培养学生"学会学习"，这是学生自立于社会的真正"饭碗"。

基础教育新课程理念在根本上为实施素质教育擘画了美好蓝图并指明了前进方向，为培养时代和社会所需要的真正人才提供了良好的思维和路径，召唤着素质教育实施者和基础教育新课程实践者为梦想、为信念而不断前行。

二、我国基础教育新课程改革集中体现的教育教学理念

"以人为本"的教育观。"以人为本"的教育观从根本上体现了学生的主体地位，体现了学生作为"独立人和完整人"的发展需求。这要求教师坚持"以学生为中心"的教育思想，了解学生的需求和兴趣，设计符合学生认知水平的教学内容，采用多样化的教学方法，对学生进行个性化指导，关注每个学生的发展。

"民主、科学、开放"的课程观。"民主、科学、开放"的课程观指的是课程开发的民主性、课程内容的科学性、课程资源的开放性的有机统一。这要求教师树立不断生成的课程观、整合的课程观、实践的课程观、生活化的课程观、多样化的课程观等。

"集中、统一、权威"的课程标准观。"集中、统一、权威"的课程标准观突出体现在课程标准既是教师教学与学生学习的根本依据，也是考试评价与教材编写的根本依据。切实维护和发挥课程标准在"教、学、考、编"中的权威，要求教师贯彻素质教育理念，突破学科中心，转变学习方式，发挥评价促进学生发展的功能，拓宽新课程实施空间。

"专业化"的教师观。"专业化"的教师观认为，教师应是学生发展的促进者、教育教学的研究者、课程的建设者和开发者、终身学习的践行者。这要求教师要成为新课程的探究者与开发者、教与学的设计者与创造者、学生发展的合作者与促进者、教育教学的研究者等。

"主体性"的学生观。"主体性"的学生观认为学生是具有独特性、生成性、自主性和整体性的人，因而教育者应该了解学生、尊重学生，积极发挥学生的主体性，使其成为自主的学习者。这要求教师确立学生发展的主体性地位，尊重学生的差异性，促进学生个性化发展，要相信每个学生都能创造奇迹。

"民主、平等、和谐"的师生关系观。"民主、平等、和谐"的师生关系观是新课程理念与要求在课堂、班级、学校贯彻落实的基本保障。这要求教师要尊重学生的自主性、能动性和创造性，突出学生的主体性地位；要尊重信任学生，建立和谐的师生关系。

"发展、交往、生成"的教学观。"发展、交往、生成"的教学观是全面发展的教学观、交往与互动的教学观、开放与生成的教学观。这要求教师从"知识本位"转向"育人为本"，从"师本"转向"生本"，从"重结果"转向"重过程"，从"统一规格"转向"个性化教学"等。

"自主、合作、探究"的学习观。"自主、合作、探究"的学习观注重培养学生的独立性和自主性，引导学生质疑、调查、探究，在实践中学习，促进学生在教师指导下主动地、富有个性地学习。这要求教师要积极引导学生开展自主学习、合作学习、探究学习。

"学本教材"与"用教材教"的教材观。"用教材教"的教材观倡导教材是"材料"，要灵活处理教学内容；教材是"学材"，要活化教学内容；教材是"媒介",要因材施教。这要求教师在使用新教材时,必须注入时代性、关注基础性等。

"旨在促进发展"的评价观。"旨在促进发展"的评价观要求建立促进学生全面发展的评价体系、促进教师不断提高的评价体系和促进课程不断发展的评价体系等。

基础教育新课程理念与要求赋予了教师教育理念新的时代内涵,为教师的教学行为注入新的时代要求,明确了教师实施素质教育应该努力追求的时代价值取向。

第三节　我国基础教育新课程改革的基本要求

基础教育新课程课堂教学是以学生为主体有效参与的教学,学生有效参与教学的过程也是培养学科核心素养的过程,从而凸显出基础教育新课程"以人为本、回归生活、彰显生命"的人文价值取向。"我与课改同行,课改伴我成长"。积极投身、感悟、反思新课程改革,做新课程改革的实践者和促进者,成为教师积极投身新课程改革实践与研究的原动力。通过自身的课堂教学、教育管理以及大量的听课、评课、说课和磨课等教育教学实践研究,在学习、实践新课程理念并积淀一定新课程实践经验的基础上,结合教育理论知识,坚持"如何将基础教育新课程、新课标理念与要求转化为教师教育教学行为"问题导向,经过多年的新课程、新课标教育教学实践研究,教师不断丰富理论、提高认识,沉思课堂、反思实践,总结经验、完善思路,逐步形成关于本轮新课程改革与新课程标准在课堂教学、教师专业发展、学生"学会学习"和教育管理等各个环节的实践要求与实施策略,深刻诠释"新课程理念下教师如何做到有效备课?如何实施有效教学?如何实施考试评价?如何指导学生'学会学习'?如何实施人文化、民主化班级管理?如何开展校本教研?"等问题,努力做到"备好课""上好课""命好题""教好研""育好人",在课堂教学和班级管理的全过程、全链条、各环节、各方面充分落实基础教育新课程与新课标理念与要求。

一、"备好课"：新课程课堂教学设计实施"有效备课"

备课是教师从事课堂教学活动的首要环节，是教师最为熟悉也容易忽略的教学环节。备好课是上好课的前提和基础，只有充分备好课，才能上好课。有的教师仅仅照搬照抄教参备课，有的教师只是按照自己的教学经验备课，有的教师甚至把备课等同于"背课"或"写教案"等，这些机械式和应付式的备课行为必将带来课堂教学行为的随意性、盲目性和无序性，使得课堂教学行为失去贯彻落实新课程理念的科学性和有效性。这种"按照老课程的教学思维定式和教学习惯实施新课程的课堂教学行为"产生的直接原因是没有依据新课程理念"有效备课"。只有做到"有效备课"，才能实施"有效教学"。

新课程视角下的教师"有效备课"，即在"以人为本"的新型课堂教学理念指导下，对课堂教学活动进行科学规划和构思。在"有效备课"过程中，教师应该有目的、有计划、有步骤、有措施地具体、系统指导学生"学会学习"。

（一）备学生：尊重和保障学生的主体性，彰显课堂教学的民主化

"备学生"即突出学生在教学中的主体地位，让学生自主掌握知识，提高学习能力，培育积极健康的情感、态度和价值观。在备课过程中，教师的教学行为要努力做到围绕教学，调查掌握学生的相关情况，包括生活经验、认知水平、能力状况、思想意识状况等，从而为教学做好准备。

"备学生"要求教师在备课过程中，教学元素的规划安排应以"有利于学生学会学习"为最高原则，教学智慧和艺术应以"有利于学生科学发展"为根本宗旨，做到心中有学生、眼中有学生，认识到学生是课堂教学的主人，尊重和保障学生的主体性，充分体现民主化的教学思想，真正做到"以生为本"。

（二）备学材：创新教学内容组织方式，体现课堂教学的艺术化

"备学材"即将教材视为一种重要但非唯一的课程资源，"变教材为学

材"。在备课过程中，教师的教学行为要努力做到灵活处理教材内容，活化教材内容，创造性地使用教材，坚持用教材教，而不是教教材。

1.正确认识课程标准与教材的关系，处理好课标与教材的关系

课程标准体现了国家对每门学科的统一要求，是编写教科书和教师进行教学的直接依据，也是衡量各科教学质量的重要标准。

教材是"材料"，要灵活处理教学内容。教材是学生和教师进行教学的材料，教材不同于课程标准，不是教学的唯一依据。这样，我们就可以接受一些教学过程和教学方法的变化：授课顺序是可变的，授课时间是可调的，教学事例是可选的。教学内容的选择应打破知识体系化，克服"繁难偏旧"倾向，选择学生终身发展所必备的基本知识，让知识为人的发展服务，而不是让人成为知识的奴隶。

教材是"学材"，要活化教学内容。教材既给教师用，也给学生用，教师在教学中要活化教材，灵活使用教材，不是以教材统领学生思想，而是以学生学习需求支配教材的灵活处理与使用。教材在内容、形式等编排上具备多样性和开放性，设置大量的情境小栏目，这为教师创造性使用教材提供了广阔的空间。教师以情境导入引领学生思维的展开、交流、碰撞，学生借助生活情境和已有的生活经验，通过自主合作探究的学习方式，自主建构生成知识，教师把教材作为一种重要的但非唯一的课程资源，根据自身实际创造性地使用教材。

教材是"媒介"，要因材施教。教材是落实课程标准、传递教学信息的重要媒介，不是学生获得认识的终极目标或对象，这就将师生从知识本位的桎梏中解放出来。

厘清课程标准、教材和教学之间的关系，不仅有助于教师创造性开展教学活动，而且有助于教师用富有新意、充满激情的教学方式因材施教，培养学生的自主学习能力，激发学生的创新精神，促进学生的全面发展。教师在使用新教材备课时，要注意关注学生的生活经验，增强课程内容与社会生活的联系，根据时代发展和实际需要及时调整和更新教学内容。同时，教师应当关注学生掌握成长必备的知识以及灵活运用知识的能力，从而为学生的终身发展奠定基础。

2."学科核心素养"是课堂教学的灵魂，要具体落实到每一课时的教学过程中

新课程课堂教学力求让学生获得人生发展的必备知识，着力培养学生学会学习、可持续发展等关键能力，愉悦和丰富学生情感，引导学生进行正确的价值判断和价值选择，自觉树立科学的世界观、人生观和价值观，促进学生全面协调可持续发展。这要求教师在备课与设计教学时应做到：必备知识方面，精心梳理哪些知识是学生人生发展必备的；关键能力方面，精心选择哪些策略能够提高学生学习能力、分析和解决问题的能力等；情感态度价值观方面，精心规划具体培养学生哪些情感态度价值观，形成正确的"三观"。只有在备课过程中将学科核心素养具体分解，明确到位，才能在每一节具体的课堂教学中贯彻"促进学生全面发展"的"有效教学"思想。

3.正确处理课内资源与课外资源的关系

课程资源的内容是十分丰富的。新课程教材提供的课程资源具有有限性、普适性和时效性等特征，需要教师在备课时能够根据时代和社会的最新发展实际，与时俱进，为教学不断融入最新的课程资源。在备课和设计教学时，教师要改变"课程即学科""课程即教材"的传统观念，把师生的生活、经验、智慧、困惑、情感等素材性课程资源真实地融入课堂教学过程，让自己和学生真实地体验到教学过程是师生的人生过程；要充分开发和利用学校现有的各种课程资源，如图书资料、影视资料等，还要将平时搜集和储存的各种校外课程资源用于课堂教学之中。

4.正确运用教材中的"探究与分享"活动

新课程教材的编写思路是"从情境导入到情境分析再到情境回归"，遵循了学生"从感性认识上升到理性认识"的认识规律，体现了学生"个性—共性—个性"的认知顺序。因此，教师在备课与设计教学时，要正确运用教材中的"探究与分享"活动。

首先，教师在教学中重视"探究与分享"活动的教育功能。"探究与分享"活动设置的目的就是让学生在生活情境中丰富生活经验，通过自主、合

作、探究学习，自主建构知识；在问题情境中引出相关问题或设计相关活动，引导学生思维互动；在活动情境中引导学生开展活动，增强分析和解决问题的能力；在价值判断和价值选择中培养情感态度价值观，实现培育学生学科核心素养的目标。

其次，由于新教材中课程资源的时效性和实践性特点，原先设计的"探究与分享"活动的内容可能不再适应新时代、新环境的要求，需要教师在备课时根据学生、学校等实际情况，对"探究与分享"活动中材料和设问进行有针对性地甄别与调整、创造性地补充与使用，以发挥其教育功能，做到与时俱进。有时教师自己也可以根据教学需要创造性编写"探究与分享"活动材料。

（三）备学法：倡导学生学习的能动性，回归课堂教学的生活化

"备学法"即突出学生在教学中的主体性，尊重学生的个性差异，引导学生"学会学习"。在备课过程中，教师的教学行为要努力做到：通过创设问题情境、生活情境和活动情境，引导学生探究学习、学会学习，提升学习能力，养成良好学习品质。

"备学法"要求教师在备课和设计教学时，能够借助教学情境和生活经验，努力做到"教学内容情境化，教学情境内容化"，在情境教学中有机整合师生的生活经验，引导学生自主、合作、探究学习，指导学生学会学习，提高学习能力。

总之，有效实施新课程课堂教学的重要前提是"有效备课"，教师只有真正做到"有效备课"，课堂教学才能真正实施"有效教学"，"备好课"与"上好课"同等重要。

二、"上好课"：新课程课堂教学设计实施"有效教学"

课堂是学生学习活动的最重要场所，课堂教学是培养学生"学会学习"的根本途径。当前，基础教育阶段课堂教学存在的突出问题是教学活动缺少以学生为主体的有效参与，学生处于消极被动的学习状态。这种教学境况可能产生的危害是：学生在课堂教学中的主体性被泯灭，教学必然会失去应有

的生机和活力，学科核心素养培养目标无法得到真正、全面、具体落实；学生学习是没有能动性、实践性和生活性的，无法培养学生"学会学习"。因此，教师要遵循教学规律和学生成长规律，尊重学生主体地位，引导学生有效参与教学，培养学生"学会学习"。

（一）实施情境教学，创设适宜教学情境，构建学生有效参与教学的载体

建构主义学习理论认为，知识不是通过教师传授得到的，而是学习者在一定情境即社会文化背景中，在其他人（包括教师和学习伙伴）的帮助下，利用必要的学习资料，通过建构的方式而获得。课堂教学创设适宜的教学情境，实施情境教学，做到"教学内容情境化，教学情境内容化"，在情境教学的效应场中，实现学生有效参与教学活动，引领学生勤于思考，善于合作，乐于探究，自主建构知识，这是引导学生积极主动参与教学活动的有效途径。

1.教学情境问题化

以问质疑。教师要适应新教材的变化，着力构建敢于质疑的课堂教学环境。教师要在教学过程中结合学生的学习、生活、思想、情感等实际，以及课程标准和教学内容的具体要求，从教学情境中设计出有效的教学问题，以问题为引导，调动学生已有的生活经验，通过思考、讨论、辩论、调查、探究等形式，开展自主、合作、探究学习。学生在此背景下所获的知识是自主建构的，因而具有长效性。

以问激趣。在动感愉悦的教学情境中，引出贴近学生生活和思想实际的教学问题，是吸引学生有效参与教学的切入点。这有利于吸引学生的注意力，捕捉学生的兴奋点，激起学生的学习兴趣，激发学生自主探究的欲望，激活学生的思维，调动学生参与教学的主观能动性。以问题为载体激发学生兴趣，将学生的思绪带入知识的殿堂。

以问启思。有效教学问题要具有价值性，问题应来源于实践，用于满足实践需要；应有讨论的必要和教育意义，要有思考余地，能启迪学生思维，

增强教育功能。有效教学问题要具有层次性，问题设置应符合学生认知规律，由简单到复杂，由易到难，引领学生的思维呈递进式梯次展开，通过成功的体验，开启未知的大门，走入探究的殿堂。有效教学问题要具有创新性，问题作答指向应具有一定的发散性，鼓励学生以聚合、发散、创新、逆向等思维方式多视角思考问题，培养学生创新思维、质疑精神和批判品质。

以问导学。根据苏联心理学家维果茨基的"最近发展区"理论，有效教学问题的难易度应选择在学生已经达到和可能达到的发展水平之间，这有利于引导学生，首先是自主学习，通过自己独立思考问题，获得学习成果；其次是合作学习，学生自身解决问题能力有限，就必须通过和其他同学以小组合作方式共同探讨问题，获得学习成果；最后是探究学习，学生自身掌握信息有限，必须通过网络查询、调查研究等研究性学习方式深入探究问题，获得学习成果。

可见，以问题为纽带能够较好地引领学生有效参与教学活动，问题的探究过程既是教师组织、协调、引导教学的过程，也是学生自主、合作、探究学习的过程。

2. 教学情境活动化

"教学活动化，活动内容化，内容生活化。"课堂教学创设蕴含一定思想政治教育内容的活动情境，在寓教于乐的师生、生生互动中，学生能够体验情感、升华认知、建构知识，培养语言表达、组织协调、团队合作等各种能力，实现情感共鸣、态度认同、价值观生成。

"意想不到、情理之中"的活动形式。教师要运用教育智慧，根据教学实践需要，创设一种"意想不到又在情理之中"的活动形式，例如：以音乐方式表达情感、传递信息、烘托教学氛围；以绘画方式重构教材内容的主旨与立意；以续（编）写方式启迪学生思维想象，有理有据表述文章观点或故事情节；以调查方式揭示教学问题；以热线连接方式表达此情此景中的自我真实想法（或看法）；以动漫 Flash 或影视资料方式显现和佐证教材观点；创作情景剧、表演小品、开展主题辩论赛、角色扮演、客串影视金牌栏目主持人活动等。这些极富生活气息的创意活动，能够有效提高学生参与教学活动的兴趣，实现师生和谐发展。

"精彩刺激、异彩纷呈"的活动手段。课堂教学活动的有效开展，还需借助一定的刺激手段，才能提升学生活动的参与面与热情度。活动刺激手段既可以是一定的物质奖励，也可以是教师口头语言、肢体语言、表情语言等精神鼓励，还可以是竞技性的竞猜竞答、积分累加、荣誉称号授予等活动激励。通过创新活动手段，激起学生参与活动的兴趣与欲望，激发学生参加活动的热情与潜能，在活动中增强学生的能力与情感体验，引导学生思考与建构认知。

3. 教学情境生活化

立足于学生现有的生活经验，充分开发和利用生活中的课程资源，在鲜活的生活情境中，学生将课本知识与社会现实生产生活紧密结合，感知、印证、理解和运用教材观点，启迪思想智慧。这既是基础教育新课程的实践性特征决定的，又有助于实现课堂教学回归生活本源。

体验与感悟生活。结合新教材内容，教师可以通过实物展示、影视资料回放、网络查询等形式呈现已经或正在发生的社会生活场景、国内外重大时事新闻，让学生在客观的生活情境中感悟知识。

模拟与再现生活。有些无法通过现实经历的生活情境，教师可以通过学生模拟表演或多媒体演示等方式，让学生在模拟和再现的生活情境中品味生活，体会教材观点。

虚拟与创造生活。师生可以自己制作或从网上下载一些动画等虚拟生活情境，丰富学生的生活经验，让学生更生动、更形象地感知、理解教材内容。

4. 教学情境创新化

一个充满创意的教学情境，既能够有效地吸引学生参与教学，又能够显现出教学情境的系统性、教学过程的流畅性、教学构思的艺术性、教学内容的生活性、教学形式的创新性和教学资源的教育性。

教学情境呈现方式创新。教学情境的呈现方式可以是片段设计或整体设计，如以某个人的一天、某个家庭的生活、某个购物环境、某个网络环境等设置情境，将一个完整的课时或单元教学内容串联起来，引领教学活动的有机、有序和有效展开。

教学情境价值功能创新。教师在教学过程中应注意情境材料的"变式"，从不同角度和不同层面充分挖掘情境材料的多功能教育价值，以一例贯穿教学活动的始终，提高课堂教学效率。

总之，基础教育新课程实施情境教学，有利于让学生在问题情境中开展自主、合作、探究学习，在活动情境中增强分析和解决问题的能力，在生活情境中丰富生活经验。通过情境教学，学生自主建构知识，培养能力，在价值判断和价值选择中形成情感态度价值观，达成学科核心素养培育目标。

（二）实施情感教学，运用激励性教学评价，营造学生有效参与教学的宽松心理环境

课堂教学吸引学生有效参与教学活动的必要条件是要为学生营造"心理自由与安全"的宽松心理环境，让学生生活在严爱相济、张弛有度、宽松和谐的课堂教学氛围之中，始终保持一种有效参与教学活动的精神状态。

1.实施情感教学，拉近师生的心理距离

"爱"是最伟大的教育力量，"爱"是学生有效参与教学活动的原动力。

热爱教育事业。教师要对所从事的教育事业充满热爱，这样才能让自己的教育生涯永远激情燃烧，才能永不停息地追求进步和卓越，把立志为教育事业服务定位为自己的人生目标，即使在艰苦的环境下也不抛弃、不放弃理想信念。"艰难困苦，玉汝于成"，只有对教育事业有着坚定的理想信念和执着的理想追求，教师才能在平凡的工作岗位上做出不平凡的业绩。

热爱学生。亦师亦友亦知己，润物细无声，倾注爱心是教师教育教学的一大特色。师生关系是教育过程中最主要的人际关系，教育是师生的双边交往活动，要想获得良好的教育效果，必然需要通过"爱"来建立和谐的师生关系。学生是有血有肉、有情感的鲜活个体，理应得到尊重和关爱。教师要真正做到爱学生，爱全体学生，尤其是关爱"两有生"。爱学生不仅要关爱学生的学习，更要关心学生的人格尊严、身体和心理健康。学生对于学科的感兴趣程度，一般而言，受到从事这门课教学的老师的影响，对这门课的老

师感兴趣，往往也会产生对这门课的兴趣。此外，教师的人格示范也是一种重要的教育力量和资源，是其他方式无法替代的。个别教师在功利思想的诱导下，"高压"和"错爱"虽然可能获得眼前利益，但却忽视学生的内心感受和真实需求，进而造成学生个性泯灭，牺牲了教育的长远利益。

热爱本专业。教师对所从事的专业充满热爱，引发出深入钻研教材的浓厚兴趣和传授知识的丰富情感，从而激发学生的兴趣和相应的情感体验，使学生更好地感知和理解知识。只有当教师满腔热情、情绪激昂地授课，学生才会情绪饱满、饶有兴趣地悦纳教师传授的知识，才会更加热爱学习。

"情"是传递教育思想的桥梁和纽带，是学生有效参与教学活动的催化剂。"情"是教之始，贯穿教学始终。苏联教育家苏霍姆林斯基说，要进行教育，首先是关切地、深思熟虑地、谨慎小心地触及青年人的心灵。只有触动学生的心灵才能唤醒学生的情感，只有用教师的情感才能唤醒学生的情感，这样教师才能和学生形成情感上的共鸣，更好地实现学科核心素养培育目标。教师精神饱满地出现在课堂上，抑扬顿挫的语调、铿锵有力的声音、挥洒自如的举止，同时又富有幽默感，注重课堂上的情感互动交流，这无形中会感染并调动学生情感，提高学生学习兴趣，让学生感觉轻松愉快，积极主动融入教学活动。学生情绪高涨，学习的积极性和主动性随之增强，能够很好地增强教学效果。当然，激情是教师用爱心和责任心培育出来的。教师实施情感教学，是拉近师生心理距离和实现心灵沟通的有效途径，从而达到以情感人、以情动人、以情聚人、以情育人的教育功效。

首先，以多样化教学评价手段激发学生情感。教师要充分利用教学过程中能够调动学生情感的一切有利时机和因素，精心设计多样化的教学评价手段，如物质奖励、精神鼓励和活动激励等，实施积极的教学评价，及时鼓励、肯定学生的行为表现，调动学生的学习热情，引导学生以饱满的激情积极主动思考并回答问题，将自己的思想精力全身心融入课堂教学活动中。这有利于活跃课堂教学气氛，愉悦学生身心，扩大学生活动的参与面和参与教学的热情度；有利于以学生学习兴趣为切入点，贴近学生特点，增强学生在教学中的主体性，形成正确的情感态度价值观。

其次，以教师情感调动学生情感。经验表明，学生对一门课的兴趣往往源于对这门课教师的兴趣。实践证明，优秀教师应该以自己的热情使课堂教学活动充满快乐，激发学生的好奇心、兴奋点，点燃学生参与教学的激情，提高学生的学习效率。调查表明：教师上课时呈现的精力和激情十分重要，好教师不仅要爱护学生，还要对所教科目充满激情，学生可以从中判断出教师对教学的热爱程度。尤其是一些相对抽象和枯燥的教学内容，更加需要情感的调剂和润滑。因此，教师要更加注重教学情感的丰富性和感染力，运用风趣幽默的语言、极富磁性的语调、童心未泯的心态、真情流露的体态等，将理论观点化抽象为具体，化枯燥为形象，化繁为简，彰显出课堂教学的情感性、教育性和艺术性。

2. 把握学生心理需求，增强学生有效参与教学活动的自我效能感

当代中学生普遍存在自我表现的欲望、渴望沟通交流的欲望和受到尊重的欲望等。学生的这些心理需求能否得到尊重和满足，是制约他们能否有效参与教学的重要因素。因此，老师要在教学活动中善于把握和捕捉学生的心理需求，运用激励评价手段，增强学生有效参与教学活动的自我效能感。

表扬是激励学生积极主动参与教学活动的有效手段。人是需要精神和物质的表扬和鼓励的，通过对人的价值的肯定，从而使人产生内在的精神动力，这是一种积极的行为强化手段和教育力量。教师要善于表扬学生，及时慷慨地给予学生积极的评价，激励学生的进取心和自信心，同时也会对其他学生产生积极影响，起到良好的导向作用，整体形成积极向上的发展态势。

沟通交流是促进学生有效参与教学活动的桥梁和纽带。教师要善于化解影响学生有效参与教学活动的各种消极心理因素。首先要多谈话、多沟通、多交流、多鼓励。通过沟通与鼓励，消除学生参与教学活动的各种担心和疑虑，增强学生参与教学活动的能动性。其次要学会尊重学生，学会欣赏学生、学会宽容学生，学会理解学生。在民主、平等、和谐的新型师生关系中，善待学生的错误，用肯定学生优点的教育方式去包容学生的缺点。维护学生的人格尊严权，保障学生的平等参与权，尽可能扩大学生的参与面，增强学生参与教学的热情度。

总之，"成长无法代替，发展必须主动"。课堂教学实施积极的教学评价，在宽松愉悦的心理氛围中，教师给每个学生展示自我提供机会，创造条件；学生在有效参与教学中认识自我，悦纳自我，体现自我价值。

（三）调动学生生活经验，把握学生有效参与教学活动的契机

根据教育部制定《普通高中课程方案（2017年版2020年修订）》"课程内容确定的原则"规定："充分反映马克思主义中国化最新成果、当代社会进步、科技发展和学科发展前沿，充分体现先进的教育思想和教育理念，紧密联系学生生活经验，及时更新教学内容。"教师应发挥学生的生活经验对于教学的独特能动作用，立足于学生现有的生活经验，着眼于学生发展要求，通过创设生活情境，调动学生的生活经验参与教学活动，实现学生将课本知识学习与社会生活紧密结合，激发学生参与教学活动的内在活力与热情，突出学生学习主体性地位，增强学生自主建构知识的积极性、主动性、创造性和能动性。

借助学生生活经验是指导学生有效参与教学活动的重要途径。课程的本质是生活，是经验。学生的生活经验是理解、建构、生成、创造新的知识的重要介质。因此，一方面，教师要创设生活化的教学情境，使教学内容生活化；另一方面，教师要从学生生活经验出发，设计生活情境，开展教学活动，激发学生学习兴趣，促使学生积极有效参与教学，在生活中学习、建构知识，体验生活，体验人生，让学习成为学生的内在需要，提升学生的生活价值。

学生的生活经验包括已有的知识储备、生活阅历、情感体验、认知积淀、能力水平和思想觉悟等。了解和掌握学生的生活经验可以使课堂教学真正做到目中有人、心中有人、因人施教，激发学生参与教学活动的原动力，增强学生自主建构知识的主观能动性。

1.学生的生活经验是科学定位课堂教学水平的重要依据

科学定位课堂教学水平，必须考虑到学生的生活经验。高于学生生活经验的教学，学生可能因高不可攀而无法参与；低于学生生活经验的教学，学生可能因简单明了而无须参与。因此，课堂教学水平定位的切入点是找准这

两者之间的平衡点，使学生的教学参与既有可能性又有现实性，从而具有有效性，实现课堂教学真正做到从学生的实际出发，让学生有信心、有能力参与教学活动。

2.学生的生活经验是自主建构知识的元认知

从已知的知识推知未知的知识，是人的认知能力。学生生活经验是学习的认知起点，在教学过程中，学生总是不断借助已有的生活经验来感知、印证、理解、接受课本知识，内化为自己的知识储备，并形成新的生活经验，在此基础之上，再去获取新的知识。这是学生增强学习能力的重要途径。因此，课堂教学要充分重视并利用学生的生活经验在理解和构建新知识中的作用，促进学生有目的、有意识地参与教学活动。

此外，教师还要注意将自己积淀的生活经验有机融入课堂教学中。师生之间的经验互动，有利于淡化教师的主导和权威角色，拉近教师与学生的心理距离，共筑生命化和谐课堂，促进学生科学发展。

总之，将新课程教学内容与学生现实生活经验紧密结合，创设生活化教学情境，激活学生的兴奋点，吸引学生注意力，活跃学生的思维，紧密结合学生的生活经验展开教学，让学生在生活经验与课本理论知识学习的互动中成长，从而增强课堂教学的生命力。

（四）开发利用鲜活的课程资源，拓展学生有效参与教学活动的时空

树立以"生活为基础""生活即课程"的生活化课程资源观是基础教育新课程改革对于课程资源的全新思考。由于基础教育新课程教材所引入的课程资源，在时间上要保持选材的相对稳定，在空间上要保持容量的相对适度，这种时空上的局限性必然要求我们要源源不断地将更具时代感、更加鲜活的课程资源引入课堂教学，丰富、完善和更新教材资源，不断增强学生有效参与教学活动的鲜活力。

1.开发利用课程资源的价值

教师将更具时代感、更加鲜活的课程资源引入课堂教学，有利于拓展教学时空，印证教学内容；有利于创设生活情境，强化教学与学生的生活联系，丰富学生的生活经验；有利于引导学生开展研究性学习，提高学生的综合探究能力；有利于为学生搭建提出问题的载体，引领学生思维活动的展开。

2. 开发利用课程资源的种类

社会资源。社会资源可以是当前的政治、经济、文化和社会生活中的逸闻趣事、新闻时事，也可以是学校、社区和家庭中发生的事，尤其要关注网络资源，其具有信息量大、时效性快、覆盖面广等特点，要提高获取分析、加工处理信息的能力。

教学资源。教材、教学参考书、教辅资料等都是我们的教学资源，教材是最重要的课程资源，但不是唯一的课程资源。教师要善于"活化教材"，变"教材为学材"，而不能为教材所困，陷入纯粹的教材诠释误区。要创造性使用教材，根据学生学习的需要重组和优化课程内容，调整教材结构，科学合理地进行取舍。

学生资源。教师要树立"学生也是一种重要的课程资源"观念。教师如何挖掘学生身上蕴含的课程资源？教学之前，要关注并掌握学生已有的知识、能力和思想觉悟状况等信息，尤其是要了解和关注学生已有的生活经验，这些资源可以作为教学水平定位的依据、教学的第一手资料、教学活动的切入点；教学之中，学生超出教师预料的奇思妙想，各种思维碰撞的灵感火花，表达的各种真实的单纯的观点，列举的发生在他们身边的更具影响力、说服力和更鲜活的生活案例信息，教师要善于捕捉这些教育资源，在不同的教学班之间交流共享；教学之后，学生思想、言行、作业、综合实践活动和考试测验暴露出的问题等，都是难得的课程资源。

教师资源。教师还要树立"教师也是一种课程资源"的观念。三人行，必有我师。同一学科教师之间以及不同学科教师之间的信息交流共享，教育教学问题研讨探究的心得体会，教育教学技巧、方法、艺术和智慧的相互借鉴与启迪等，这些都是不可或缺的课程资源。

3. 开发利用课程资源的要求

新颖性与趣味性。开发与利用的课程资源在时间上是最新发生的，在空间上是在学生身边发生的，在内容上是符合学生年龄特点和认知规律的。鲜活生动的课程资源有利于提高学生学习的兴趣，感知理解教学内容。

教育性与探究性。开发与利用的课程资源在课堂教学中能够起到"震撼心灵、发人深省、启迪思维、教育人生"的作用。富含教育意义的课程资源有利于引领学生思维的展开，探究现象背后的本质，领悟知识的力量与真谛，认识真理的本质与作用。

典型性与艺术性。开发与利用的课程资源要能够说明问题、支撑观点、映衬内容，学生意想不到却又在情理之中，还要注意挖掘课程资源潜在的价值，最好能够做到一例贯彻教学过程，统领教材内容，这样有利于提高课程资源的使用效率，发挥课程资源效益的最大化。

针对性与有效性。开发与利用的课程资源要能够针对教学内容、教学问题和教学活动，贴近课堂教学实际、教学内容实际和学生思想认知水平实际。只有有效的课程资源，才能促进学生有效参与教学活动。

总之，基础教育新课程课堂教学通过创设适宜的教学情境、实施积极的教学评价、调动学生已有的生活经验和开发利用鲜活的课程资源，引导学生有效参与课堂教学活动，从而使学生真正成为课堂教学的主体："思维的主体"，即学生能够独立思考的问题，应由学生思考并寻求解决问题的策略；"学习的主体"，即学生能够自主学习的内容，应由学生学习并总结；"话语表达的主体"，即学生能够自己表达的知识，应由学生表达；"活动的主体"，即学生能够亲身实践的活动，应由学生去做，做到学以致用。只有学生真正有效参与的、学科核心素养能够有效达成的课堂教学，才能真正称得上"有效教学"。

三、"命好题"：以学科核心素养为导向的思想政治学业水平考试命题

当前，我国高中学业水平考试根据其考试定位、性质和作用，分为合格性考试和选择性考试。其中，选择性考试成绩纳入高考总成绩，作为高校招生录取的依据之一，突出反映国家意志，试题命制努力追求客观、公平、公

正的价值取向，突出学科核心素养立意的命题导向。思想政治学业水平考试是在规定的时间内，以纸笔考试为主要形式，以创设多样化的全新情境为载体，以必备知识为切入点，以多元化设问为思维指向，考查考生综合运用所学知识阐述、分析解决具体问题的思维能力、表达能力与应用能力，同时，引导考生树立正确的价值观，从而彰显出学业水平考试命题的价值取向，实现考查学科核心素养的命题导向。

（一）以课程标准为统领，实现"新课程文化"与"考试文化"的有机统一

思想政治学业水平考试命题的根本依据应为高中思想政治课程标准。课程标准既是教材编写的依据，也是考试评价的依据，只有紧紧抓住课程标准，才能实现"新课程文化"（学科教学）与"考试文化"（考试命题）的有机统一，进而有利于从根本上克服教学与考试的脱节，有效避免中学教学陷入"考什么教什么，怎么考怎么学"的"以考定教、以考定学"的误区。

1.以课程标准为指导，设定学科核心素养考查目标

思想政治学业水平考试学科核心素养考查目标的总体设计思路应该遵照教育部制定的《普通高中思想政治课程标准（2017年版2020年修订）》第五部分"学业质量"所规定的"学业质量水平""学业质量水平与考试评价的关系"以及"附录1思想政治学科核心素养水平划分"进行具体设定。

2.以学科任务导向型的学业水平考试命题框架实现学科核心素养考查目标

思想政治学业水平考试命题是在规范的"学科任务导向型的学业水平考试命题框架"技术保障下，应坚持"学科核心素养立意"为主导方向，以学科任务导向为标志，由关键行为表现、学科任务、评价情境和学科内容等四个基本维度构成，考生在学科任务导向下，综合运用学科内容，分析解决复杂情境问题，展现关键行为表现，评价学科核心素养发展水平。

学科内容是印证与考查学科核心素养发展水平的依托。"学科核心素养立意"不是空泛的，思想政治学业水平考试在知识层面，应着重考查考生综合应用所学知识解释相关社会生产生活问题，实现认识世界的目标；解决相关社会生产生活问题，实现改造世界的目标。

执行学科任务是将内在的学科核心素养外显为可观测行为表现的媒介或手段。考生面对思想政治学业水平考试，必须在学科任务的思维导向下，紧密结合试题所提供的情境材料，运用一定的思维方法，经过一定的思维过程，实现知识整合迁移、缜密构思、选择答案与组织答案。答案作为思维成果展现关键行为表现，其准确性、规范性、逻辑性、层次性、灵活性、严谨性与创新性等可以反映出考生学科核心素养发展水平的状况。

关键行为表现是推断学科核心素养发展水平的基础。思想政治学业水平考试的价值取向就是要考查学科核心素养发展水平，学科核心素养的外在表现就是其在分析和解决复杂情境问题过程中展现出来的关键行为表现。因此，思想政治学业水平考试要积极引导考生在关键行为中表现出关爱生命、关注自然生态与社会生活、关心国家和民族的前途命运，树立法治观念、道德认知、民族情感、公民意识与国家意识等核心思想与理念，过积极健康的生活，成长为一个现代人、社会人与文明人。思想政治学业水平考试作为基础教育与高等教育联系的桥梁和纽带，以考查学科核心素养为主旨，努力实现促进人的全面发展的教育方针和立德树人的根本任务。

3.深刻领悟国家课程标准与《中国高考评价体系》两大高考命题依据的内在联系

总体而言，两者具有内在一致性，通过考试评价手段将课程改革新理念体现在高考中，有效测量学科核心素养。高考对基础教育具有反拨作用，这规定了高考评价体系必须依据国家课程标准，高考评价体系与高中课程改革的理念充分契合，与高中育人方式改革同向同行，从而达到理顺教考关系，实现"以考促教、以考促学"的目的，进一步发挥对素质教育正向积极的促进作用，实现科学引导。

国家课程标准提出的"学科核心素养"与高考评价体系构建的"一核、四层、四翼"的关系：既不对立，也不包含，而是融会。

"一核"（即核心功能）：高考的核心功能是"立德树人、服务选才、引导教学"，融会国家课程标准中的"学科核心素养"要求，构建适合在考试评价中表达和测量的指标体系。新一轮高考改革更加强调育人功能，国家课程标准凝练的学科核心素养是育人价值的集中体现，两者同向同行。

"四层"（即考查内容）：结合国家课程标准的新要求，高考评价体系将知识与能力的考查内容拓展至包含价值、素养、能力、知识的考查内容体系，创造性地提出"价值引领、素养导向、能力为重、知识为基"四层内容的高考评价新理念，完成了基于这一理念的"一核、四层、四翼"评价体系的构建。高考评价体系中的"四层"整合了国家课程标准中必考内容和选考内容，将核心素养自然融入，强化共同基础。优化后的考查内容与高中课程改革的培养目标深度契合。在试题命制层面，在现实的问题情境中考查学生核心素养的发展水平，从而推动关键能力和核心素养在教学和考试中的落实。

"四翼"（即考查要求）：高考评价体系确立了基础性、综合性、应用性、创新性四个方面的考查要求，一方面，体现了高校选拔人才对学生素质的评价要求，另一方面，也对普通高中学业质量达标水平、学生核心素养达成水平以及高中素质教育发展水平在高考评价中作出解读，发挥高考"引导教学"功能。高考评价体系中的"四翼"引导学生的关注点从"解题"向"解决问题"、从"做题"向"做人做事"转变。

（二）思想政治学业水平考试是加强学科核心素养考查的有效路径

学科核心素养作为人的内在品质和能力，不可直接观测和度量，但它会通过各种具体任务的执行，外显为行为表现特征，从而借助这些行为表现评价思想政治学科核心素养发展水平。考生学科核心素养发展水平的差异性突出反映在分析与解决问题过程中，执行同样的具体学科任务，表现出不同的关键行为表现，不同的关键行为表现可以折射出不同水平的学科核心素养。这样，考生的学科核心素养发展水平就可量化为不同关键行为表现。只有让不同素养层次的考生考出不同行为表现的成绩，才能佐证命题具有良好的信度和效度，实现思想政治学业水平考试试题的区分度和选拔性。

1.精心选取核心必备知识

在考查知识问题上，思想政治学业水平考试命题不应是"为了考试而考试"，"考倒考生"不能成为其追求的价值取向。一方面，应突出考查依据课程标准所规定的、学业质量标准中关键行为指标所关联到的必备知识。这些知识应为考生在未来社会生活发展必备的知识，这是基础教育新课程改革在课程内容上的重要变化，也应是思想政治学业水平考试命题的重要追求。另一方面，知识本身只是考查考生学科核心素养的手段，综合应用知识的能力才是考查的目的，因此，思想政治学业水平考试内容要努力克服繁难偏旧的倾向。

2.精心创设试题情境及其呈现方式

在纸笔考试的环境中，创设全新的试题情境，在情境内容表达上，不同情境蕴含不同试题信息；在情境呈现方式上，不同的情境呈现方式如文字材料、图表、图画等在考查素养的同时，可以丰富活泼卷面，增强命题的艺术性。思想政治学业水平考试在具体情境材料及其呈现方式中考查考生分析问题与解决问题的能力，使命题具有良好的信度和效度。例如，选择题中的计算题（或图像题），每一步计算规则（或图像变化）所蕴含的道理其实就是相关考点的灵活运用。图画题在给人美感的同时，具有应用知识、针砭时事、价值引领、考查素养等功能。问答题中的图表题在直观、简洁、形象的呈现形式与表达方式中，考查考生能够解读数据或图像及其变化所反映出的现象、本质问题以及应采取的解决措施，该类型试题的命制具有较强的艺术性，同时具有较好的素养考查价值和功能。探究活动设计类试题贴近社会和学生的生活实际和思想实际，引导考生关注、分析并解决现实生产生活问题，具有一定的开放性、实践性与灵活性，因而能够较好地考查考生的综合实践能力与思维能力。

3.精心打造设问及其指向

不同类型的设问考查考生不同的思维方式。从试题情境中引出的设问及其指向应具有多样性、创新性、灵活性与探究性，这样才能考查出考生解题思想、思维与思路的广阔性、深刻性、批判性、灵活性、敏捷性与创新性。例如，选择题的设问中，"说明、表明、体现、是"等直接陈述类的选择题考查考生的"描述与分类"能力；"之所以、是因为、有利于、将会、意味着、旨在"等逻辑推理类的选择题考查考生作出符合材料要求和知识性质的

"解释与论证"能力;辨(评)析类选择题考查考生的"辨析与评价"能力等。问答题的设问中,"解读图表信息、反映现象或问题"等考查考生的"描述与分类"能力;"评析观点合理性、局限性"等考查考生的"解释与论证"与"辨析与评价"能力;"分析影响、作用、意义、原因、方法论意义、原则,谈谈认识、启示、依据、理解,阐述观点、道理、关系、理由"等考查考生的"知识综合迁移"能力、"运用表达"能力与"解释与论证"能力等;"提出合理化建议、解决措施,设计探究活动及依据"等考查考生的"分析与解决问题"能力、"探究学习"能力和"预测与选择"能力等;"如何运用原理、怎样坚持原则"等考查考生的"思维过程、思维方法与思维品质"等思维能力。

4.精心设置答案或选项

思想政治学业水平考试试题的答案或选项只有关联试题情境材料及其设问,才能考查出考生的相应能力素养。不同角度(层次)的答案应能反映出考生不同层次的学科核心素养水平。思想政治学业水平考试试题的答案或选项的科学性、严谨性、开放性、灵活性与关联性,一方面可以反映出考生的思维过程与方法,另一方面可以考查考生的描述与分类、解释与论证、预测与选择、辨析与评价能力,既考查考生的思维过程、方法与能力,又能有效避免猜题押题以及出现死记硬背式答案、格式化答案、无序空泛式答案等情况,最终实现思想政治学业水平考试试题的区分度和命题的选拔性。

(三)思想政治学业水平考试是加强学科核心素养考查的有效载体

思想政治学业水平考试命题是在所创设的全新情境材料下命制,这是规避猜题押题的有效途径,是考查考生学科核心素养的有效载体,彰显出命题的公平性。

1.新情境材料的选择来源

思想政治学业水平考试所需的新情境材料主要来自四个方面:年度国内外重大时事政治、党和政府在现阶段的基本路线和重大方针政策、重要的社会现实生产生活问题以及本区域的乡土材料等。引入大量鲜活的情境材料能够较好地体现出思想政治学业水平考试试题的时代性、实践性、生活化、乡土化，这既是思想政治学科教学特色的体现，也是思想政治学科命题特色的体现。

2.新情境材料的主要功能

新情境材料进入思想政治学业水平考试命题视野后，不是照搬照抄，而是需要一个精加工与再创造的过程。经过精心打磨，所创设的新情境材料应具有以下功能：一是坚持正确的价值引领与导向。字里行间给人以震撼与教育，传递正能量。二是蕴含试题考查信息。在情境材料中，要从多层次、多角度、多方面蕴含所要考查的信息。这样，试题情境材料所呈现的是现象，考生所要认识和表达的是问题的本质，既符合人的认知规律，又能以此为有效载体考查考生的学科核心素养。

3.新情境材料的创设要求

在对新情境材料进行精加工与再创造时，结合思想政治学业水平考试命题特点与学科核心素养考查要求，所要创设的情境材料应做到：一是情境材料的表达，立意宏大、寓意深远，言简意赅、表述准确，条理清晰、层次分明。二是情境材料呈现方式的多样化，体现命题的艺术性和卷面的活泼性。三是设问关联情境材料，体现命题的严谨性。四是答案关联试题情境，体现命题的灵活性。由此可见，这种经过多道工序精心命制的思想政治学业水平考试试题，具有很好的原创性、科学性、灵活性与艺术性，从而可以成为考查考生学科核心素养的经典试题。

（四）基于学科核心素养立意的思想政治学业水平考试命制特点

思想政治学业水平考试试题考查并见证学生的学科核心素养培育状况。

1.政治认同：引领价值取向，彰显国家意志

我国公民的政治认同，就是拥护中国共产党的领导，坚持和发展中国特色社会主义，认同中华人民共和国、中华民族、中华文化，弘扬和践行社会主义核心价值观。主旨是做有信仰的公民。

政治认同素养在试题情境上的命制特点。试题情境材料的主要来源：一是重大的国内外时事政治，尤其是习近平新时代中国特色社会主义思想，主要用于创设试题情境，少量重大时政材料用于选项或答案。二是重要的社会生产生活问题。此外，还有历史史料、人文素养（古诗词、成语、典故、名人名言）等。试题切入视角灵活，立意很高，坚持"彰显国家意志"的命题方向，即增强政治认同感。

以重大时政为背景命制思想政治学业水平考试试题的价值。考生调动和运用的知识包括学科知识、时政知识、经验知识。其中，时政知识即年度国内外重大时事政治，党和政府在现阶段的基本路线和重大方针政策。国内外重大时事政治作为情境材料呈现在试题中，是思想政治学业水平考试命题的一种重要形式，考查考生必备品格和关键能力，同时蕴含考点知识。考生在全新的试题情境中应用知识分析和解决问题，既突出了核心素养（政治认同）立意考核目标，也彰显了正确的价值导向。同时，重大时事政治作为试题内容，要求考生调动和运用时政知识回答问题，是思想政治学科特性的必然要求，也是引导考生拓宽视野、关注现实生产生活的重要方式。

政治认同素养在非选择题设问上的命制特点。非选择题设问指向重大时政、党和国家重大路线方针政策和社会主义核心价值观等。设问关联情境、答案关联情境是思想政治试题命制的重要特点，有利于考查考生的学科核心素养。

政治认同素养在选择题选项与非选择题答案设置上的命制特点。选择题选项设置与非选择题答案设置引入重大的时政观点和结论，时政化导向较为明显。答案组织思路上，少量重大时政观点或结论用于选项或答案。考生不仅要背考点知识，还要背重大时政性结论，这是高中思想政治教学内容的有机组成部分。

2.科学精神：凸显思维品质，注重思维能力考查

我国公民的科学精神，就是在认识世界和改造世界的过程中表现出来的一种精神取向，即坚持马克思主义的科学世界观和方法论，能够对个人成长、社会进步、国家发展和人类文明作出正确的价值判断和行为选择。主旨是做有思想即价值引领、有思维即辩证思维能力的公民。

辩证思维能力集中体现在试题的设问思路和答案组织思路上。设问的价值在于，指明解题思路和方向即指向，聚焦辩证思维能力考核。

选择题中各种逻辑判断推理题突出考查思维判断能力，需要考生基于情境材料的精准解读、知识的正确理解和设问的精准把握，从而作出正确判断与选择。

非选择题设问命制特点。问答题设问一般包括四个要素：知识范围或限定、材料阅读指向、题型、分值。考生要努力做到分解要素，把握指向，精准答题，切忌答非所问、粗放式答题。思想政治学业水平考试非选择题主要考查考生六大思维能力。概括性试题侧重于考查考生概括总结能力，即概括总结出隐含在材料信息中的答案，透过材料中的文字信息或数据信息（即现象）认识本质（特点、作用、内在联系等）。辩证性试题侧重于考查考生的辩证思维能力，即运用辩证思维方法评析观点与阐释理由。灵活性试题侧重于考查考生的灵活变通思维能力，即思维变通、迁移、转换地分析解答问题。发散性试题侧重于考查考生的思维广度（广阔性），即从不同层次、不同角度、不同方面、不同特点、不同主体、不同环节等分析解决问题。聚合性试题侧重于考查考生的思维深度（深刻性），即从"总—分""分—总""总—分—总"不同的层次，深层拓展、梯度延伸分析解决问题。创新性试题侧重于考查考生的思维创新，即考查考生根据显性与隐性材料和已学知识，科学合理拓展引申，富有创见性作答。

3.法治意识：彰显依法行使权利、履行义务的必备品格

我国公民的法治意识，就是尊法学法守法用法，自觉参加社会主义法治国家建设。主旨是做有尊严的公民。

法治意识素养的试题命制特点。以年度时事政治中有关法治方面的重大热点作为背景材料，用教材中经济、政治、文化有关法治的考点内容解读。在时政专题复习中，要有意识关注我国法治建设所取得的重大成就；在考点复习时，要准确解读关于经济、政治、文化涉及法治方面的内容。

4.公共参与：探究性试题具有一定的开放性与灵活性，凸显新课程改革的理念，考查考生思维的开放性与灵活性

我国公民的公共参与，就是有序参与公共事务，承担社会责任，积极行使人民当家作主的政治权利。主旨是做有担当的公民。

公共参与素养的试题命制特点。思想政治学业水平考试考查考生公共参与素养在一定程度上集中体现在"探究性试题"中。考生要紧扣答题要求作答，如文体形式、内容（主题）等具体要求事项。关于"建议措施类""设计类"的探究题，考生要注意从不同的角度提出建议或开展设计。

总之，思想政治学业水平考试命题是一个科学的系统性工程，在纸笔考试的既定环境中，既要体现基础教育新课程的理念，坚持素质教育方向，能够对高中思想政治课堂教学实施新课程改革具有很好的反拨作用，又要坚持"学科核心素养立意"导向，在综合考查考生学科应用能力的同时，能够科学有效地坚持客观、公平、公正的价值取向，有利于实现高校选拔人才的功能，从而实现"新课程文化"与"考试文化"的有机统一。

四、"育好人"：构建基于人文化、民主化的"模糊德育管理模式"[①]

构建以教师外在教育活动为引导，学生内在心理教育为主线，以情、点、悟、度为中心环节，针对学生中存在不同的问题，感化、软化、造化学生，引导学生形成自觉、自省、自悟、自律的状态，达到学生自我教育、自我管理和自我发展的德育实效，即模糊德育管理模式。这种德育管理模式突出了"以人为本"的教育管理思想，充分调动学生内在的心理因素在"育好人"过程中的积极作用，实现学生的自主性、主体性、能动性和可持续发展性；顺应了素质教育培养学生创新精神和实践能力的宗旨要求，摒弃被动说教式的传统教育管理方式弊端；是符合新课程理念下班级人文化民主化管理方式要求的有益探索，是切实提高学校德育工作的针对性和实效性的有效途径。

（一）情感教育：沟通情感，激励进取，共育和谐的情感氛围

沟通从心开始。情感教育是实现教育管理者与被管理者心灵沟通的桥梁与媒介。德国卡塞尔大学学者研究表明：人们在工作中遇到的矛盾与难题仅

---

① 王为民,刘丽萍."学会学习"的有效策略[M].芜湖:安徽师范大学出版社,2013:177-184.

靠分析有时并不能得到解决，而是更多地需要通过交流感情，设身处地为他人着想和理解对方等方式来处理，谁能更好地理解他人的情感，谁就能在工作、学习和生活中具有更强的适应能力。由此可见情感沟通的重要性。学生的内心情感世界是丰富的，也是复杂的，教师在一定程度上把握住学生的情感是"育好人"的关键。"亲其师，信其道"，"用兵之道，攻心为上，攻城为下"。教师只有用自己的真心、诚心与爱心去呵护学生，树立师生平等观，使得教育氛围有序和谐，才能为"育好人"奠定良好的情感基础。这要求教师做到以下几个方面。

1.要研究学生，关注学生情感

一个人的内心世界总会通过各种不同的情感变化表现出来。教师在班级管理工作实践中必须做个细致的有心人，及时准确地把握学生情感，了解学生真实的心理状态，多谈话、多沟通、多交流、多鼓励，及时化解学生消极的情绪情感，不断引导学生保持积极健康的精神状态，让学生在一种积极向上的心理状态下迎接每一天的学习挑战。

2.要尊重学生人格，尊重学生情感

教与学的矛盾是教育过程中的主要矛盾，尽管这对矛盾的双方在教学过程中的地位与作用有所不同，但是教师和学生在人格上是平等的。人格尊严是情感的核心，教师只有尊重学生的人格，真正地把学生看成是一个"人"，才能真正地尊重他们的感情；才能意识到他们的内心世界的情感在教育中的作用，区分不同性质的情感对教育不同的反作用；才能注意到学生的情感与意志、性格等非智力因素间的相互关系，从而找到学生学习、品行等差异性的根源。教师在面对"育好人"过程中产生的各种问题，不能以侮辱学生人格的方式教育学生，这会让学生产生抵触、逆反或自卑心理，不利于"育好人"，而应是学会尊重学生，学会欣赏学生，学会宽容学生，学会理解学生，在民主、平等、和谐的教育氛围中，以朋友的身份走进学生的心理世界，将"育好人"的道理用"晓之以理、动之以情"的教育表达方式让学生接受，进而使其以良好的心理状态投入紧张的学习活动中。只有准确把握学生心理需求的思想政治教育，才能真正称得上具有针对性；只有触及学生灵魂深处即世界观、人生观和价值观的思想政治教育，才能真正称得上具有实效性。

3.要鼓励学生，激发学生情感

进入少年特别是青年时期以后，学生情感的突出变化之一是开始思考人生意义和人生价值问题，这是他们在思想意识上和社会化程度上开始走向成熟的标志之一。这要求教师要充分相信绝大多数学生是想学好的，有些学生受到各种因素的制约，学习暂时还未能达到自身应有的高度和状态。因此，要善于发现学生在学习上的优点、闪光点，及时利用各种场合和手段以恰当方式予以肯定，同时还要注意批评性语言运用的艺术性，委婉的批评效果往往优于直截了当的批评，要善于鼓励学生，激发学生的情感，这是"育好人"的原动力。

4.要运用教学语言，传递教师教育情感

教师的眼、手、头等是表达教育语言的重要器官。教师以其整体的由内而外的综合素质所显现的形象美和情感美，能有效从心理上暗示学生，引起学生的注意，从而内化教师所授知识和所提要求，密切师生情感，在和谐中求得发展。教师的德育语言要准确、生动、简练、流畅，语调要亲切自然、抑扬顿挫，具有趣味性，语速、音量适宜，德育情感丰富。以艺术化的语言、语调作用于学生的各种感官，为学生更好感知、理解教师教育意旨创造条件，让学生在教师丰富的情感的感染下心悦诚服地接受教育。

总之，把"情"这一个字贯穿于"育好人"活动中，有利于师生融洽感情，拉近心理距离，增进沟通理解，达到情感上的共鸣，做到以情暖人、以情动人、以情聚人，达到以情育人的功效。

（二）点化教育：旁敲侧击，点到为止，起到"点睛""点石"之教育功效

"少年心事当拿云"。青少年的内心世界既有凌云壮志，也是丰富多彩、变幻莫测的。教师只能在一定条件、一定范围、一定程度上了解其中一部分的表现，这不利于"育好人"。更有教师苦口婆心、循循善诱，反复抓，抓反复，但时间长了，教师和学生双方都会感到不耐烦。在"育好人"过程

中，我们发现，有时恰到好处的眼神、手势等体态语言往往能起到震慑学生的作用，有时一言不发却起到"此时无声胜有声"的作用，有时精辟简练、言简意赅的一两句话却能达到出其不意的功效。在某个教育瞬间或不打破原有教育氛围的情况下，让学生及时自我反省和反思不良表现并加以纠正和改进，这要求教师注意以下几个方面。

1.点的基础

这是建立在教师对学生的表现有充分准确了解的基础上。当无须当面说透时，点到为止；当必须与学生当面说清时，一语点破；当学生态度暧昧拒不说明时，点击要害。要做到这些，教师需要通过自己的细心观察、细致工作，做到心中有数、胸有成竹。

望。在日常教育教学工作中，教师要仔细观察学生的言行及表情，及时了解他们的心理变化。

闻。教师要多方倾听来自各个方面如任课老师、家长、同学的情况反映，力求全面准确地了解学生存在的问题。

问。教师要经常通过提问、询问、问卷调查等方式了解学生情况。

谈。教师要随时随地利用一切有利时机和不同类型学生就本人或他人存在的不同问题进行沟通和交流，这样既有利于交流感情，更有助于了解学生信息，从而针对不同学生的不同情况对症下药，将问题及时解决。

通过"望、闻、问、谈"，教师能多角度地了解学生信息，为点化教育准备条件，这是点化教育的前提和基础。

2.点的对象

点的对象往往是纪律上有点乱、行为上有点偏、思想上存在侥幸心理的学生。这些学生能力较强，但是动机不明确，自控能力较弱，自觉性较差，教师需要在关键时刻点击要害、点名事理。

3.点的时间

教师要把握住恰如其分、恰到好处的时机。

4.点的技巧

教师要充分运用无声的体态语言和简练精辟的有声语言相结合，旁敲侧击，点到为止，点中要害，做到"软点"与"硬点"的有机结合。

通过点化教育，一方面，有利于提高"育好人"的针对性和实效性；另一方面，有利于提高教师的威信与威慑力。进行点化教育实际上就是通过教师的点拨与引导，让学生自己意识到或说出其学习习惯和行为表现等方面存在的不妥之处，让教师充分了解教育对象，这对加强德育工作的针对性和实效性具有重要意义。

（三）悟性教育：心灵感悟，自觉自省，促进学生自我反思感悟

古人云："心之官则思矣。"人们对知识的接纳和吸收不是机械进行的，而是有一个认识、领悟、理解、创新的过程。可见，中国传统哲学中的"悟"可以在"育好人"过程中发挥十分重要的作用。在"育好人"的过程中，受教育者有一个对外界信息的感知、理解、接受、内化的过程，从而在外在言行上作出应对。这种"悟"也可以说就是学生对教师所授知识和所提要求以及受到同伴启示的心灵感悟、心领神会，从而达到自我矫正、自觉自省和自我教育的目的。其过程是：在外在教育影响的启发、引导下，通过学生自己的领悟、渐悟、顿悟到觉悟，从而指导自己对外界信息作出不同应答。感悟是头脑中对事物的重新组合、选择和建构，它其实就是创新。可以说，没有"悟"，就没有创新；有了"悟"，才可能有创新。这要求教师做到以下几个方面。

1.给学生一个"悟"的时空

世上有些事不能也不必要说得太直白，教师对某些学生的想法或行为了解清楚后，可以暂时保持沉默，先让学生对自己存在的问题进行反思，"先抑后扬，且缓说破"，留给学生一个感悟的机会。学生只有自己真正领悟到自身问题的严重性，才有可能自觉地从行为上加以改正，如果什么事情都由教师帮助学生查找原因，代替了学生对问题的反思、反省，学生自己不一定能够意识到问题的实质与危害，更不会想方设法从行为上去加以改正，甚至在主观上可能会加以掩盖和逃避，反而达不到预期的教育效果。在学生对自己存在的问题有了一定的反思和反省之后，教师再将自己对问题的看法与建议和学生一起沟通交流，将会产生更好的教育效果。

2.给学生设置"悟"的悬念

点化教育中带有某些启发性质的语言，让学生自己思考，说出自己的想法。检查学生任务完成状况，有的时候需要教师定期检查，做不到的不说，但说到就一定要做到，这样有利于树立教师的权威，也能够避免学生在完成任务时存在"偷工减料"和"投机取巧"等心理；有的时候更需要教师不定期检查学生任务完成状况，让学生时时刻刻感到不能掉以轻心，从而形成外在约束的氛围。

可见，悟性教育一方面有利于培养学生积极主动地感悟、反思，达到自觉自省、自我矫正的目的，实现自我教育，克服被动说教；另一方面有利于培养学生的创新意识和实践能力，积极主动地寻求和建构符合自身特点的学习方式与方法，实现自我发展。

（四）适度教育：要求适度、严而有度，掌握分寸与火候，实现学生自我管理和自我发展

马克思主义哲学认为，由于量变只有在一定的范围和限度之内，事物才能保持其原有的性质，因此当我们需要保持事物性质的稳定时，就必须把量变控制在一定的限度之内，这就是适度原则。做事情要注意分寸，掌握火候，坚持适度原则。这为我们"育好人"同样提供了良好的方法论指导意义。教师作为管理者与学生作为被管理者，双方都具有独立的平等的人格，在教育活动中都应坚持适度原则，无论是做人、学习、生活还是管理都应当适度，这样的教育才可能是有效的、可行的。这要求教师做到以下几个方面。

1.角色定位适度

教师和学生双方都应明确自己的角色、地位和作用。教师应为人师表、教书育人、依法治教、以德治教等，恪守教育法律法规和教师职业道德；学生的思想品行、学习状态、行为规范等应符合学生角色，严格遵守《中小学生守则》和《中小学生日常行为规范》。只有师生的社会角色定位清晰，才能避免在"育好人"过程中走向两个极端。有些教师为了提高学习成绩，一

方面，一味地讨好学生，对于学生存在的一些问题不敢直面提出，担心伤害学生的自尊心，挫伤学生学习积极性，把宽容演变为纵容；另一方面，恨铁不成钢，急功近利，对于学生存在的一些问题采取简单粗暴的体罚和变相体罚教育手段，好心却办了坏事。这两种极端化的处理方式，都是因为角色定位不清，最终都不可能取得良好的育人效果。

2. 要求适度

有些教师要么是布置的任务重、要求高，惩罚措施过于苛刻，明显违背学生成长的规律和认知规律；要么是要求时紧时松，没有有序性和连贯性，属于随意型；要么是根本没有要求，放任自流、靠天收，属于放任型。教师作为管理者应对学生在"育好人"方面提出明确、适度、有序、连贯的要求，建立健全必要的班级管理制度加以适度的约束和管理，这对于正处于成长过程而尚未成熟的中小学生来说是十分必要的。

3. 管理严而有度

教师"育好人"是对学生思想和方向上的引导，是对学生方法和方式上的指导，是对学生心理上的疏导等。对于学生学习时间、学习内容的具体安排，具体到每一门课的学习方法、学习目标等，教师不能事无巨细，要给学生一定的自主空间。学生只有在学习上尽心尽力、无怨无悔地"真学"了，学习过程丰富了，学习结果才有可能是圆满的。

诚然，适度教育方法的探索与完善非一日之功，需要管理者在长期的教育教学实践中积淀经验，厚积而薄发。适度教育给学生一个带有一定约束的自由发展空间，在不越轨、不出格的状态下，有利于学生的自我管理和自我发展，培养学生的自律精神。

"情感教育、点化教育、悟性教育、适度教育"在"育好人"中是相互作用、相互影响、紧密联系的，其中，"情感教育"和"悟性教育"是"育好人"的基础，"点化教育"和"适度教育"是"育好人"的手段，它们共同贯穿于"育好人"的过程中。我们不难看出，这种德育管理模式的鲜明特点是无须被量化的，因而只能是模糊的。建构"模糊德育管理模式"，其本质是发挥学生心理教育在"育好人"中的能动作用，突出以人为本，这是德育管理手段和评价体系的创新和改革。

五、"教好研"：教师在基础教育新课程改革实践中开展校本教研，形成"教师研究状态"

我国新一轮基础教育课程改革自 2001 年推行以来，现已进入全面深化改革的攻坚阶段。本轮课程改革以人为本，着眼于学生、教师和学校的全面、协调和可持续发展。它的推进将是一个长期、复杂、系统的过程，需要得到多元因素共同支撑。具体来说，就是以课程标准研制引导教育观念的转变为先导，以课程内容建构引发课堂教学方式的变革为关键，以教师培训制度建设引领教师专业成长方式的变迁为保障，以课程资源开发、教学评价方式转变和现代教育技术应用等为支撑。在众多的制约因素中，影响课程改革的关键因素在于教师。围绕本轮课程改革而倡导应用的校本教研是实施教师培训、促进教师专业成长最为有效的途径，是推进新一轮基础教育课程改革顺利开展的关键性举措。尽管目前国内外关于校本教研的认识还存在一定的分歧，但国内趋于一致的基本观点是，从学校发展的实际需要出发，就教育教学所存在的突出问题，以一线教育工作者为主体，通过一定的研究程序取得研究成果，并直接应用于学校的教育教学，从而提高中小学教学质量以及教师专业化水平的研究活动。其基本特征是：为了学校，基于学校，在学校中；以学校为研究中心，以教师为研究者，以课堂为研究室，通过自我反思、同伴互助、专家引领等基本途径，达成以校为本、以师为本、以生为本、以课为本，实现学校、教师和学生可持续发展的基本目标[1]。

（一）深入解读校本教研的价值取向，提升教师参与新课程改革的主观能动性

从校本教研的基本观点、基本特征、基本途径和基本目标来看，校本教研倡导教师在新课程改革实践过程中自主探究问题，主动寻求同伴合作和专业引领，彰显教师在教研中的主体地位，关注教师自身专业成长，以教师自

---

① 王为民，刘丽萍."学会学习"的有效策略[M].芜湖：安徽师范大学出版社，2013：215.

主、自觉的能动性发展需求为原动力，以教师团结、协作的团队精神为保障力，以教师解决教育教学突出问题为推动力，促进教师专业成长和新课程改革的开展。

1.校本教研是一种提倡教师"在教学过程中研究，在研究状态下教学"的新模式，有助于实现教师由经验型向研究型转变

新课程标准在课程目标设定上融"知识与技能、过程与方法、情感态度价值观"三个维度于"学科核心素养"一体；在课程内容选择上主张在基础教育阶段学习掌握一些人生发展必备的知识，不追求知识体系的完整性和系统性，克服繁、难、偏、旧等倾向；在课程内容编排上设置一定的留白和大量富有探究性问题与活动的小栏目，充分预留师生进行教学探究、互动的时间和空间，以培养学生自主、合作、探究、创新能力为导向，引导教师教学方式和学生学习方式的根本性转变。直面新课程的新变化，教师普遍感到"新教材，我不会教了"。究其根本原因在于，以知识立意为主导的传统灌输型的教学方式不灵了，依靠传统的教学经验指导教学过时了，不能适应发展着的时代和社会对培养人才的新要求。面对新课改，人人都是新教师，需要不断研究新课程的新理念，研究新课标的新要求，研究新教材的新变化，研究新时期学生发展的新需求，研究新课程理念下的课堂教学方式和学生学习方式的根本性转变，不断开发新的课程资源，学习应用现代教育技术手段，提高课堂教学效率和生态效益，把教师角色定位于课堂教学的组织者、协调者、促进者、平等对话者和意义建构引导者等，选择有价值的教学问题激发学生学习兴趣，引导学生主动探究，组织学生开展有效课堂活动，帮助学生在解决问题过程中主动获取知识。教师还要不断反思教学过程存在的问题，寻求提高教学实效的途径，当教学问题自身无法解决时，需要主动及时寻求同伴共同研究加以解决，甚至在专家引领下予以解决。可见，教师"在教学过程中研究，在研究状态下教学"，是教师顺应新课程改革需要的必然选择，是解决新课程改革教学实践问题的根本途径。"教师研究状态"是指教师在新课程实施过程中发现问题，在问题探究中提炼课题，在课题研究中寻找课程改革思路，在科研成果指导下实施课程。校本教研实现了教研主体从教育专家主导型向教师主导型的转变，带来教研主体的大众化、民主化，人人都可以成为教育研究者，在教学研究过程中努力提升自我、超越自我，实现教师从经验型向研究型的转化，促进自身专业成长。

2.校本教研是一种崇尚教师自主、合作、开放、共赢的新境界，有助于形成教师间和谐人际关系，构建和谐校园

开展校本教研活动的直接目的是有效解决新课程改革教学实践中产生的各种突出问题。教师个体的知识储备、教育智慧、教学技能、教学阅历等都是有限的，因此，在自主探究基础上，更多需要同年级备课组、同学科教研组，甚至是跨学科教师之间不断地沟通和交流，既有教学内容的融通与理解，也有突破教学重点和化解教学难点的技巧与艺术，还有教学技术手段应用的协作与课程信息资源的共享等。可见，开展校本教研的过程，也是教师通过开放式教学平台，以实现业务、知识、情感与人际间交往与交流的过程。在交往与交流过程中，教师平等协商解决新课程改革存在的突出问题，在解决问题过程中学会尊重他人，学会宽容他人，学会欣赏他人，学会理解他人，体现出校本教研的人文性、和谐性。

3.校本教研是一种再造教师学习文化的新载体，有助于推动教师终身学习，构建学习型学校

校本教研凸显教师教研的主体地位，教师直面新课程改革，需要深入解读新课程改革的科学内涵，切实转变教育教学观念，树立新的课程观、教学观、教材观、学生观、教师观、学习观以及教学评价观等，这些崭新的教育教学理念的形成是建立在教师不间断地努力学习的基础上，教师能否发挥在校本教研中的骨干作用，能否真正成为校本教研的主体，关键要看其是否热爱学习、学会学习、终身学习。要努力学习国家有关新课程改革的一些重大方针政策，学习新课程理论，学习新课程标准，学习素质教育理论，学习现代教育技术，学习支撑本轮新课程改革的重要教育理论，学习教学评价策略，学习课题研究等科研策略，学习自主、合作、探究式的学习策略等。在这些理论指导下，更要向新课程改革教学实践学习，努力建构出符合学校、教师和学生特点和实际的教师发展交往生成的教学方式、学生自主合作探究的学习方式、学科教学与现

代教育技术整合的课堂教学呈现方式和积极的教学评价方式等。教师只有不断向教育理论学习，向课程改革实践学习，向同伴学习，向学生学习，才能不断增强自身的教学技能、教育智慧和综合素养，与时俱进，培养出具有终身学习能力、综合素质高、适应未来社会发展需要的学生，进而成长为适应新课程改革需要的教师，成长为学习型社会的楷模。

4.校本教研是一种教师专业成长的新途径，有助于教师重新审视教师职业价值观

教师职业不仅是一种谋生的手段，更是一项促进专业生命不断成长的事业。在我国，人们对教师职业优劣评价更多被片面地赋予经济收入增加、政治待遇提高和社会地位提升，而在一定程度上淡化了教师职业内涵的丰富即教师专业发展。只有教师专业不断发展，才能带来教师职业的经济、政治和社会条件的改善，才能赋予教师职业强大的生命力；反之，教师职业所需经济、政治和社会条件的不断改善，也更强烈要求教师专业的不断发展，二者是内因和外因的辩证关系。在实现教师专业发展的众多策略中，最有效的途径是校本教研。校本教研将教师推向了教研阵地的前沿，推到了教研主体地位，推动教师自觉自愿、积极主动地提升自身综合素质，实现了教学研究的大众化、民主化，进而激发教师参与教研的潜质和潜能，增强教师教研的主观能动性，使得校本教研成为教师乐于接受的教研活动，做到"生命不息，教研不止"，这才是教师职业价值的真谛所在，是教师人生价值的内涵所在。

（二）探究校本教研的组织与实施策略，增强教师参与新课程改革培训的针对性和实效性

校本教研作为推动新课程改革有效的保障机制，其实施策略是多元化的。凡有利于启迪教师教学思维、教学技能和教育智慧，有利于教师改进教学行为和教学方式，有利于教师改进教学方法、优化教学过程、合理配置课程资源、增强教育功能、提高教学实效，有利于教师促进专业成长等的教学研究活动，皆可界定为校本教研。调动校本教研活动主体，有效组织实施校本教研活动，有利于增强教师参与新课程改革的针对性和实效性。

1.教师应充分发挥教研主观能动性，努力做到"在教学过程中研究，在研究状态下教学"

这是实施校本教研的最根本途径，是对教师开展校本教研的最基本要求，是展示教研主体教研水平和特色的最重要方式。新课程理念下的教师应该是学习型、研究型、民主型和创新型的教师，要努力做到以下几个方面。

探究性研究。教学是一门艺术，艺术的生命源于研究实践和学习创新。以改革创新的精神和研究学习的心态对待新课程改革理念下的课堂教学，新课导入的独特性和灵活性，教材内容处理的精巧性和科学性，教学内容呈现方式的新颖性和艺术性，教学媒体选择的简洁性和恰当性，教学问题设置的互动性和探究性，教学资源配置的合理性和实效性，教学情境创设的教育性和吸引性等，都要求教师不断摸索与探究，从中激发学生探究的欲望，培养学生创新思维、质疑精神和批判品质，增强学生的实践能力。

反思性研究。课堂教学任务的完成并非意味着教师教学活动的终结。教师还需对本节课教学作进一步反思，反思教学目标的达成度，反思教学内容的理解度，反思教学过程的流畅度，反思教学效果的理想度，反思教师素养的展示度，反思教学教育的内化度，反思教师个性风格的认可度等。教师应在感悟中学习，在反思中成长，在研究中提高。思考实践中的问题的过程就是反思，寻找可替代现状的行为的过程就是行动，将过程记录下来的过程就是观察行动结果，与别人报告和讨论的过程就是在从事合作性反思，思考这些行动将如何改善和下一步工作计划就是再次反思行动结果和向进一步的行动迈进。

2.学科教研组应充分发挥自身功能，努力做到以教研促科研，以科研带教研

学科教研组承担本学科教研和科研的双重任务，学科教研具有学科性、学术性、群众性等特征。长期以来，部分学校学科教研组活动存在"六多六少"倾向：形式化多创新性少，功利性多实效性少，被动性多主动性少，行政性多业务性少，自我封闭性多互动交流性少，感性经验多理性探讨少等。这就弱化了教研组教研、科研功能，没能充分发挥学科教研组在校本教研中的桥梁纽带作用。在新课程改革中，学科教研组应着力改变自身存在的不足，增强自身在

校本教研中的基础性地位，充分发挥以下功能。

教学研讨功能。通过集体备课、相互听课、集中评课和共同磨课等同伴互动方式，相互研讨和探究新课程教育教学变革，交流经验，研讨心得，出谋划策，相互启迪，共同提高。

教育科研功能。以学校为研究中心，以教师为研究者，以课堂为研究室，学科教研组要组织教师不断发掘新课程课堂教学过程中存在的问题，对问题加以提炼形成研究课题，再以课题研究成果指导新课程课堂教学，从而培养教师校本教研兴趣和能力，这是教师专业化发展的重要途径。

教学检查功能。学科教研组要结合新课程改革的任务和要求，定期或不定期、定性或定量对教师推进新课程改革进度和完成新课程改革任务状况进行阶段性检查和总结，保证新课程改革有目标、有计划、有步骤、有秩序推进。

教学评比功能。学科教研组可以结合新课程改革的目的和任务，有计划、有组织、分学段、分对象开展各种各样丰富多彩的教学评比活动，树立典型，积累经验，示范引路，以点带面。

3.校内外教研机构应充分发挥专业引领作用，努力做到理论研究和实践研究相互补充

这是实施校本教研的重要途径。校内外各级教研机构是新课程改革的专业支持力量。目前，新课程改革专业支持力量是不平衡的，仅靠各级教育行政部门的教研机构是不够的，广义的教研机构还应包括高等师范院校的课程论、教学论等方面的专家学者及其相关的研究机构。两种教研力量的整合产生推进新课程改革的合力，从而为新课程改革提供强有力的组织保障机制。校内外教研机构在教师校本教研活动中的专业引领作用可以表现为以下几个方面。

第一，开展新课程改革前沿理论研究，为新课程改革及教师培训提供有效的理论支持。

一方面，借鉴国外成功的教育理念，遵循青少年成长和教师专业发展规律，结合时代和我国社会对人才的要求，积极研发符合新课程改革需要的教育理论。另一方面，认真研究我国基础教育课程改革的方向，指导我国课程改革的进程，为搞好本轮课程改革提供理论支撑，为指导一线教师课程改革培训提供专业引领。

第二，深入课程改革实践第一线，为新课程改革进程存在的问题及时提供诊断意见。

毋庸讳言，我国基础教育新课程改革当前正处于攻坚阶段，还存在一些问题，如新课程改革在不同区域推进的非均衡性等。这些问题急需专业研究人员深入课程改革实践，与课程改革实验教师进行面对面的沟通交流，正视现状，分析原因，寻求对策，以便于将新一轮国家基础教育课程改革进行到底。

本轮新课程改革对国家、民族未来发展产生积极而深远的影响，教师应持之以恒地推进新课程改革。校本教研在新课程改革中的地位作用和价值取向，必将使之成为教师专业成长的必然选择，成为推进新课程改革有力有效的保障机制[①]。

---

① 王为民.生态·生活·生命——基础教育新课程人文价值的追求与建构[M].武汉：华中师范大学出版社,2011:178-184.

■ 第二章　普通高中思想政治课程标准的基本思路与基本要求

内容提要：《普通高中思想政治课程标准（2017年版2020年修订）》以学科核心素养为统领，教学与评价思路、考试命题思路贯穿一张清晰的路线图，教师需要树立素养意识、课程意识、活动意识、议题意识和质量意识等课标意识，掌握命题思路与要求。"新版课标"明确规定了高中思想政治综合性、活动型学科课程性质，教师需要在教学设计、学习过程、教学形式、实践活动等方面实施"活动型教学"；基于知识整合化、案例情境化、活动指向化等教学形式实施"综合性教学"。教师应积极实践与反思新版课标的教学理念与要求，并努力推动其在高中思想政治课堂教学中落地生根。

课程标准是国家规定某一学科的课程性质、课程目标、内容目标、实施建议的教学指导性文件。课程标准是基础教育新课程改革理念与要求的重要载体和主要标志，是指导教师教学、学生学习、考试评价、教材编写的根本依据。《普通高中课程标准（2017年版2020年修订）》（以下简称"新版课标"）被誉为培养21世纪新型人才的"中国智慧和中国方案"。学习领会"新版课标"的基本思路与基本要求，是做好新时代高中思想政治课教育教学工作的根本遵循。

第一节　"新版课标"的基本思路

习近平总书记在全国教育大会上指出，全面贯彻党的教育方针，培养德智体美劳全面发展的社会主义建设者和接班人。同时，他在学校思想政治理论课教师座谈会上强调，思想政治理论课是落实立德树人根本任务的关键课程。高中思想政治课如何贯彻党的教育方针，落实立德树人根本任务，促进人的全面发展？"新版课标"以"学科核心素养"作为全面贯彻党的教育方针、落实立德树人根本任务的切入点，凝练了学科核心素养，规定了综合性、活动型学科课程性质与教学实施策略，明确了学业质量标准及其考试评价机制。"新版课标"整体功能是以学科核心素养为统领，定位课程性质，明确课程目标，规划课程结构，设置课程内容，强化课程质量检测，规范考试评价，促进教、学、考有机衔接，形成育人合力。本着为编写教材服务、为教学服务、为考试评价服务的原则，"新版课标"系统规划设计课程的教、学、考、编，突出课程标准的可操作性，切实加强对教材编写、教学实施、考试评价的指导，从而将党的教育方针与立德树人根本任务落地生根。"新版课标"的理念与要求，既规定了"教什么怎么教""学什么怎么学"，也规定了"考什么怎么考"，这些规定都是刚性的，需要按照规定严格执行。

一、教学与评价思路及其"课标意识"

（一）教育方针素养化，树立"素养意识"

党的促进人全面发展的教育方针和立德树人的根本任务是新时代教师教学的根本指导思想和根本遵循。"新版课标"通过"学科核心素养"这一桥梁纽带在党的宏观育人目标与教师课堂微观教学目标之间搭建了中观学科育人目标，进而将党的教育方针和立德树人根本任务具体细化为学科课程及其教学要求、质量标准、考试评价等。

1.学生发展核心素养

"新版课标"在前言中提出，中国学生发展核心素养是党的教育方针的具体化、细化。同时，学生发展核心素养也是基础教育课程落实立德树人根本任务的一项重要举措。由此可见，学生发展核心素养是基础教育课程全面贯彻党的教育方针和落实立德树人根本任务具体而又重要的切入点。

2.学科核心素养

学生发展核心素养是对学生的普遍性要求，在不同学段、不同学科对学生应有不同要求。各学科基于独特育人价值和学科本质，"凝练了本学科的核心素养，明确了学生学习该学科课程后应达成的正确价值观念、必备品格和关键能力"。由此可见，"新版课标"将"学生发展核心素养"具体化为"学科核心素养"，从而有效构建了学科核心素养与学科课程之间的内在联系，并使之落实到学科课程教学之中。

3.学科核心素养与"三维教学目标"的关系

"新版课标"凝练了学科核心素养，"对知识与技能、过程与方法、情感态度价值观三维目标进行了整合"，是教学的主旨与灵魂，统领教学方向，是贯穿教学始终的一根红线。学科核心素养的每个方面都内含了知识、能力、情感态度价值观维度，这种呈现方式从"三维并举"到"三位一体"。据此，教师的教学目标应表述为"学科核心素养培育目标"，而不再是"三维教学目标"，但在内容上，每种核心素养要结合具体教学内容和教学对象等教学实际，有机融入"三维教学目标"。

"新版课标"提出并科学界定了"学科核心素养"，从而将党的教育方针和立德树人根本任务内化、细化、具体化，这是"新版课标"的最大亮点，教师教学需要树立"素养意识"。

（二）核心素养课程化，树立"课程意识"

基础教育课程是党的主张和国家意志的重要载体，为人的全面发展和幸福生活奠基。"新版课标"以"学科核心素养"为主线统领，科学定位综合性、活动型学科课程性质，明确培育学科核心素养课程目标，合理规划必修、选择性必修和选修课程结构，统筹设置课程内容，实施以议题引领活动的教学建议，强化以学业质量标准检测课程实施质量，并以此规范考试评价机制等，"促进教、学、考有机衔接，形成育人合力"，从而有效构建学科核心素养与学科课程之间的内在联系。

1.学科核心素养与课程性质

"新版课标"在"课程性质与基本理念"中明确规定，高中思想政治课程是"综合性、活动型学科课程"，"提高思想政治学科核心素养"是其中的硬核内容。"综合性"是基于"本课程内容涉及哲学、经济学、政治学、法学等学科，具有综合性"，要"采用情境创设的综合性教学形式"，"提供综合的视点，提升综合能力"；"活动型"是基于"学科内容采取思维活动和社会实践活动等方式呈现，即通过一系列活动及其结构化设计，实现'课程内容活动化''活动内容课程化'"，从而"构建以培育思想政治学科核心素养为主导的活动型学科课程"[1]。

2.学科核心素养与课程目标

"新版课标"在"学科核心素养与课程目标"中明确提出，"通过思想政治课程学习，学生能够具有思想政治学科核心素养"。可见，培育"学科核心素养"是课程实施的根本目标与价值追求。

3.学科核心素养与课程结构

"新版课标"根据教育和学生成长规律，从综合性、活动型学科课程性质与特点出发，以学科核心素养为纲，在大中小思政课一体化建设中，精心设计统筹规划高中思想政治必修、选择性必修和选修的课程内容，必修课程是培育全体学生学科核心素养的基本载体。选择性必修课程是对必修课程的延展，满足学生多样化的学习兴趣和升学需要。选修课程更关注学生个性化发展的需要。这种课程结构既为学生全面发展奠定共同基础，又能满足学生差异成长的个性化需求。

4.学科核心素养与课程内容

学科核心素养是高中思想政治课程内容的结晶与学科本质的凝练，学科

---

① 出自《普通高中思想政治课程标准（2017年版2020年修订）》，下文引用同一文件，不再重复标注。

核心素养与课程内容是"魂与体"或"纲与目"的关系。在课程内容的呈现上，"新版课标"通过探究与分享相关活动主题，使课程内容情境化即创设教学情境，提供思维与探究活动的综合视点，引领学生自主合作探究学习，提升学生综合能力，促进学科核心素养的落实。在课程内容的教学与评价上，"新版课标"提出实施"活动型学科课程教学"，选择"辨析式学习路径"，采用"综合性教学形式"，开展"系列化社会实践活动"等建议，旨在强化教学与评价全过程、各环节无缝对接，精准落实学科核心素养。

可见，课程改革是系统性改革，实现党的教育方针和立德树人根本任务落地生根，进而改变以往仅从课堂教学方法改革的微观视角对于推进素质教育"改不动""改不了""改不成"的尴尬局面，教师教学需要树立"课程意识"。

（三）课程内容活动化，树立"活动意识"

活动是学生能动参与课程教学以及彰显学生主体性的基本路径与方式方法。实施"活动型学科课程教学"是高中思想政治课程教学培育学生学科核心素养的必然选择与内在要求。

1.课程标准的"活动化"呈现

"新版课标"基于必修课程强调实践体验的要求，采取内容与活动相互嵌入的组合方式。教学内容与教学活动相互嵌入、有机融合，形成了高中思想政治课程标准呈现方式的一大特色。

2.学科内容的"活动化"呈现

"新版课标"为构建活动型学科课程，在学科内容上明确提出"学科内容采取思维活动和社会实践活动等方式呈现，即通过一系列活动及其结构化设计，实现'课程内容活动化''活动内容课程化'"。学科内容的"活动化"呈现意在凸显活动型学科课程性质，倡导教师以活动的方式实施课程教学。

3.活动开展的注意事项与实施要求

"新版课标"强调"学生的活动体验是思想政治学科核心素养发展的重要途径"。"学科核心素养"以活动为载体，实现可操作、可培养目标。为此，教师要实施"活动型学科课程教学"（其基本流程见图2-1），以议题统领教学活动过程应"包括提示学生思考问题的情境、运用资料的方法、共同探究的策略，并提供表达和解释的机会"。"新版课标"必修部分在"教学提示"中可供选择的活动建议共计87个，教师在开展教学活动时应注意，这些活动是可选择、可调整、可操作的，坚持"三贴近"原则即贴近学生的生活、思想、学习等实际，贴近教学内容、对象、条件等实际，贴近时代要求等实际。此外，教师还需要对所开展的教学活动设计一个评价表，进行可操作的测评，聚焦学科核心素养的行为表现，一般采用"求同"（即有统一标准）与"求异"（即无标准答案）相结合的原则，既评价达成基本观点的学习过程，也评价展现学科核心素养的活动过程。

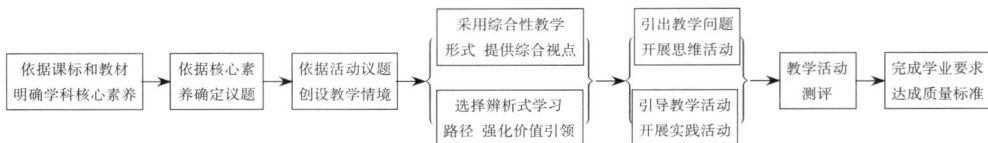

图2-1　实施"活动型学科课程教学"基本流程图

可见，实施"活动型学科课程教学"是具体落实学科核心素养的有效载体，是彰显综合性、活动型学科课程性质的有效路径。这是"新版课标"的突出亮点，是教师教学策略与教学行为的"规定动作"，教师教学需要树立"活动意识"。

（四）教学活动议题化，树立"议题意识"

议题是实现学科核心素养具体转化为课程教学的重要切入点，以议题统领教学是扎实有效实施"活动型学科课程教学"的关键环节。一方面，议题确定要以学科核心素养为依据和指向，另一方面，教师教学要以议题为统领创设教学情境，开展教学活动，建构教学内容，具体培育学生学科核心素养。

1.议题的特点及其结构

"新版课标"提出"在对接内容要求的教学提示中，以议题的方式提示课程内容"（"教学提示"基本结构见图2-2）。同时强调，"教学设计能否反映活动型学科课程实施的思路，关键在于确定开展活动的议题"。从"新版课标"必修课程设置的共计35个议题来看，共同特点是"既包含学科课程的具体内容，又展示价值判断的基本观点；既具有开放性、引领性，又体现教学重点、针对学习难点"。

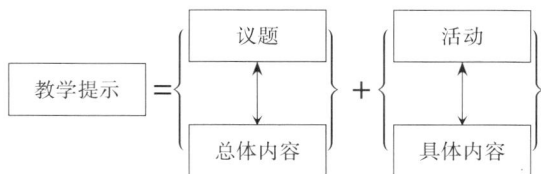

图2-2　"教学提示"基本结构图

2.议题的类型、功能与呈现方式

纵观必修课程设置的全部议题，其类型大致可分为：问题类议题，引导学生思考讨论，阐明观点。例如，以"为什么要坚持'两个毫不动摇'"为议题等。辩（论）题类议题，引发学生思想争议，辨明观点。例如，以"传统文化是包袱还是财富"为议题等。问题类和辩（论）题类议题呈现方式采用疑问式，其中，有7个"是什么类"议题采用"是什么、有什么、是否、是……还是……"等问式，有12个"为什么类"议题，有16个"怎么样类"议题采用"怎样、如何、从哪里来、靠什么"等问式。主题类议题即中心话题、命题，引领学生分析论证，探究观点。例如，以"坚定自信，实现中国梦"为议题等。主题类议题呈现方式采用陈述式。

3.议题与教学内容的有机衔接

由于新版教材将议题放在"综合探究"中相对集中编排，使之与教学内容相分离，教师在传授教学内容之前，需要依据"新版课标"与新版教材，合理确定相应的教学议题，以便更好实施"活动型学科课程教学"。以思想政治必修一《中国特色社会主义》为例，有的议题关联新版教材中"某一目"的教学内容，例如，以"怎样看待资本主义社会的兴衰"为议题，探究的内容是第一课第一框第二目"从封建社会到资本主义社会"中"资本主义社会基本矛盾的表现"；有的议题关联新版教材中"某一框"的教学内容，例如，以"科学社会主义为什么科学"为议题，探究的内容是第一课第二框

"科学社会主义的理论与实践"；有的议题关联新版教材中"某一课"的教学内容，例如，以"社会主义为什么是近代中国历史发展的必然"为议题，探究的内容是第二课"只有社会主义才能救中国"；有的议题关联新版教材中"某几课"的教学内容，例如，以"中国为什么能"为议题，探究的内容是第二课、第三课、第四课。

可见，依据"新版课标"和新版教材确定教学活动议题成为有效开展"活动型学科课程教学"的重要前提和关键环节，教师教学需要树立"议题意识"。

（五）模块学业要求化与课程质量标准化，树立"质量意识"

"模块学业要求"和"课程质量标准"之间具有内在一致性的联系。"课程质量标准"成为检测衡量学科核心素养落实成效的有力手段，进而使"新版课标"理念与要求硬化与刚性化，真正树立起课程标准的权威。

1.模块"学业要求"

"新版课标"在每一必修模块和选择性必修模块之后设置了"学业要求"，这是本模块学习所要达到的结果，也是检验学生基于模块内容学习后掌握的程度。

2.课程"学业质量标准"

"新版课标"基于本学科课程目标、模块"学业要求"和本学科课程的学业成就表现，专门设置"学业质量"部分。这是学生学习本课程必须达到的质量要求，既是指导教学与评价的依据，也是指导合格考与等级考的学业水平考试命题的依据。可见，"学业质量标准"在"新版课标"中处于承前启后的中枢地位。

3."学科核心素养"与"学业要求""学业质量标准"的关系

"学业要求"是基于模块学习需要达到的质量要求，"学业质量标准"是基于全部课程学习必须达到的质量要求。两者是"分散"与"汇总"的关系，都是为了强化与检测"学科核心素养"的教学与评价质量，实现培育学科核心素养的课程目标。"学科核心素养"与"学业要求""学业质量标准"是"源与流"的关系。

明确模块"学业要求"与研制课程"学业质量标准"是"新版课标"的又一突出亮点，表明"学科核心素养"是可量化、可检测的，教师教学需要树立"质量意识"。教师在实施"活动型学科课程教学"过程中，要善于将"学业要求""学业质量标准"中相关内容与每节课的教学内容与教学活动加以对照，以便常态化检测课堂教学具体培育学科核心素养的成效。

总而言之，"新版课标"的教学与评价思路贯穿着清晰而明确的"路线图"，我们可以将此"路线图"进一步概括总结为"一二三四"的"新格局"，即贯穿一条目标主线：学科核心素养；把握两大课程性质：综合性与活动型学科课程性质；明确三大保障机制：活动型学科课程的课堂教学机制、学业质量标准的质量检测机制、基于学科任务导向命题框架的考试评价机制；实施四大教学建议：在教学设计上要实施活动型学科课程教学，在学习方式上要选择辨析式学习路径，在教学形式上要采用综合性教学形式，在教学活动上要开展系列社会实践活动。"新版课标"明晰了教学与评价思路的"路线图"与"新格局"，高中思政课教师要牢固树立素养意识、课程意识、活动意识、议题意识和质量意识等"课标意识"，在新教材的教学实践中努力探索"新版课标"教学理念与要求的落地生根。

二、考试命题思路与要求

新时代基础教育是为了培养人才，课程方案和课程标准是基本依据，考试招生是重要导向，要把课程改革和高考综合改革有机结合起来，统筹兼顾，有效联动，形成合力。这次课程标准修订工作有260多位课程专家与考试评价专家共同参与、一起修订，确保两者的有效衔接。"新版课标"统筹协调好高中课程改革和高考综合改革两项改革，一方面，要发挥好课程在人才培养和选拔中的统领作用，特别是强化考试内容与高中课程的关联性，保证教、考、评一致性；另一方面，要有效发挥高考改革对高中课程改革的正确导向作用。"新版课标"基于学科核心素养立意的高考要求，贯彻一条主线即核心素养立意，集中表现在命题思想、解题思路、答题思维三个方面，教师要明晰三大思路，即命题思路、解题思路、复习思路。

（一）高考内容：课程内容结构化，课程高考功能一体化

1.课程内容结构化

"新版课标"根据学生年龄特征与生活经验，从学科特点出发，以学科核心素养为纲，重新梳理和安排了必修、选择性必修和选修的课程内容，既保证学生达到共同基础的要求，又实现有个性的发展。

必修课程是培育全体学生学科核心素养的基本载体，设置模块1"中国特色社会主义"、模块2"经济与社会"、模块3"政治与法治"、模块4"哲学与文化"四个模块。选择性必修课程是对必修课程的延展，满足学生多样化的学习兴趣和升学需要，设置"当代国际政治与经济""法律与生活""逻辑与思维"三个模块。选修课程更关注学生专业素养发展、高校自主招生及学生个性化发展的需要，设置"财经与生活""法官与律师""历史上的哲学家"三个模块。

2.课程高考功能一体化

必修课程根据学生全面发展需要设置，全修全考——应对学业水平考试，即合格考。选择性必修课程根据学生个性发展和升学考试需要设置，选修选考——应对等级性考试，即高考。选修课程由学校根据实际情况统筹规划开设，学生自主选择修习，学而不考或学而备考——应对高校自主招生考试，为学生就业和高校招生录取提供参考。

（二）命题依据：模块学业要求化，课程质量标准化

"学业要求"基于模块内容建立陈述框架，针对课程模块，表明"射箭"的方向和目的，即过程。"学业质量标准"基于课程目标及学业要求撰写，是基于素养表现建立陈述框架，针对全部课程，是学业要求的汇总，需要标明程度和范围，是能够区分水平的"箭靶"，即结果。

课程"学业质量标准"明确了学生完成本学科学习内容后，学科核心素养应达到的等级水平，各水平的关键表现构成评价学业质量的标准。学业质量标准是对学生多方面发展状况的综合衡量，明确了新的质量观，更加强调提高学生综合运用知识解决实际问题的能力，改变过去单纯看知识、技能的

掌握程度。学业质量标准把学业质量划分为不同水平，帮助教师更好把握教学要求，因材施教，引导教学更加关注育人目标的有效落实，更加注重培养学生核心素养。学业质量标准帮助教师和学生把握教与学的深度和广度，为阶段性评价、学业水平考试和升学考试命题提供重要依据，促进教、学、考有机衔接，形成育人合力。学业质量标准是指导教学与评价的依据，是指导合格考与等级考命题的依据。

（三）考试评价：考试命题框架化，命题技术规范化

命题是一门科学，命题是一门艺术。命题思想、考核要求、试题质量等需要通过一定命制技术路径实现。

1.考核目标

为精准贯彻与落实课程性质与课程目标，"新版课标"提出，学业水平考试考核目标坚持以学生的思想政治学科核心素养发展水平为考查对象，在真实情境中提出问题、分析问题和解决问题。

2.命题框架

思想政治学科核心素养就是看学生能否运用学科内容应对各种复杂社会生活情境中的问题和挑战。为此，制定学科任务导向型的学业水平考试命题框架（见图2-3），实施学科任务导向型学科核心素养评价或学业质量评价。以学科任务导向为标志，由关键行为表现、学科任务、评价情境和学科内容等四个基本维度构成，目的在于有效测试思想政治学科核心素养的真实发展水平。

3.思想政治学科核心素养与关键行为表现、学科任务、评价情境、学科内容之间的内在联系

关键行为表现是推断学科核心素养发展水平的基础，执行学科任务是将内在的学科核心素养外显为可观测行为表现的媒介或手段，评价情境是运用学科内容、执行任务、展现学科核心素养发展水平的平台或载体，学科内容是印证与考查学科核心素养发展水平的依托。

4.基于学科任务导向型的学业水平考试命题框架实施路线图

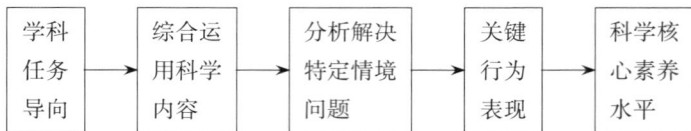

```
学科          综合运         分析解决         关键          科学核
任务    →     用科学    →    特定情境    →    行为    →     心素养
导向          内容          问题            表现          水平
```

图2-3　基于学科任务导向型的学业水平考试命题框架

基于学科任务导向型的学业水平考试命题框架是一种情境性、表现性、真实性评价，情境真实、问题真实、行为真实。有效测试思想政治学科核心素养发展水平的试题，必定指向核心素养及其关键行为表现，是实现学科任务、评价情境、学科内容三者有机融合的试题。

（四）考核结果：关键行为指标化，素养发展水平化

高考是国家意志的体现，我国的高考命题从"知识立意""能力立意"到"素养立意"，新时代的思想政治学业水平考试命题应着力考查考生的学科核心素养。

1.考核依据

学科核心素养作为人的内在品质和能力，不可直接观测和度量，但它会通过各种具体任务的执行，外显为行为表现特征，从而借助这些行为表现评价思想政治学科核心素养发展水平。测试思想政治学科核心素养发展水平，需要把握每个水平等级的素养表现特征。

2.考核要求

思想政治学科核心素养的行为表现与具体任务类型并非一一对应：同一项任务的完成，可以反映多个学科核心素养要素的发展水平；同一个学科核心素养要素的发展水平，也可以通过不同类型的任务执行体现出来。

3.关键行为表现的呈现方式

学科核心素养水平划分（见表2-1）和学业质量水平划分（见表2-2）。

表2-1　学科核心素养水平的呈现方式

水平 素养	水平1	水平2	水平3	水平4
素养1				
素养2				
素养3				
素养4				

表2-2　学业质量水平的呈现方式

表现 水平	表现
水平1	素养1、素养2、素养3、素养4
水平2	素养1、素养2、素养3、素养4
水平3	素养1、素养2、素养3、素养4
水平4	素养1、素养2、素养3、素养4

陈述方式：每个条目的基本句式都包含行为动词、行为要求、行为表现三个元素，分四个水平层次描述学业成就的表现。基本句式结构：在什么条件下，（能够运用什么）做什么事，表现出了什么。学科核心素养水平划分和学业质量水平划分两者在内容上具有一致性。

（五）考核目标：考核要求任务化，学科任务指向化

高考试题的考核目标与要求就是考生需要完成的学科任务，不同的高考试题所要达到的考核目标与要求是不同的。

1.学科任务划分要求

一是能反映学科本质与特色，二是要具有测试的可操作性。

2.学科任务划分依据

根据认识论，人们认识和改造世界完成三大基本任务，即描述世界：是什么；解释世界：为什么；实践应用：怎么做。

3.学科任务划分内容

根据学科任务划分要求和依据，考试命题的学科任务可以整合为：描述

与分类，解释与论证，预测与选择，辨析与评价。考生完成学科任务的过程中，展现关键行为特征，折射学科核心素养状况。

（六）试题情境：素养载体情境化，评价情境结构化

考查学生的核心素养发展水平，需要以具体的真实情境作为执行特定任务和运用学科内容的背景、载体与依托。

1.创设试题情境的价值

思想政治学科核心素养就是看学生能否运用学科内容应对各种复杂社会生活情境的问题和挑战。学科内容也只有与具体的情境相融合，才能体现出它的素养意义，反映学生真实的价值观念、必备品格和关键能力。

2.学科核心素养与情境的关系

思想政治学科核心素养的行为表现与情境之间的关系是复杂的：同一个情境，可以展现出不同学科核心素养要素或同一个学科核心素养要素的不同水平；同一个学科核心素养要素及其水平，也可以通过不同的情境表现出来。

3.试题情境创设要求

首先，要确定复杂程度不同的典型情境。一般来说，情境涉及的行为主体越多，主体之间的相互作用越强烈，决策要实现的相互竞争的目标越多，影响决策及其结果的因素越多，情境的不确定性越大，立场观点或价值观、利益越多样且相互冲突越大，情境所蕴含的价值、功能、作用越丰富多样，情境的复杂程度越高。例如，2020年高考政治全国Ⅱ卷40题"四位青年扶贫故事"，2017年全国Ⅱ卷40题"四位科技领航者科技成就"。

其次，创设评价情境，情境设置要结构化。高质量的学业水平考试，能够使学生的应答展现真实的素养水平，这在很大程度上取决于评价情境的创设是否巧妙，能否使每个学生在该情境中如实反映自己的素养发展水平。

最后，应该对源于真实生活的情境进行有针对性地建构，保留关键性的事实与特征，剔除无关紧要的细枝末节，创设信息支持充分的评价情境。

（七）答案组织：评分标准多元化，答题思维开放化

1.答案设置要求

根据题型的不同，学业水平考试既要有答案唯一的试题，又要有答案开放的试题；既要有只需呈现最终答案的试题，又要有需要解释答案理由与展现解题过程的试题。

2.答案设置原则

根据思想政治学科核心素养评价的特点，学业水平考试应该有相当数量的开放性试题。制定这种试题的评分标准，要兼顾共同性与差异性。共同性体现为有共同的基本立场、观点和价值观，有共同的评价尺度。在共同评价尺度的框架中体现差异性，例如，采用不同视角，运用不同素材，采取不同思路，表达不同见解，提出不同的问题解决方案等。透过这种有差异的解题过程与思维过程，划分评价等级，判断学生在特定情境中学科任务完成的不同质量，推断其学科核心素养发展水平。

（八）知识运用：学科内容综合化，知识应用整合化

1.原因

学科核心素养强调对学科内容的整体理解与把握。考查学科核心素养发展水平，需要学生整合相关学科内容以应对特定问题情境，执行特定任务，由此提供确认水平的证据。

2.要求

评价思想政治学科核心素养时，要明确这些素养是思想政治课程所包含的各学科内容的结晶，每个课程模块内容都有助于培育学科核心素养。

总之，能够有效测试思想政治学科核心素养发展水平的试题，必定是指向核心素养及其关键行为表现，实现学科任务、评价情境、学科内容三者有机融合的试题。

综上所述，我们完整准确理解和贯彻落实"新版课标"的教学理念与要求，需要正确认识和处理四种关系：学科核心素养水平与学业质量水平是源与流的关系，学科核心素养与课程内容是魂与体或纲与目的关系，学业质量

标准与考试标准是依据与工具的关系，学业要求与学业质量标准是分散与汇总的关系。明确提升三大认识：提出学科核心素养，表明党的教育方针、育人目标可细化、可具体化；开展议题式活动型教学，表明核心素养可操作、可培养；研制学业质量标准、考试评价，表明核心素养可量化、可检测。解读明晰"新版课标"的教学与考试评价思路"路线图"与"新格局"，便于教师树立"课标意识"，掌握命题思路与要求，在教学实践中科学有效贯彻落实"新版课标"的教学理念与要求。

第二节　"新版课标"的基本要求

高中思想政治课程的实施，以课程标准为依据，以发展学生思想政治学科核心素养为目标，彰显综合性、活动型学科课程性质，力求将学业质量转化为具体的教学要求。本课程的教学要运用多种方式、方法，引导学生自主学习、合作学习和探究学习，强调学生的活动体验是思想政治学科核心素养发展的重要途径。具体教学目标的制定应该聚焦学生思想政治学科核心素养的发展，整合知识与技能、过程与方法、情感态度价值观。

一、实施活动型学科课程的教学要求

依据"新版课标"在"实施建议"中关于教学方面的要求，开展活动型学科课程教学的具体建议包括：活动型学科课程的教学设计，辨析式学习过程的价值引领，综合性教学形式的有效倡导，系列化社会实践活动的广泛开展。

（一）在教学设计上：倡导以议题为引领，精心设计活动型学科课程教学

"新版课标"提出，活动型学科课程的实施要使活动设计成为教学设计和承载学科内容的重要形式。这要求教师在教学设计时，要对应结构化的学科内容，力求提供序列化的活动设计，并贯穿于教学全过程。教学设计实施活动型学科课程的关键在于确定开展活动的议题，围绕议题展开的活动设计，包括提示学生思考问题的情境、运用资料的方法、共同探究的策略，并

提供表达和解释的机会。活动设计应有明确的目标和清晰的线索，统筹议题涉及的主要内容和相关知识，并进行序列化处理。教师要了解学生对议题的认识状况及原有的生活经验，以提高教学的针对性、实效性；还要了解议题的实践价值，创设丰富多样的教学情境，引导学生面对生活世界的各种现实问题。

"新版课标"首次把"社会活动"列入高中思想政治必修课，这就为把理论知识的"讲授性"教学塑造成"活动型"教学提供了前所未有的契机和动力。因此，实施本课程，应采取"活动型"教学，一方面使知识性内容的教学通过活动来实施，另一方面使活动设计承载知识性内容的教学，同时使有关"活动"的测评可操作成为可能，力求"课程内容活动化，活动设计内容化"。具体说，就是引导学生围绕争议问题（简称"议题"）开展辨析性活动，以解决问题或生成新的问题，以培养学生科学精神等学科核心素养。这种围绕"议题"展开的活动将贯穿教学全程，包括引领学生思考问题的路径、运用资料的方法和共同探究的策略，并提供解释各自想法的机会，从而使"活动"成为承载知识内容的基本方式。

1.选择争议问题

所谓争议问题，即"辨析性""两难性"等问题，就是为发展学生核心素养需要研究讨论加以解决的矛盾、疑难，或是关键、重要之点。这些问题主要是学习思想政治学科的重难点，如"法治，如何让生活更美好"的问题，在法治让人们生活更美好的具体途径上，学生可以有不同的意见甚至争论。

活动型学科课程的教学设计，关键在于确定活动议题。所选"议题"既包含学科课程的具体内容，又展示价值判断的基本观点；既体现教学重点、针对学习难点，又具有探究性、引领性、开放性和生活化等特点，否则就没有探究价值或无法探究。"议题"的选定应依据课程标准，紧扣社会热点和学生实际，既可以充分利用课程标准中的"议题"，也可以自主开发适时适用的"议题"。例如，文化现象是复杂的，关于"打麻将"就有两种不同观点。一种观点认为打麻将是传统文化：作为一种广受人们欢迎的娱乐方式，它有利于人们在消遣的过程中联络感情、愉悦心情、涵养性情，应该受到保护。一种观点认为打麻将是落后文化：它不仅诱使人们把大量宝贵时间浪费在毫无意义的活动中，而且已经成为赌徒赌博方式之一，应该予以抵制。这样的"议题"选择就比较恰当，大家都有话可说。

2.开展活动型教学

在组织活动型教学活动之前，教师按照不同"议题"将学生分成若干小组，一般以"组内异质、组间同质"为原则，人数也不能过多，以4～6人为宜，每人都应有明确的分工。

然后小组学生自选"议题"，并就这一"议题"自由交换意见或进行辩论，以解决问题或生成新的问题。研讨的成果在全班展示，接受同学或教师的评判。在此过程中，教师创设"争议性"情境并巡回指导，适时答疑解惑、点拨引导、点评鼓励。

在"争议性"情境中需要正确引导讨论。一是把握过程与结果的关系。关注过程，是相对于只重结果、忽略过程而言，而不意味着只讲过程、不问结果。有的讨论重结果，有的讨论重过程，侧重点不同。二是掌控导向性与开放性的关系。有的讨论取向趋同，有的讨论取向求异，但任何取向都不能导致"价值中立"，都需要沿着正确的价值取向展开。三是处理好意义性与技能性的关系。注重讨论，重在"议题"的意义，而不是辩驳的技巧。要遵循意义优先、兼顾形式的原则，有效开展活动型教学①。

活动型学科课程评价的聚焦点是学生的素养表现，可采用"求同"取向与"求异"取向相结合的"差别式评价"标准，即"有统一标准、无标准答案"。

（二）在学习过程上：倡导以辨析为路径，强化积极的价值引领

"新版课标"强调，本课程的教学必须凸显价值引领的意义，需要用支撑思想政治学科核心素养的基本观点统整、统筹学科知识。这要求教师在教学过程中，应通过范例分析展示观点，在价值冲突中深化理解，在比较、鉴

① 牛学文.基于学科核心素养的高中思想政治教学策略[J].教学月刊（中学版），2016（C2）：3-6.

别中提高认识，在探究活动中拓宽视野，引领学生认同、坚信社会主义核心价值观。在教学中切实强化价值引领，学习路径的选择至关重要。教师应立足于当今信息化环境下学习的新特点，直面社会思想文化相互交织、相互渗透，学生接收信息的渠道明显增多的新态势，着眼于学生思想活动的独立性、选择性、多变性、差异性和高中阶段成长的新特点，引导他们步入开放的、辨析式的学习路径，理性面对不同观点。只有使学生亲历自主辨识、分析的思维过程，并作出价值判断，才能真正实现有效的价值引领。

评价这种辨析式学习过程成功与否，关键在于：能否把握过程与结论的关系，既关注过程，又不忽略结论；能否掌控导向性与开放性的关系，有的取向趋同，有的取向求异，都需要合理的引导；能否处理好思想内涵与辨析形式的关系，遵循意义优先、兼顾形式的原则。

（三）在教学形式上：倡导以案例为载体，创设优化综合性的教学情境

"新版课标"提出，本课程内容涉及哲学、经济学、政治学、法学等学科，具有综合性。这要求教师应力求凭借相关情境的创设，提供综合的视点，提升综合能力。以案例为载体进行综合性教学，既要着眼于同一课程模块的内容，综合不同的学科核心素养要素，又要着眼于同一学科核心素养要素，综合不同课程模块的内容。优化案例的关键在于优化情境的功能：能有效地支持、服务于学科核心素养的培育；有助于呈现并运用相关学科的核心概念和方法；能充当组织教学内容、贯穿逻辑线索的必要环节；其内在意涵具有丰富的、现实的、可扩展的解释空间；围绕议题，指导、组织富有成效的活动；显现生活中真实的情境，力求可操作、可把握。

高中思想政治课程不同于单一学科课程，也不同于学科综合课程，而是以培育思想政治素养为主旨，包括经济、政治、文化、哲学、法律等多学科原理和方法。这门课程不是为了学科知识的完备，而是基于学生社会化成长的需要。这种独特的"综合性"课程有其历史文化的渊源和革命传统的基因，是中国特色社会主义教育体系的基本表征，为其他国家课程设置所无法类比。因此，实施本课程，宜采取"综合性"教学，既强调学习内容的跨学科，又强调问题指向的复杂，也强调学习方式的多样。具体说，就是引导学

生整合相关知识，以综合性的思想政治学习内容为载体，通过自主、合作、探究等学习方式主动获取知识，发展综合能力，提高综合素质，以培养学生学科核心素养。

1.整合相关内容，培养综合能力

综合性教学的目的就是发展学生综合能力，提高学生综合素质。综合能力是指在学生掌握基本知识和技能的基础上，把学科内或学科间有关知识整合在一起，并应用这些知识去综合分析和解决实际问题的能力。具体说，就是整合经济、政治、文化、哲学、法律等的基本概念、原理、方法等知识，围绕有关主题进行多角度、多层面的分析和判断，并提出解决问题的办法。

为此，在教学中首先要引导学生构建知识网络，培养他们的知识整合（迁移）能力。要引导学生从现象或问题出发，纵横联系、多方比较，把相关知识构建成网，以培养知识整合能力。

其次要引导学生理论联系实际，培养他们的知识运用能力。在传授书本知识时，密切联系社会实际，把生动活泼的现实材料引进课堂，加深学生对有关理论知识的认识，提高学生的理解能力；同时，在了解、认识古今中外的政治、经济、文化等社会现象时，要引导学生综合应用学过的理论知识，进行多角度、多层面的分析和判断，并提出解决问题的办法，以提高学生的综合运用能力。

例如，关于民族团结的重要性，可以从哲学的视角，用整体与部分的关系或系统与要素的关系，阐述民族团结是衡量一个国家综合国力的重要标志之一；可以从政治学的视角，分析民族平等是民族团结的前提，各民族共同繁荣有利于促进民族团结；可以从经济学的视角，分析民族间经济发展程度的差异会妨碍民族团结；可以从文化学的视角，分析在不同民族间因人口流动而带来的风俗习惯、宗教信仰等差异，在就业、社交、治安、居住、教育、交通等方面出现一些摩擦和矛盾，也会妨碍民族团结。综合所学知识，可以从坚持民族平等、统筹发展各民族的经济文化、妥善处理具体问题上的矛盾、坚决反对分裂主义分子的破坏活动等方面采取有效措施，加强民族团结。

2.转变教学方式，培养学习能力

发展学生综合能力，提高学生综合素质，必须转变教学方式，从"以教为主"向"以学为主"转变，坚持少教多学、先学后教、以学定教，变"教室"为"学室"，变"教案"为"学案"，着力培养学生的自主学习能力。

自主学习就是在教师引导下，学生依据学习目标、选择学习方法、监控学习过程、评价学习结果的一种能动的、创造性的学习方式。教师可以通过文字、图表等书面或口头等方式，使学生明确学习目标与任务，并使学生了解所学内容在整个知识体系中的地位，以及与体系中其他知识之间的联系。同时，为学生提供足够的学习时间、学习资源，创设良好的学习氛围，提供有效的学习方法，引导学生从高中思想政治教科书等相关学习内容中获取信息、获得意义。例如，在上"在实践中追求和发展真理"一课时，教师帮助学生明确本课学习的主要知识点及其重点难点，并教给学生自学教材的方法，然后给学生时间自学教材。学生自主阅读教材，既有泛读，又有精读，还有带着教师提供的重点难点等问题研读。一定时间后，教师组织学生开展学习成果交流，用具体事例或学生自己的语言来阐释：真理的客观性的含义，真理是具体的有条件的，人的认识具有反复性、上升性、无限性。在此基础上，或者学生会生成或者教师可以提出：①既然真理是客观的，为什么对于同一个事物，可以有几个正确的认识？②真理是有条件的，往前跨一小步就会变成谬误，那么真理与谬误的界限到底在哪里？③追求真理有一个过程，那么人们需要具有什么样的品质才能求得真理？教师可以让学生就这些问题进行讨论或讲解。最后，教师就重点难点问题进行总结，指出其逻辑关系，并布置恰当的作业以检验学生的学习成果。

实施综合性教学评价，重点是关注学生整合知识、理论联系实际，分析和解决问题的能力。进行综合性评价的过程，也是反思和评估情境创设、案例选取是否得当、是否高效的过程，可据此进一步推敲情境、优化案例，不断提高教学效率和效果。

（四）在实践活动上：倡导以社会为大课堂，积极引导学生在实践中成长

"新版课标"提出，学科内容的教学与社会实践活动相结合，是活动型学科课程的显著特点。社会实践活动包括志愿服务、社会调查、专题访谈、参观访问以及各种职业体验等。校外社会实践活动为教学提供了更广阔的空间、更丰富的资源、更真实的情境，是实施活动型学科课程的社会大课堂。这要求教师在开展社会实践活动时，要从学生的成长需要出发，注重通过乡土资源的开发与利用，丰富教学内容，加深学生对社会的认识与理解。

过去，思想政治课已经形成了注重社会实践活动的传统，但是单纯的知识和概念灌输现象仍然存在。课程方案把"社会活动"列入必修课，这使得"贴近时代、贴近生活、贴近学生"的社会实践活动显得更加重要。因此，实施本课程应采取"实践性"教学，把马克思主义理论重要"议题"创造性地转化为"三贴近"的社会活动，以培养学生公共参与等学科核心素养。

1.创设真实情境

真实情境包括生活情境、社会情境和现实情境。真实情境要求我们将学科知识同生活、社会和现实情境有机联系起来。例如，某教师在教学"实践的特征"内容时引入了一则杭州湾大桥的情境材料，创设了真实情境。首先，这位教师从历史的角度进行挖掘，借孙中山先生在《建国方略》中提出的"东方大港"的概念，设计了一个问题："孙中山那个时代为什么不去建设这样一座跨海大桥以实现这个设想？"然后引导学生讨论分析，得出了"实践是客观的物质性的活动"这一特征。接着，这位教师又从工程论证的角度进行挖掘，依据杭州湾大桥从规划到正式奠基所进行的120多次可行性论证，设计了一个"假如你作为杭州湾大桥可行性论证会的专家，你觉得可从哪些方面来为可行性提供依据？"的活动，通过活动让学生认识到"实践是人有目的有意识的能动性的活动"这一特征。最后，该教师又从大桥建设资金来源的角度进行了挖掘，从大桥建设所需的118亿元总投资入手，让学生围绕"你觉得可怎样来筹措这118亿元巨额资金？"问题献计献策，从投资主体的多元化这个角度得出了"实践是社会性历史性的活动"这一特征。

该教师对情境材料所蕴含的信息进行了充分挖掘，配以精心设计的学生活动，层层深入、水到渠成地得出实践的三个特征。

2.开展社会实践活动

社会实践活动，包括志愿者服务、社会调查、专题访谈等。教师可以紧扣从课程内容中提炼出来的"主题"，组织学生参与社区公共问题的改进、地方文化的保护等志愿者活动，引导学生通过关注、服务公共事务体验解决社区公共问题的复杂性，认识到社会矛盾和社会差异的现实性和长期性，尊重文化差异，自觉承担社会责任。例如，某教师教学"树立正确的消费观"时，针对许多居民不良的消费行为，组织学生开展了"不良消费行为对环境的影响"的专题调查活动。学生自由组合编成小组，自编调查问卷，自己查阅报刊和网络资料，有的小组还跑到市场和超市了解家居装修材料的性质和"净菜"加工生产的过程。各小组将搜集来的资料进行了认真汇总和整理，并撰写了调查报告。通过活动的开展，学生了解到许多环境知识，如地面装修选用大理石会增加氡污染，有许多包装食品的塑料袋和保鲜膜含有危害人类健康的物质等。同时，还提出了许多有关保护环境、绿色消费的建议。

社会调查是一种学生喜闻乐见的社会（主题）活动。社会调查往往以小组合作为形式，通过访谈、问卷调查等方式开展，如通过典型个案调查或抽样调查，了解当地经济社会生活中的某个现实问题，分析其原因，提出解决对策。例如，以"市场决定资源配置是市场经济的一般规律"为题，通过组织学生分小组深入调查2—3种市场，组织学生交流分享各个小组调查的结果。在这个活动过程中，学生可以发现、归纳出生产要素市场和产品（服务）市场的不同和关联，甚至能够尝试画出生产要素市场和产品（服务）市场之间的循环图，归纳出影响生产要素和产品（服务）价格的主要因素，从而发现市场均衡价格的形成规律。

在进行社会调查教学中应注意以下几点：第一，基于学生生活体验与需求。教师要从学生的生活经验出发，了解学生的学习需求。教师要找到既符合课程标准要求又贴近学生现实生活的调查主题。第二，基于学生拓展阅读与调查。教师一定要让学生打好课内知识的基础，同时鼓励学生多读相关课外书，通过人文知识的学习观照现实生活中的现象与问题，通过现实生活调查与研究去反思历史。第三，基于乡土资源开发与整合。乡土资源开发与整合，给师生参与社会实践性学习带来了更多接地气的素材、更多的选题空间、更多的思考维度。

此外，还可以从学生的未来发展着眼，组织学生开展职业体验，如参加农业活动、体验工厂劳动、参加公益活动、提供社会服务等，以丰富学生社会生活经验，感受来自实践生活的需求，提高社会参与能力。

对社会实践活动进行评价，关键要看核心素养是否得到提升，具体看学习内容是否明确，活动设计是否合理，活动组织是否恰当，活动资源是否充分利用，学生的主体性、创造性是否得到充分发挥，学生的交往能力是否得到增强，学生是否有获得感、成就感。

二、实施综合性学科课程的教学要求①

"新版课标"将高中思想政治课程性质界定为综合性、活动型学科课程，提出了基于学科本质和独特育人价值的学科核心素养培育目标，明确了学生学习该学科课程后应达成的正确价值观、必备品格和关键能力，进一步对教学内容进行优化、重组、整合，研制了学业质量评价标准等。"新版课标"界定的课程性质、凝练的培养目标、精选的学科内容、实施的评价标准等具有综合性特点，需要教师实施综合性教学方式，包括综合性教学形式实施策略和综合性教学评价实施策略。

（一）综合性教学形式实施策略：明确综合性教学形式的具体实施路径，实现综合性教学的可操作化

贯彻"新版课标"教学理念和要求，新课程课堂教学应具备"学科核心素养、教学议题、教学情境、教学活动、教学内容、教学评价、学业质量"七大基本元素，其中，学科核心素养是教学目标与方向，教学情境是培育学

---

① 该部分内容系 2020 年度安徽省教育科学研究项目立项课题"高中思想政治综合性教学策略研究"（编号 JK20141）研究成果，合作者为"芜湖市王为民名师工作室"研修成员、芜湖市第十二中学王华宝老师。

科核心素养的基本载体，教学活动是培育学科核心素养的基本路径，教学内容是培育学科核心素养的基本依托，教学议题、教学评价与学业质量是为培育学科核心素养服务的基本保障和必要条件。基于教学情境、教学活动、教学内容是培育学科核心素养的关键环节，是教师课堂教学使用频率最高的核心指标，应该成为综合性教学形式策略的三大研究方向。

我们经过课堂教学试验研究，提出了"基于知识整合化的综合性教学形式""基于案例情境化的综合性教学形式""基于活动指向化的综合性教学形式"三种综合性教学形式策略。在实际教学中，教师遵循"一个流程、三大要求，综合运用、各有侧重"的思路，根据课程的教学内容，选择适合的教学策略推进教学，实现良好的教学效果。"一个流程"即界定学科核心素养—确立议题—创设教学情境—开展思维活动（教学活动）—建构教学内容—组织活动评价—回应学业要求和课程质量标准—检测学科核心素养培育状况。在开展的课堂教学实验过程中，我们始终按照流程组织教学。研究表明，"一个流程、三大要求"的设计思路坚持并贯彻了新课标的基本要求，无论是形式还是内容，都体现了鲜明的"综合性"。同时，我们还兼顾了课程的实际，使得教学策略免于僵化，能够根据教学实际灵活运用，更具针对性和实效性，指向深度学习，教学效果良好。

1.基于知识整合化的综合性教学形式

知识整合化的综合性教学形式就是围绕核心概念创设教学情境，通过活动探究，引导学生运用或整合相关学科概念和内容，调用生活经验和基本方法，提升学生综合运用知识、理论联系实际的能力，让深度学习、综合性学习真实发生。

（1）知识的建构

借助既有知识经验，理解建构新知识。知识是人们实践经验的总结和精华，是人类社会发展进步的精神财富，也是课堂教学的重要组成部分。建构主义认为，学习是学习者基于原有的知识经验生成意义、建构理解的过程。新课程理念倡导遵循教育教学规律和学生身心发展规律，贴近学生的思想、学习、生活实际，充分反映学生的成长需要，促进每个学生主动地、生动活泼地发展。所以，在基于知识整合化的综合性教学过程中，教师在推动新知教学时，首先要对新知进行结构性分析，逐级找到各个知识点的认知基础和前提。在此基础上，教师依据教学主题，组织教学情境，设计系列化活动，引导学生唤醒和利用既有理论知识、生活经验，展开分析、判断、推理、综合、概括等思维过程，运用质疑与反思、归纳与演绎、推理与论证等学科方法，不断进行同化、顺应，实现新知的基本建构；教师通过组织复杂化的教学情境，设置指向性的课堂活动，激发学生自主探究、合作探究，应用学科方法，整合已学知识分析和解决问题，增强学生社会理解和公共参与能力；教师要精心组织或挑选来源于广阔的、纷繁复杂的、鲜活的社会生活现象、事件、问题及论述、报告、政策措施等试题情境，通过良好的结构性问题，引导和测试学生整合应用知识的能力值、学科素养的扎实度；教师还应该组织好社会实践活动，可以以议题为纽带，以活动任务为路径，促进学生在实践中体验知识理论的价值和生命力，评价学科内容的学习效果，丰富和开阔学生的眼界，反思自身的不足，扩充自己的知识面、信息量、资源库，与社会发展同频共振，培养担当民族复兴大任的时代新人。

借助学科方法，理解建构新知识。此处的学科方法是指学生经过本学科教学内容的学习所掌握的提出问题、分析问题、解决问题的基本方法。高中思想政治学科所要培养的学科方法包括质疑与反思、归纳与演绎、推理与论证等。教师需要精心设计教学活动，以问题或任务驱动，引导学生运用学科方法解构案例情境、解决复杂问题、完成学科任务，在实现知识的建构与生成的同时，发展学科思维，培育学科核心素养。

（2）知识的应用

整合已学知识在教学情境和试题情境中的应用。教学情境是课程知识、能力生成的载体，也是学科素养外显的重要场域。教师通过组织复杂化的教学情境，设置指向性的活动，激发学生自主探究、合作探究，应用学科方法，整合已学知识分析和解决问题，是新课程标准所倡导的增强学生社会理解和参与能力目标的基本要求。试题情境是用于引导问题、刺激应试者作答反应和完成特定任务的背景与依托，是测试和反映应试者思想政治学科素养的载体。教师要精心组织或挑选来源于广阔的、纷繁复杂的、鲜活的社会生活中现象、事件、问题及论述、报告、政策措施等试题情境，通过良好的结构性问题，引导和测试学生整合应用知识的能力值、学科素养的扎实度。

整合已学知识在社会生产生活中的应用。校外的社会实践活动为教学提供了更广阔的空间、更丰富的资源、更真实的情境，是实施综合性教学的社会大课堂，也是学生真实成长的社会大舞台。社会实践活动的开展可以以议题为纽带，以活动任务为依托，促进学生在实践中评价学科内容的学习效果，丰富和发展学生的眼界，反思自身的不足，促进全面发展。

2.基于案例情境化的综合性教学形式

案例情境化的综合性教学形式就是围绕教学议题，取材真实、开放、冲突的案例，设置教学情境，使学生在案例分析和探究中展现学科知识和关键能力，学会用不同视角提出、分析和解决问题，培育学生学科核心素养。

课堂教学中的案例是蕴含教学内容，发展学生能力和素养的重要载体。高中思想政治学科的案例来源于社会生产生活热点、国内外重大时政信息，应该具有学科性、引领性、真实典型性、开放性、丰富（复杂）性的特点，应包含问题、呈现冲突，在结构化的事件中鼓励学生探究问题解决之道。将案例化为教学情境，需要教师做好情境的决策与择取，要基于课程标准、围绕知识做好案例情境的加工，在反思质疑中做好案例情境的优化。在实施基于案例情境化的综合性教学时，教师需要精心设置关联议题的教学案例，组织教学活动，以问题驱动，促进学生深度探究，在互动中生成综合性知识，发展综合性能力和素养。

（1）基于学科核心素养，设定教学议题

议题式教学是此次新课程标准所倡导的教学方式方法之一。议题是高中思想政治课讨论的题目，是议与题的教学融合。议题的设定，是课程实施的前提，关系到情境的组织、活动的指向、任务的达成。开展综合性教学，教师需要注重设定的议题应具有探究性、导向性、关联性、复杂性等特征。

（2）创设教学情境，优化案例

在综合性教学的实施中，创设教学情境、优化案例是重点和关键。这既关系到课堂教学的活力与效率，又关系到以核心素养培育为目标的新课程理念的实施效果。综合性教学中的案例情境的组织需要兼顾引领性、学理性、真实性、开放性、丰富性等原则，以充分发挥其"源头与载体"的重要作用，从而让学生能在情境探究中建构知识、发展能力、培育素养。

基于教育主题精选课程资源。课程资源是教师教学中用以分析和论证基本知识的各种资源的统称，是教学内容的重要组成部分。综合性教学中的课程资源既具有一般课堂教学的特点，又有自己独到的特征。教师需要择取具有多样化、典型性、真实性、层次性、探究性、引领性等特征的教学素材，进而通过探究活动，让学生挖掘其内在价值，达成知识传授、能力发展、素养提升"三位一体"的理想效果。

围绕教学情境架构概念体系，融入相关知识。新课标理念下，教学情境是知识的必备载体。教师在梳理素材创设教学情境的基础上，组织学生探究情境问题，实现情知关联。教师要精心设计好教学问题，促进学生演绎推理，让学生在有层次、有梯度、结构化的探究中，建构起核心概念—重要概念——一般概念的思维模型，推进深度学习的发生，实现知识的体系化、综合化。

高中思想政治学科内容涉及政治学、经济学、哲学、法学等，具有综合性。长期以来，无论是考试评价还是教师教学，往往忽视这些知识内容的内在关联，缺少融会贯通，难以彰显高中思想政治课的信度、深度、高度。教师在创设教学情境、组织教学活动的过程中，要有意识地从学科内外的多维视角分析论证马克思主义基本原理、概念，促使学生在合作探究中用已有经验和知识建构新知，实现对教材知识的丰富充盈、厚植滋养，提高高中思想政治课的信度、效度。

（3）设计探究问题，引领学生思维活动

问题是启发学生思维的"金钥匙"，巧妙、独特的问题构思，是促成学生学科核心素养培育的催化剂，是打造高效课堂、开展有效教学的重要抓手，更是综合性教学中的关键环节。基于案例情境的综合性教学中，教师设计探究问题时要充分挖掘和利用好案例情境，引导学生分析信息和数据等素材，通过有梯度、层级性的问题设计，启发学生思考与探索，实现概念、原理等认知的应用，在分析和解决问题中促进思维进阶。

设计复杂问题。问题的复杂性是指围绕案例情境而设计的系列化问题需达到层次性、探究性、关联性和深度化的基本要求，能够引导学生进行辩证思考，指引学生生成结论，发展实践能力和创新意识，这也是学科核心素养培育的"指南针"。

课堂探究思维活动是组织学生对案例情境进行层层分析、层层阐释，最终实现生活情境转化为理论观点的行为。其中，对案例情境的剖析是科学设置探究思维活动的前提。教师需要从学科知识的建构角度，遵循高中学生思维认知规律，对案例情境进行意义分层，逐级解读，进而为学生思维活动的设计提供支撑。

（4）反思质疑，优化教学情境

及时对课堂活动、案例情境、学生表现、教师感受等概括总结，质疑反思，既是教学活动必不可少的环节，也是促进教师反思和评估情境创设和案例选取是否得当、是否高效的过程，可据此进一步优化情境、案例，不断提高教学效率和效果。

3. 基于活动指向化的综合性教学形式

活动指向化的综合性教学形式就是依据教学案例和教学内容，设置多元化且具有一定指向性的学生活动，让学生在活动中应用建构学科知识、培养必备品格与关键能力、浸润情感态度价值观教育，从而增强高中思想政治课堂的活力和生命力。

"新版课标"将高中思想政治课定义为综合性、活动型学科课程，其要求之一是要实现"课程内容活动化，活动内容课程化"。教师要认识到，新课标理念下的教学活动不仅发挥着联结情境与知识的桥梁和纽带作用，还是课堂教学的必备环节。如何设计好教学活动，是我们当前课堂教学中不得不深入思考的问题。开展基于活动指向化的综合性教学，教师要更加关注活动的功能和设计。从功能上说，基于新课标理念的教学活动应该要指向教学议题，提供多视点探究；指向教学情境，突出学生体验；指向教学内容，促进学以致用；指向学科思维，发展学科能力；指向教学评价，提升教学效果；指向教学目标，培育学科核心素养。

从实践角度看，教师要做到以下几个方面。

（1）确定活动主题，制订活动计划

活动主题应以学科内容为基准，体现教学内容的核心概念，坚持贴近实际、贴近学生的基本原则，具有鲜明的时代性和明确的指向性。制订活动计划要兼顾社会、学校、学生等方面的实际情况，具有可执行性、可操作性、可变通性，还应考虑活动的育人导向，实现学科内外的深度融合、相互补充。

（2）明确活动任务，指导活动方法

教师在确定活动主题的前提下，基于活动参与者以及各方面的实际情况，需要对活动任务进行分解与分工，明确各自职责，提升活动的实效性。活动任务的确定与布置，要坚持结构化处理，明确中心和重难点，促进参与者有的放矢，保障活动的有效性。教师还需传授参与者在完成各自任务过程中所采取的基本方法，也可以提醒注意应用在既往学习和实践中所掌握的基本方法，使得实践活动能够高效地实现其目的。

（3）交流活动感悟，展示学生素养

社会实践活动是在教师的引导下充分调动学生的积极性、主动性和创造性，展示学生思维、智慧、才艺，从而促进学生全面发展的重要举措。教师在指引学生开展社会实践活动过程中，可以从认识和实践两个维度，调动学生已有经验和综合素养进行深度体验和思维交锋，搜集与加工、感受与评价、质疑与反思、讨论与辨析、交流与分享，从而达到厚植学科素养的目的。

（4）开展活动评价，注重活动过程

评价基于多元活动的综合性教学成功与否，要点在于能否切实把握过程与结论的关系，既关注学生探究过程中的态度、能力、情感，又不忽略结论产生的准确性、严谨性；能否有效掌控导向性与开放性的关系，基于政治原则，提供综合视点；能否恰当处理活动内容与活动形式的关系，遵循意义优先、兼顾形式的原则，引导学生知晓形式服务于内容，重在思维探索。

（二）综合性教学评价实施策略：研制了高中思想政治综合性教学评价量表，实现教学评的一致性

评价作为教学研究与实践中的一种工具，用于查明在达到一整套教学目标时，可供选择的程序、方法、策略等是否依然有效。基于"新版课标"规定的高中思想政治综合性学科课程性质的相关理念与要求，设计高中思想政治综合性教学评价量表。同时，研制评价量表也是深化对综合性教学的理解，评价量表的指标也是根据综合性教学的实施流程和课程教学要素来确定的。评价量表具有课堂教学的七个组成部分，即包括综合性教学设计、综合性教学议题（主题）、综合性教学情境、综合性教学活动、综合性教学内容、综合性课堂评价、综合性学科素养等在内的全方位的评价体系。根据当前基础教育课程改革的价值追求，我们在确定评价标准的过程中，坚持宏观与微观的统一，坚持总体性与操作性的统一，坚持标准化与灵活性的统一，坚持教、学、评的统一，实现全方位、全链条的评价。

1.评价依据

（1）课程标准

课程标准是教材编写、教学、评价和考试命题的重要依据。"新版课标"全文多次提到"综合性"，主要涉及"综合知识""综合能力""综合素养""综合评价""综合教学""综合性学科"等基本内容。可见，"新版课标"不仅界定了高中思想政治学科的性质，提出了学业质量标准，同时也明确了实施综合性教学的基本要求，形成了完整的课堂教学结构体系。在"教学提示"中，"新版课标"则为我们开展综合性教学提供了清晰而具体的"路线图"。例如，在《哲学与文化》的教学提示中提到，以"为什么要具体问题具体分析"为议题，探究实事求是的观点。可创设辨析性情境，剖析孤立地、静止地、片面地看问题的错误；分享从实际出发，运用"两点论""重点论"等认识和解决具体问题的成功经验。基于以上建议，我们可以清晰地看到"新版课标"从议题、情境、活动、路径等角度为课堂实施综合性教学架构了基本思路、提供了基本遵循，也为我们的教学评价准备了质性标准。

（2）建构主义理论

建构主义认为，学习者对外部的理解是自己积极主动地选择、加工与建构的结果，而不是被动地接受别人呈现给他们的东西。在教学中，教师不能简单地、直接地传授给学生知识，而应引导学生通过一定的途径和思路去生成建构知识。教师不应该是课堂的主宰，而是设计策划者、组织协调者、思维引领者等，学生是学习的主体、话语的主体、活动的主体、思维的主体等。无论是"新版课标"的教学提示还是教学案例，都鲜明地体现了活动型学科课程的追求，即"课程内容活动化，活动内容课程化"，表达了以任务为路径的"案例→数据→信息→知识→能力→素养"的进阶生成过程，充分体现和发挥了学生的中心地位和作用。在教学评价过程中，我们要着重分析教师对于议题、情境、活动、问题等实施综合性教学的基本元素的择取、加工、设置是否符合高中学生的生活志趣，是否符合人的思维发展规律，是否充分调动学生运用所学去达成认识的第二次飞跃，实现意义建构，是否恰当处理好教师与学生的关系等角度给予中肯而全面的评价。

（3）多元智能理论

加德纳认为，智力是每个人都不同程度地拥有并表现在生活各个方面的能力，能够在特定的情境中解决问题，并能有所创造。智力不是一种能力而是一组能力。我国自20世纪90年代以来越来越认识到多元智能理论的重要价值，认为多元智能理论是对素质教育的最好诠释。"新版课标"充分吸纳国际课程改革的优秀成果，吸收先进教育理论精华，在学科课程规划建设中，将这些教育理论具体化为多维学科关键能力。专家依据"新版课标"，结合高考评价体系要求，将高中学生经过思想政治学科的学习应具备的能力概括为辨识与判断、分析与综合、推理与论证、探究与建构、反思与评价等。在综合性教学评价中，我们要关注教师是否精心设置课堂教学活动，是否给予学生充分的表达时间与空间，是否组织必要的合作学习、探究学习，情境的设置是否具有开放性，是否充分体现和发展学生的思维品质等，即课堂教学是否真正发展了学生的多维关键能力。

2.评价内容

（1）评价标准的设定

评价是一种价值判断的过程，而要进行价值判断必然要依据一定的评价标准。在我国，长期以来占据主导地位的教师教学评价是采用泰勒的行为目标模式。这是一种预定式的评价，以目标（标准）当作教师教学评价的主要依据，判断教师教学行为达到预设目标的程度。但随着人们对教师专业发展目标的追求，开放性的教师教学评价越来越受到重视。建构主义的方法论主张打破预定式评价的程式，要使评价主体多元化，强调被评教师在评价活动中的主体地位；重视形成性评价的作用；强调质性与量化评价的结合，并重视质性评价；强调评价的改进作用。根据当前基础教育课程改革的价值追求，我们在确定评价标准的过程中，坚持预定式评价与发展性评价的结合，注重全体参评者和被评者的协商共建，实现"新版课标"的权威性和课程内容具体性的统一，拟定评价标准，制定评价量表，并在实践中不断完善，改进再构评价体系，助力课程的高质量实施。

（2）评价量表的制定

依据"新版课标"的描述，综合性教学就是指在高中思想政治课堂教学中，通过创设复杂性、结构性的教学情境，开展多维立体教学活动，建构应用综合性知识，培养学生综合素养的教学形式。因此，基于综合性教学形式的思想政治课堂教学应该包括议题（主题）、情境、活动、知识、素养等硬性要素，以及教学氛围、教学语言、师生关系等软性要素。为了突出特色与坚持可操作性相统一的原则，我们从"设计""议题""情境""活动""评价""素养"等角度构建高中思想政治综合性教学评价量表（见表2-3），设置评价等级，创制评价标准。

表2-3　高中思想政治综合性教学评价量表

一级指标	二级指标	评价内容	评价等级			
			优秀	良好	一般	较差
综合性教学设计	教学理念	教学设计符合新课程标准所倡导的综合性、活动型学科课程性质，采用议题式、辨析式、案例式等综合性、活动型学科课程教学，充分利用现代信息技术，尊重学生的主体地位，促进学生转变学习方式。				
	教学目标	符合新课程标准的要求，以必备知识为载体，以发展学生关键能力和培育学科核心素养为目标，促进三者有机融合。				
	教学思路	构建学科逻辑与实践逻辑、理论知识与生活关切相结合的综合性教学，能够通过一系列活动及其任务的结构化设计，实现"课程内容活动化、活动内容课程化"。				
综合性教学议题（主题）	价值高度	引领学生通过活动探究，培育政治认同，坚定中国特色社会主义道路自信、理论自信、制度自信、文化自信，坚持中国共产党领导，体现培根铸魂的育人高度。				
	内容深度	引导学生多维度分析、多立场判断、多途径推理，促进学生综合应用所学知识、经验、方法建构新知，体现跨学科、聚模块知识，融合学科思维特征，推进深度学习。				
	任务梯度	围绕综合性议题，层层递进，设置具有逻辑关联的问题链，在循序渐进中推进教学任务，实现对学生理论思维、抽象思维的培养。				
综合性教学情境	引领性	体现正确的政治方向和价值导向，能培育和践行社会主义核心价值观，引领学生学科核心素养的达成。				
	学理性	情境能够承载、呈现并运用教学内容中的相关概念、原理、推论和方法，能够承载组织教学内容、贯穿教学知识逻辑线索的任务。				
	真实性	课程资源来源于历史事件、现实生活等，融入师生生活经验，贴近学生思想实际、贴近社会生产生活实际、贴近教育教学实际。				

一级指标	二级指标	评价内容	评价等级			
			优秀	良好	一般	较差
综合性教学活动	开放性	情境具有可扩展的解释空间,能够引导学生自主合作探究学习,实现知识的建构与应用;设问指向和答案组织并非唯一,注重培育学生辩证思维、综合性思维等。				
	丰富性	具有丰富的内在意涵,可以提供学生思考的多重维度、多种视角,促使学生开展质疑、推理、验证等思维过程,注重引导学生从多维度思考问题,多角度解决问题,发展学生多种学科关键能力,培育综合素养。				
	教育性	蕴含教学内容,搭建情境与理论的桥梁,能够承载发展学生关键能力、提升学生综合素养的职责,引领学生向上生长。				
	创新性	具有独特的活动设计、任务设置,引导学生质疑、探究、建构,发展学生的创新思维和能力,鼓励学生跳出学科思维,促进多学科融合。				
	层次性	遵循学生的认知规律,循序渐进展开活动,由小及大,由浅入深,依次铺陈,层级清晰,逻辑进阶,彼此关联。				
	多样性	提供多种形式探究活动,通过多种途径和平台,激发学生思考、展示才艺,促进学生从不同角度理解知识,拓展思维,融入课堂。				
	可操作性	活动设计要符合学生的认知实际、能力实际、情感实际,符合课堂教学的时空要求,符合教学环境的实际现状。				
综合性教学内容	科学性	教学过程中能够准确、科学地呈现学科概念、原理、观点;论证过程严谨,论据充分、确凿,论证方法科学;教学语言表述学科化、规范化、艺术化。				
	系统化	既能清晰、具象地传达教学文本的知识理论,又能恰当地融入学生的实践经验、生活经验;能以核心概念为支撑,建立起基于学科逻辑的知识结构体系。				

续　表

一级指标	二级指标	评价内容	评价等级			
			优秀	良好	一般	较差
综合性教学内容	结构化	对教学内容进行结构化处理,突出教学重难疑点;通过多维方式促进教学内容的生活化、可视化;选择多样化的教学素材,充实和说明理论观点。				
	基础性	着眼于学生的终身发展,组织马克思主义的基本常识、社会科学的基础知识、社会生活的基本规范等教学内容,承载学科核心素养的培育,促进学生在分析和解决问题中提高认识、发展能力、锤炼品质。				
	实践性	能通过活动的设置促进学生整合相关学科内容分析、解构教学情境,实现观察问题、解决问题能力的提升,促进知识与生产生活的有机融合。				
综合性课堂评价	评价主体	能够充分发挥"师生共同体"的作用,开展学生间、师生间等多种形式的评价,实现相互促进,共同发展。				
	评价过程	既注重评价探究过程中的态度、能力和品质,又不忽视结论和观点,促进学生全面发展与个性成长,也能反思和评估情境创设和案例选取的合适性、高效性。				
	评价手段	坚持评价的客观性、综合性,注重评价的艺术性,能依据学生评价表,既评价学习情况,又引导活动过程,激励学生不断进步,引导学生积极向上,实现全面发展。				
综合性学科素养	理论思维力	能够熟练掌握马克思主义基本原理和方法,并能运用其进行分析问题、探究问题、解决问题;对社会实践作出科学的解释、正确的判断和合理的选择。				
	政治认同度	拥护中国共产党的领导,坚持和发展中国特色社会主义,认同国家、中华民族、中华文化,认同并弘扬社会主义核心价值观,坚定理想信念。				

一级 指标	二级 指标	评价内容	评价等级			
			优秀	良好	一般	较差
综合性 学科 素养	价值 判断力	自觉认同和接受中华优秀传统文化,遵守社会道德规范,增强道德责任感,践行社会主义核心价值观,形成良好的道德意愿、道德情感。				
	法治 素养度	能够尊法学法守法用法,正确处理权利与义务的关系,维护公平正义,做社会主义法治的忠实崇尚者、自觉遵守者、坚定捍卫者。				
	社会 参与度	具有集体主义精神;遵循规则,有序参与公共事务,积极参与社会主义民主建设;具备善于对话协商、沟通合作、表达诉求和解决问题的能力,勇于承担社会责任。				
总体 评价		评价人:_____ 评价时间:_____				

　　我们所研制的高中思想政治综合性教学评价量表是按照"总(宏观设计)—分(关键指标)—总(教学效果)"的基本原则创设,符合教学主体的思维逻辑,也遵循课堂教学的基本流程。其中,"综合性教学设计"指标主要评价整节课的设计是否符合"新版课标"的基本要求、体现综合性教学的基本精神,突出考查教学目标和教学思路的转变与定位,坚持导向性与可操作性的统一。"综合性教学议题(主题)"说明教师可以根据具体学科核心素养选择议题式教学或主题式教学,有针对性地提升课堂教学效益。"综合性课堂评价"主要关注教师对学生课堂态度、行为表现、学习结果的评价,主张根据不同活动制定对应的学生活动表现评价量表(见表2-4),发挥学生自我评价、小组互评、教师评价的综合效用,促进学生全面成长。"综合性学科素养"则是当前课堂教学的靶向追求,是学生经历课堂学习体验、交往合作而凝练沉淀的精粹,更是学科教学的使命担当。我们可以通过观察学生在教师组织的课堂活动、小组表达、试题测评中的表现,评判案例情境选择的适恰度,评估学科核心素养的达成度。

表2-4　学生活动表现评价量表

维度	等级（A/B/C）		
	自评	互评	师评
勇于表达自己的观点			
善于倾听别人的见解,尊重别人的意见			
合乎逻辑地表达自己的结论,论证严谨、科学			
展现良好的团队合作意识,积极承担责任			
具备对话协商、沟通合作和解决问题的能力			
能够对教学情境、社会现象有正确的价值判断			

3.评价实施

为了教学评价客观而有效,我们课题组率先在组内进行培训,指导成员学习"新版课标"有关内容,总结概括个人对综合性教学的理解,就评价指标、评价权重、评价标准提出深度见解,总结汇集而成一定范围内认同的评价标准。同时邀请相关学科专家对其进行分析论证,共究细致文案,精进不休,日臻完善,初步拟订评价方案。

在评价模式上,我们主张采取类似"观察—理解"模式,让评价者与评价对象共同参与观察,多角度搜集信息,共同协商,不断达成共识,从而改善教育教学行为,深化对"新版课标"的理解。为了摸清学生的课堂表现情况,更直观更细致地观察教学效果,我们借鉴和改造了史晓燕教授的课堂观察记录表(见表2-5),以便听评课过程中实时做好记录,为评议的顺利实施准备好数据资源。

在课堂教学结束之后,首先,邀请被评教师介绍设计思路、设计目的和感知效果,进行自我评价。其次,评价者可以参考教学设计、评价量表和课堂观察记录表,进行全面客观真实点评,可就听课过程中的思考困惑与执教者进行面对面交流,平等交谈,摆事实、讲道理、找差距、定方案、促完善。最后,全体参与者形成总结性评价,提供诊断性报告,供被评教师持续性改进教学工作,也能为其他参与者提供借鉴。值得注意的是,在评议的过程中,参评者与被评者始终处于平等地位,均是教学评价的主体,坚持以"回应和协商"为主要对话方式,坚持以促进被评教师的专业发展为评价宗旨。

我们也鼓励教师通过访谈法、问卷法、测验法等搜集学生课堂学习后的收获与思考，了解学生的需求，掌握学生的动态，关注学生的发展，为改进和完善教学提供更加充足的信息资源，使得评价不仅要为教师改进教学服务，更要为学生改进学习服务。

表2-5　课堂观察记录表

一级指标	二级指标	统计结果
学生参与教学 （包括发言、 活动等）	总时间	
	学生回答问题的人次	
	自主阅读或观看视频及思考的时间	
	合作讨论时间	
	师生对话次数及时间	
学生参与的 素养水平	有深度创意的问题数	
	就复杂问题进行理解、探讨的时间	
	学生就复杂性任务提出不同见解的数量	
	学生主动提出问题的人次	
	学生主动展示才艺才能的机会与人次	

尽管课题组刻苦钻研，在专业指导和凝聚共同智慧的过程中，我们仍感受到综合性教学深奥无穷。受制于专业水平和视界，我们深知自己的理解可能还会有所偏颇，课堂教学评价的设计还不够完善，指标还不够精准，操作还不够顺畅，在信度、效度、高度上还有一定的提升空间。需要说明的是，无论是我们采取的评价模式还是评价标准，都应始终坚持开放性原则。相信随着新课程的不断推进，实践经验的不断丰富，教师专业水准的不断提升，评价体系会更加完善，综合性教学形式会更加成熟。

第三节　"新版课标"的实践反思

"新版课标"规定的综合性活动型学科课程性质、培育学科核心素养课程目标、学业质量标准、活动型学科课程教学、综合性教学形式等新的教学理念与要求在课堂教学层面推深做实、落地生根，需要一个长期实践与反思的过程。

一、"人本互动"的活动型学科课程实践反思①

"新版课标"指出，要构建以培养学科核心素养为主导的活动型学科课程。现以旧版教材《思想政治·必修三：文化生活》"传统文化的继承"一课的教学为例，谈谈笔者在运用"人本互动"的教学策略实施活动型学科课程中的收获与思考。

（一）活动型学科课程的实施方案

活动型学科课程的开展，议题的发现与选择是关键。所谓议题，既包含课程的具体内容，又展示价值判断的基本观点；既具有开放性、引领性，又体现教学重点、针对学习难点。由此可见，这里的议题既需要承担思想政治学科的学习功能，又需要帮助学生逐步增强对中国特色社会主义道路、理论、制度、文化以及社会主义核心价值观的认同。

"互动式教学模式"的本质特征与核心在于教学的主体与客体之间充满着互动，在参与教学过程中，互动产生出教育合力、教育张力、教育辐射力与教育影响力等。从课堂教学环境的构成要素来看，教师、学生、文本、媒体是构成教学环境的基本要素。"人本互动"就是教师和学生的主体因素与课程标准、教材、教学参考资料、教学辅助材料、网络信息资源等客体因素之间的互动关系，主要体现在主体通过概括、总结、反思、批判、质疑等思维互动路径对客体进行解读，从而达到理解、活化、重构知识的目的。

结合课程标准的教学建议和人本互动策略，笔者选择"探寻身边的传统文化"这一议题，将教学分为四个环节，充分汇聚课程标准、教材资源、学生、教师、校本、生活等资源，使活动型学科课程得以扎实有效推进。

教学环节一："寻"传统文化之身影。在课程推进之前，以小提琴协奏曲《梁祝》为背景，烘托传统文化的氛围，带领师生进入课程。在课前，笔

---

① 该部分内容的合作者为芜湖市"王为民名师工作室"研修成员、芜湖市第十二中学王华宝老师，有改动。

者布置了学生活动——征集"寻找身边的芜湖传统文化"图片或视频。因此，课程的第一环节就是让四位同学分别从传统习俗、传统建筑、传统文艺、传统思想等四个方面展示他们的探究成果。学生分别介绍了清明习俗、徽派建筑（学校建筑）、芜湖地方戏曲梨簧戏、孝的思想等自主探究内容，这些图片或视频凝聚了学生的努力和思考，应时、应地、应景，锻炼了参与者材料搜集与整合的能力，既增强了文化自信，又活跃了课堂气氛，拉近了教材与学生之间的距离，实现了学生与教材、生活、校本资源之间的互动生成。

教学环节二："析"传统文化之特点。基于上一环节的探究活动是在课前进行，学生对于传统文化的概念并没有理解透彻，于是，这一环节教师就以"还有同学搜集了一些图片，请问这是传统文化吗？为什么呢？传统文化有什么特征呢？"的问题为衔接，推进"传统文化的概念和特点"的教学。笔者遵循从感性到理性的原则，以问题启发学生思考，架起了理论与材料的桥梁。同时，教师鼓励学生归纳教材，延伸教材，引导学生得出"传统文化除了具有相对稳定性、鲜明的民族性，还有继承性、区域性等特征"的结论。

教学环节三："辩"传统文化之作用。作为本节课最重要的亮点所在，此环节教师组织学生开展"传统文化是财富还是包袱"的辩论赛，通过辩论，全面展示学生对于传统文化作用的深刻认识。同时在班级成立学生评价小组，对参与辩论赛的双方进行评判，选出获胜方和最佳辩论手。学生在课前分成正反双方，小组合作分析论证、搜集材料、人本互动、生生互动，完成了教学内容的理解、应用；通过生生互评，实现了教学评价方式的多样化。

教学环节四："谈"传统文化之应对。在正反双方学生激烈辩论之后，学生代表对辩论双方进行评价。教师对学生的表现给予充分的肯定，并抛出问题"我们应该怎样对待传统文化"，以引导学生全面认识中华传统文化，分辨其中的精华与糟粕，认识到"取其精华、去其糟粕"是对待传统文化的正确态度。这是本课情感态度价值观的最终落脚点，也是同学们在辩论之后冷静思考判断而生成的观点。

在课堂的总结和提升环节，笔者布置学生结合课前所搜集的芜湖传统文化的图片和视频，制作"芜湖的传统文化"展板或名片，从而实现课堂的延展，促进学生对家乡优秀传统文化的认同、传播。

（二）活动型学科课程的价值维度

在师生共同解读、精诚合作的教学实践中，笔者深刻感受到活动型课程对于传统课堂教学模式的革新意义。无论是基于理论还是实践，活动型课程都彰显出鲜明的时代性、科学性、创新性。

1.有助于学科核心素养的落地、社会主义核心价值观的内化

"新版课标"指出，思想政治课教学要运用多种方式、方法，引导学生自主学习、合作学习和探究学习，强调学生的活动体验是思想政治学科核心素养发展的重要途径。教师选择"探寻身边的传统文化"这一议题，指导学生在对教材、教辅资料、信息化资源等重要文本性资料进行充分解读的基础上，自主探究"寻找身边的芜湖传统文化"，实现了情境资源生活化，充分调动了学生参与课堂的意愿和热情。组织学生对"还有同学搜集了一些图片，请问这是传统文化吗？为什么呢？传统文化有什么特征呢？"的问题进行思考和延伸，引导学生搜寻教材文本，培养学生分析、归纳、演绎、思辨的能力。开展"传统文化是财富还是包袱"的课堂辩论赛，激活课堂气氛，激发和提升学生公共参与意识和能力，锻炼和培养学生搜集整理资料、表达论证的能力，也使学生感受到人们对资源的发掘和利用凝聚着智慧和情感，蕴含着运用马克思主义基本立场、观点科学分析的方法。在辩论程序和规则的学习和遵守中，引导学生自觉遵时守规，合理合规地表达自己的观点，尊重他人，让规则意识滋润学生的心田，让学生在课堂参与中坚定中国特色社会主义文化自信，领悟传统文化的价值，从而增强对优秀传统文化的认同感和归属感。

2.有助于实现教学评价方式的多元化、全面化

建立促进学生学科核心素养发展的评价机制，是活动型课程改革的重要

抓手。本节课中，教师通过"议题—活动—行为—表现"这一整体性的学习活动，实现对学生参与议题活动表现的全面考查。在"寻找身边的芜湖传统文化"活动中，主要发挥教师对学生表现的综合评价；在"传统文化是财富还是包袱"的课堂辩论赛中，教师通过组建班级学生代表评价小组，制定学生活动表现评价表（见表2-6），组织学生互评，实现评价主体的多元化。

　　本节活动型课程的教学评价，专注于学生核心素养的表现，采用"求同"取向的验证思路，凸显价值引领的意义。可见，相对于以往高中思想政治课侧重于智能层面的单一教学评价方式，基于学科核心素养发展的评价体系是一种更符合学生成长、更符合教学规律的多元化、全面化的教学评价方式。

表2-6　学生活动表现评价表

维度	等级（A/高，B/中，C/低）
勇于表达自己的观点	
善于倾听、尊重他人的观点	
准确地表达自己的观点，并能提供例证	
对传统文化的作用等认识深刻、独到	
通过辩论进行合作，展现良好的团队意识	

3. 有助于促进课堂教学过程的最优化

　　提高教育教学质量，通过优化教学过程以实现教学的有效性、高效化，一直是课堂教学的重要追求。苏联教育家巴班斯基认为，教学过程最优化要求我们在设计教学内容时，要注意科学性原则、可接受性原则以及教学的系统性和连贯性原则。

　　人本互动的活动型课程教学中，教师和学生共同研读文本，搜集加工相关信息并实践验证，确保教学内容严格符合科学要求，教会学生善于按照辩证逻辑的规律科学思维。可接受性原则是指教学应在一定的难度上进行，这个难度要适合学生的"最近发展区"。本节课无论是议题的选择、学生自主探究的设置、辩论的开展，还是问题的启发，抑或是课后延伸思考，都是基于学生的真实成长环境，基于学生既有的"知识库"和思维特点、思维能力。实践证明,学生的课堂参与、情境体验、思维拓展增强了学生的获得感、幸福感,落实了学科核心素养的目标,促进了学生的终身发展。教师通过"掌握基本知识目标—布置活动议题及学习要求—小组分组活动探究—推荐代表展示交流—师生共同质疑补充—生生辩论—师生共同总结—课后延伸练习—相关评价反馈调整"的活动型课程的流程设计,使得课程标准、教材知识、教学素材、学生活动等实现了逻辑上的关联性、体系上的系统化,真正促进了课堂教学过程最优化。

(三)活动型学科课程的实践反思

"学而不思则罔,思而不学则殆。""疑者,觉悟之机也。一番觉悟,一番长进,更无别法也。"教师在实践活动型课程的过程中,既能感受到其先进性、革新性,也存在一定的困惑与疑问。

1.对于文本解读的科学性反思

"新版课标"作为高中思想政治课程改革的纲领性文件,对其进行科学全面的解读,事关课程改革方向的把握,教育观念的更新,人才培养模式的变革,考试评价制度的改革。但无论教师还是学生,囿于自身的视野和能力,对于教材、生活素材特别是课程标准等文本性资源的解读都存在一定的落差。笔者为了尽量减少自身因素对于课程标准理解的偏差,在内容上选择了新版教材保留的"继承发展中华优秀传统文化"这一章,议题的选择、辩论的开展亦是按照课程标准的教学提示来进行,在课堂总结和提升环节中的"制作'芜湖的传统文化'展板或名片"的活动同样是借鉴课程标准的内容。尽管如此,教师的教学理念、课堂组织程序、文本理解的深度、评价的科学性,以及学生的生活经验、学习能力、性格品质等都会影响到活动型课程实施的效果。活动型学科课程具体内容是什么?实施策略有哪些?课堂活动评价如何开展?这一系列的问题还有待广大一线教师通过人本互动的策略,在更大范围内、更深层次上去感悟、理解、升华。

2.对于学科核心素养落实的全面性反思

经过本节活动型课程的实践,教师感受到,大部分学生参与议题探究的热情高涨,能冷静客观分析传统文化,珍惜自己的表达权,尊重其他同学,对于传统文化的认同感、自豪感强烈。但基于课堂的容量、学生的个性与能力等因素，课程活动的覆盖面仍然有限。尽管笔者为了降低课堂活动的参与"门槛"，激发学生更多的热情，在课前活动的布置中提出"不讲修图、不讲像素、不讲器材"的随拍原则，并将参与的每件作品进行展示；在课堂活动中，让参与展示、辩论、评价的同学按照男女搭配、性格搭配、能力搭配等原则不重复出现，但仍然感觉到部分学生并未完全融入课堂，从而让学生应该具备的能够适应终身发展和社会发展需要的必备品格和关键能力的学科核心素养的培育面临重重困难。

3.对于教师素养的反思

在研究学生发展核心素养的同时，也有一些专家学者在关注教师的核心素养问题。联合国教科文组织发布的《反思教育：向"全球共同利益"的理念转变》提出，未来教师要具备三点核心素养：懂得大数据分析，有成长性思维，善于对学生进行分层教学。教师在实践中深深感受到，活动型学科课程的实施需要教师自身转变角色，要从知识的传授者变为学生学习的合作者；需要教师有较高的创新素养，既要敢于挑战权威、文本、自我，又能在继承的基础上有所发现和创造；既要有举一反三、触类旁通、方法灵活、多向思维、独辟蹊径的创新思维，又要能用独到的思维方式和教育机智，化解教学中各种矛盾和问题；既要有重难点的处理技巧、营造积极热烈的课堂互动氛围的能力，又要有指导学生活动、制定学生活动评价标准的素养。针对高中生思想活动更加具有独立性、选择性、多变性、差异性的特点，如何科学指导引领学生参与课程、学会终身学习将是一线教师迫切需要解决的问题。

4.对于考试评价的反思

本次新课程标准修订的两个突出特色是将学生发展核心素养和学业质量标准有机地融入其中，而且特别强调学生的学业质量标准要基于学生核心素养进行构建。"新版课标"指出，学业水平考试应该有相当数量的开放性试题，制定这种试题的评分标准，要兼顾共同性与差异性。共同性体现为有共同的基本立场、观点和价值观，有共同的评价尺度。在共同评价尺度的框架中体现差异性，透过这种有差异的解题过程与思维过程，划分评价等级，判断学生在特定情境中学科任务完成的不同质量，推断其学科核心素养发展水平。活动型学科课程的学习中，学生在议题的自主探究、自主辨析、合作交流中，提高了应对各种开放性情境、试题的能力。但试题的呈现方式是什么？针对具体试题的评价标准是什么？课堂的多元评价与试题评价如何对接？相信随着新课程的全面展开，这些问题将会在实践中一一化解。

二、以时政议题引领活动型教学[①]

时政教学是高中思想政治教学的重要组成部分，议题式教学是思想政治学科重要的教学方式，是开展活动型学科课程、辨析式学习、综合性教学和社会实践活动的有效载体。如何深度整合"时政教学、议题式教学和活动型教学"呢？笔者现以一节公开课为例，探讨以时政议题引领活动型教学的设计策略。

（一）挖掘课程价值，设计时政议题

时政议题引领活动型教学主要由七大要素构成：议题、情境、活动（思维活动、社会实践活动）、学科知识、思维能力、核心素养、教学评价，教学活动开展的关键在于设计议题。

1.统筹时政议题与活动主题

活动主题是课堂教学的方向和聚焦点，时政议题围绕活动主题展开设计，离开活动主题，时政议题就会迷失方向，偏离轨道。时政议题的重心在于"议"，突出特点是具有鲜明的时代性、价值性、开放性、综合性、互动性和可探究性。

2.结构化、序列化、层级化时政议题

首先，可对议题进行结构化处理。时政议题具有"学科内容"属性，可对应经济、政治、文化、哲学等结构化学科知识设计结构化议题。其次，对议题进行序列化处理。按主次从属地位划分，议题可划分为主议题和子议题，主议题一个，子议题多个，子议题是对主议题的分解、辅助、支撑和延

① 该部分内容的合作者为芜湖市"王为民名师工作室"研修成员、安徽省南陵中学陈本俊老师，有改动。

展，子议题一般采用序列化设计，子议题中可以设计具有互动性和探究性的问题链，深化对议题的研究。主议题和子议题既相互区别，又相互依赖、相互影响，统一于议题式教学实践的全过程。最后，对议题进行层级化处理。思想政治学科确定了四项基本学科任务：描述与分类、解释与论证、预测与选择、辨析与评价。根据学科任务划分，可将议题分为描述类（是什么）、探因类（为什么）、辨析类（为什么、应怎样）、决策类（怎么做）等，通过对议题分层，层层递进，梯次上升，实现"理解—迁移—应用—创造"的飞跃。

3.挖掘时政议题课程价值

统筹考虑议题的知识价值、思维价值和素养价值等，将议题落脚点放在学生的"最近发展区"。不仅可以挖掘时政议题的知识价值，让议题包含学科课程的具体内容，有效对接教学重难点知识，且可以对教材知识进行统整，拓宽知识视野，引导学生综合运用经济、政治、文化、哲学等跨单元、跨模块结构化知识，采用多元化视角进行议题探究。挖掘时政议题的思维价值，通过对议题的探究，推动学生"分析论证、迁移应用、综合批判、决策创造"等思维能力的发展。挖掘时政议题的素养价值，实现立德树人的价值目标，实现"政治性与学理性、知识性与价值性、开放性与引领性、批判性与建设性、理论性与实践性"相统一。

教师以"如何推进乡村振兴战略"为主议题，设计3个子议题，重点围绕子议题3"南陵霭里村如何推进乡村振兴战略"，分别从产业振兴、文化振兴、生态振兴、组织振兴和建言献策五个维度，设计问题链，对时政议题进行结构化、序列化、层级化设计，采用逆向教学设计思路，充分挖掘时政议题的知识价值、思维价值和素养价值（见表2-7）。

表2-7 "南陵霭里村如何推进乡村振兴战略"问题链设计

	议题（问题）类型	学科知识价值	思维能力价值	学科素养价值
问题1：从经济和辩证法视角，探究霭里村如何进行整体规划和产业振兴	经济和哲学问题；决策类问题	生产力与生产关系；生产与消费；农业供给侧结构性改革、产业结构调整升级；创新、绿色、共享发展理念；整体与部分；矛盾的特殊性；系统优化方法；两点论与重点论相统一	分析、迁移、决策	政治认同、科学精神
问题2：从文化视角探究霭里村为什么重视文化资源的保护、开发与利用	文化类问题；探因类问题	文化的作用；传统文化的价值；文化遗产的价值；文化自信	迁移、论证	对文化自信的政治认同
问题3：从哲学视角辨析"绿水青山"与"金山银山"哪个更重要	哲学问题；辨析类问题	矛盾的对立统一原理，矛盾具有同一性，矛盾双方在一定条件下相互转化；两点论与重点论相统一；尊重自然规律；树立生态文明价值观	论证、批判	正确处理"绿水青山"与"金山银山"的关系，培育科学精神；对生态文明、绿色发展理念的政治认同
问题4：从政治视角分析霭里村如何推进美好乡村建设	政治类问题；决策类问题	政府职能、村委会功能；基层党建；村民主体地位；党员先锋模范作用；法治、德治和自治相结合的乡村治理体系	分析、迁移、决策	政治认同、法治意识
问题5：整理霭里美好乡村建设中存在的问题，为霭里美好乡村建设提出合理化建议	决策类问题	完善基础设施；发展特色乡村旅游产业；提升旅游品牌等级和知名度，打造农产品自主品牌；开展民俗节庆活动；文化传承等	迁移、应用、决策、创造	公共参与

（二）优化活动流程，追求流畅高效

时政议题引领的活动型教学既有"学科内容"属性，也有"活动"属性，学科内容的教学与社会实践活动相结合，是活动型学科课程的显著特点，学科内容依托思维活动和社会实践活动等活动方式呈现。活动流程设计要坚持问题导向和任务驱动原则，遵循从实践到认识，再从认识到实践的认知逻辑顺序，尊重学生身心发展规律，从学生成长需要出发，实现从生活到理论、从课外到课内、从现象到本质、从感性到理性、从浅层到深层、从理解到应用的转化，培养学生发现问题、分析问题和解决问题的能力。

1.优化课外实践活动流程

步骤一，根据序列化活动子议题和问题链，设计序列化活动任务单，明确活动目标和线索。

【活动任务1】实践活动：上网检索乡村振兴战略目标和路径。思维活动：思考其哲学依据。

【活动任务2】思维活动：分析思考实施乡村振兴战略的经济原因。

【活动任务3】实践活动：走访调查霭里美好乡村示范点，并搜集信息。①居民收入及来源；②农业经济结构状况；③农产品加工业、土特产品及品牌等第二产业发展状况；④超市、民宿、餐饮、交通物流、农产品销售、农村电商、休闲旅游、农家乐和家庭农场等第三产业发展状况；⑤"三权"分置、土地流转、集体股份合作制经济发展状况。思维活动：从经济和辩证法视角看霭里村如何进行整体规划和产业振兴的。

【活动任务4】实践活动：通过走访调查和网上查阅的方法，搜集霭里村历史文化景观、农耕文化、传统工艺、乡村特色民俗活动、文创旅游产品、大众传媒营销、文明创建等材料。思维活动：从文化视角探究霭里村为什么重视文化资源的保护、开发与利用。

【活动任务5】实践活动：走访调查和网上查阅，搜集霭里村四季景观、人居环境、乡村经济发展状况。思维活动：从哲学视角辨析"绿水青山"与"金山银山"哪个更重要。

【活动任务6】实践活动：深入霭里村村委会、党支部走访调研，搜集基层党组织和村委会在乡村振兴中发挥的作用以及采取的举措。思维活动：霭里村是如何推进美好乡村建设的？

【活动任务7】梳理霭里美好乡村建设中的问题，为更好地推进霭里美好乡村建设提出合理化建议。

步骤二,分配任务。根据设计的活动任务,将班级同学分组,进行小组任务分工,每组负责一个,每组选出一名代表(考虑到调查地点较远,如果全班同学参与调研,活动难度较大),组成调查小分队,调研时相互协作、团结互助,共同完成整体任务。

步骤三,搜集资料。根据任务分工进行现场调查、走访村民和村委会、上网检索等,并有针对性记录和搜集信息,拍摄图片或短视频。

步骤四,围绕议题,加工、整理、优化资料,设计情境和问题,制作导学案。避免将整理的资料当作成果直接在课堂上汇报,避免将课堂变成汇报课,议题式教学的重心在于"议",成果展示要有互动性和探究性。

步骤五,根据导学案自主思考、合作探究,并选派代表发言。有了课前思维活动和学习准备,做到课前与课中的有效衔接,课堂互动探究才会流畅高效。还要提醒学生,要坚持独思、互动与集中的有机统一,选派的发言代表不是发表个人观点,而是呈现小组对问题共同思考和商量后形成的集体智慧;坚持全员参与和全环节参与原则,不仅要完成小组活动任务,还要对导学案中其他小组的问题进行思考探究;课堂辩论环节要提前让小组推荐好正反双方辩手,做好辩论准备。

2.优化课内活动流程

直观对比,导入议题。通过展示新老霭里村的照片,让学生产生强烈视觉反差,激发学生对"如何推进乡村振兴战略"这一主议题以及相关子议题的兴趣。

互动探究,点拨引领。按照"引入子议题—创设情境—探究问题—学生发言—观点交锋、相互补充—教师点评、引领"的教学顺序,分别对序列化子议题和相关问题进行分层互动探究。

总结升华,建言献策。将调研和课堂互动成果撰写成调研报告,反馈给霭里村村委会或上级政府部门,为霭里村乡村振兴积极建言献策。

(三)建构议题情境,拓展活动深度

议题情境建构要指向深度学习,活动探究要避免浅层化。所谓深度学习，是指以具体真实且复杂的情境作为背景和依托，运用学科知识、思维方法和技能，探究事物内在本质规律，解决现实问题，培养分析、论证、综合、批判、决策、创造的高阶思维能力，涵养求真探索、批判创新、自主与合作等人文精神，发展学科核心素养水平的认知策略。

1.真实性、具体性、生活性、乡土性和典型性情境

霭里是安徽省美好乡村示范点，举办的"中国农民丰收节""村长有约""霭里过小年"被央视报道，选取霭里这一典型的乡土资源，创设真情境，探究真问题，思想政治课理论会更可亲、可信。同时，将理论逻辑与现实逻辑相结合，遵循"从特殊性到普遍性、再从普遍性到特殊性"认识顺序，探究霭里美好乡村建设，能为"如何推进乡村振兴战略"提供范式和借鉴。

2.挑战性、综合性、复杂性情境

一种是辨析式问题情境。人们的立场、观点、价值观、利益多样且相互冲突较大，情境的复杂程度较高，越能拓展活动的深度。

【情境片段1】有人认为，乡村产业落后，毁山创收可解燃眉之急，保护绿水青山，会牺牲自己的经济利益，"金山银山"比"绿水青山"更重要；也有人认为，破坏环境要付出很大代价，保护绿水青山、发展美丽经济才是可持续发展之路，"绿水青山"比"金山银山"更重要。从哲学视角辨析"绿水青山"与"金山银山"哪个更重要。

通过创设辨析式问题情境，正反双方围绕"绿水青山"与"金山银山"关系，采用"哲学观点+论据"的形式展开了争论、辨析和论证，深化对经济发展与环境保护之间对立统一关系的理解，尤其正方对"唯GDP论"展开理性思考和批驳，运用霭里通过发展美丽经济让百姓吃上"生态饭"这一鲜活论据，论证了"绿水青山就是金山银山，保护绿水青山更重要"的观点。辩论后教师的总结评价很重要，要坚持"开放性与引领性、批判性与建设性、主体性与主导性、知识性与价值性"的统一，引导学生正确、理性应对价值冲突，在比较和鉴别中提高论证和批判能力，培养学生的科学精神，增

强对生态文明和绿色发展理念的政治认同。

另一种是开放式决策性情境。情境涉及的行为主体越多，影响决策及其结果的因素越多，情境的复杂程度越高，情境价值越大，越能拓展活动的深度。

【情境片段2】霭里美好乡村建设中也存在一些问题，如景区交通道路狭窄，基础设施建设不完善，会车存在安全隐患；一二三产业融合度不高，特色农产品加工品牌较少，产业支撑不强；景区知名度不高，品牌营销和宣传力度不够，辐射力不强；村民门前堆放垃圾，影响村容美观；"基层党组织+乡村振兴"能力有待提升等。从政治视角思考，为霭里村更好推进乡村振兴建言献策。

上述情境包含着丰富的、可挖掘的学科知识，设问保持开放视角，学生可从"政府职能，村委会自治功能，基层党建+乡村振兴，村民主体作用，党员先锋模范作用，形成法治、德治和自治相结合的乡村治理体系"等多个视角进行分析，结合霭里村实际，提出针对性措施。如：增加财政和社会资本投入，完善基础设施；发展特色乡村旅游产业；提升旅游品牌等级和知名度；等等。这样更有助于培养学生分析、迁移、决策和创新的思维能力，提升学生公共参与素养。

3.匹配性、指向性、关联性、充分性情境

情境是连接议题、学科内容和学科任务的桥梁和纽带，问题的探究依赖于与之相匹配的情境条件，情境中必须有与问题相关联的信息。

【情境片段3】霭里村坚持以规划为引领，统筹谋划，把全村当作一个大景区来规划，把一户农家当作一个小品来改造，规划编制坚持因地制宜、突出个性，根据产业、文化、生态和村容村貌，合理定位村庄主题特色。以景区规划和基础设施完善为重点，同时把规范管理、客源组织、纠纷处理、礼仪培训、市场营销等作为补充。从辩证法角度分析霭里乡村规划坚持的方法论原则。

学生可根据以上情境，提取关键信息，对标辩证法相关知识，如"整体与部分相统一、具体问题具体分析、系统优化方法、两点论与重点论相统一"。

4.直观性、形象性和感染性情境

利用PPT展示南陵霭里美好乡村图片，同时播放背景音乐《在希望的田野上》，增强学生对乡村振兴的信心，涵养家国情怀，培育政治认同素养。

(四) 重视活动评价，引导学生发展

评价主体的多元性。学生对照学习评价表，进行自我评价；在社会调研活动中，邀请居民和村委会工作人员对学生进行即时评价；在课堂教学活动中，教师及时点评学生的表现，纠正错误观点，坚持正确价值取向。

评价方向的发展性。活动型教学评价，应专注于学科核心素养的行为表现，采用求同取向与求异取向相结合，鼓励学生表达不同见解，提出不同的问题解决方案，促进学生学科核心素养发展。

评价内容的综合性。活动型教学评价可以以议题为纽带，以活动任务为依托，不仅评价有关学科内容的学习效果，还评价学生在课堂活动和社会实践活动中表现出来的情感、态度、能力和素养水平。为此，教师设计了活动型教学活动评价表（见表2-8）。

表2-8 活动型教学活动评价表

维度	等级（A/高，B/中，C/低）
【政治认同】认同生态文明和绿色发展理念，认同党的领导、政府、基层群众自治制度、中华文化在乡村振兴中的作用。	
【科学精神】能正确处理"绿水青山"与"金山银山"的辩证关系，面对价值冲突能作出正确的价值判断和价值选择。	
【公共参与】积极有序参与社会调研，搜集整理资料，能为解决乡村振兴中的相关问题提出合理解决方案。	
【理解应用】能运用经济、政治、哲学和文化知识分析和解决问题。	

续 表

维度	等级(A/高,B/中,C/低)
【思维能力】批判论证、迁移应用、分析综合、决策创造等能力得到发展。	
【情感态度】对乡村振兴战略目标的实现充满信心。	
【交往表达】与小组同学配合默契,具有合作精神,尊重他人的观点,勇于表达观点,流利表达小组观点。	

以时政议题为主轴,以议题情境为支架,以活动流程为轨道,以活动评价为牵引,打破现有知识框架的束缚,采用活动化形式和互动策略,利用跨模块、跨单元的知识进行综合探究,在深度学习中提升学科核心素养,追求教学的流畅美、内涵美和深度美,时政议题引领的活动型教学必将大放光彩。

三、综合性教学情境的创设要求与应用策略①

综合性教学情境是对一般教学案例的优化和一般教学情境的综合。创设与应用综合性教学情境,实施综合性教学方式,有利于培育学生综合性学科核心素养。

(一)综合性教学情境的创设要求

综合性教学情境是对一般教学案例的优化,通过联系学生的生活实际,优化教学案例,让学生可参与、想参与、能参与。综合性教学情境是对一般教学情境的综合,通过对一般教学情境进行"深加工",拓展一般教学情境的广度和深度,构建情感丰富、任务多元、素养考查立体多面的综合性教学情境,适应不同发展水平学生的需要。综合性教学情境是学生和教师交往互动的桥梁和纽带,是开展课堂教学活动的基本载体,是实施综合性教学方式的基本路径。创设综合性教学情境应遵循以下要求。

1.价值观的引领性

学科核心素养作为课堂教学目标是贯彻落实"新版课标"教学理念要求

---

① 该部分内容的合作者为芜湖市"王为民名师工作室"研修成员、安徽师范大学附属中学翟斌老师,有改动。

的出发点和落脚点。综合性教学情境是在立德树人根本任务的引领之下，为培育学科核心素养教学目标而创设的。因此，教师创设综合性教学情境，既要符合社会主义核心价值观的要求，又要凸显思想政治学科的育人本色。当下，学生可以接触到的信息种类繁多且良莠不齐，甚至还夹杂着隐藏在信息背后的价值观渗透问题。对此，教师在创设综合性教学情境时要敢于对非科学，甚至扭曲的价值观说"不"！要通过科学的分析，在批判错误价值观的同时，引导学生拥护中国共产党的领导，坚持和发展中国特色社会主义，认同中华人民共和国、中华民族、中华文化，弘扬和践行社会主义核心价值观。笔者在必修二《经济与社会》"更好发挥政府作用"教学时，以"蚂蚁金服上市被叫停"为背景，创设综合性教学情境，展示"有人认为中国政府干涉市场的正常行为，不利于金融市场良好发展"的观点，引导学生结合生活实际并运用所学知识对此观点加以批驳，进而深刻认识到，蚂蚁金服因涉嫌市场垄断而被政府相关部门叫停上市，这恰恰体现了政府发挥科学宏观调控作用。可见，教师在创设综合性教学情境中既要展示价值观的冲突性，又要通过科学引导，加强社会主义核心价值观的引领性，不断提升学生的"政治认同"等学科核心素养，进一步帮助学生树立正确的"三观"。

2.情境内容的真实性

课堂教学情境失真，会导致学生对思想政治课堂的偏激认识。促进学生全面发展，贴近学生生活实际是本轮课程改革成功的经验和做法之一。教师创设基于国内外重大时政、社会生产生活重要现实问题的真实的综合性教学情境，符合学生认知水平和生活经验实际，契合学生的兴趣点和兴奋点，有利于调动学生积极主动参与课堂教学活动的能动性，激发学生对思想政治学科学习的内生动力。笔者在必修二《经济与社会》第二课第一框"使市场在资源配置中起决定性作用"教学中，以"如何使市场机制有效？"为总议题，创设了如下的综合性教学情境：

议学情境：

2020年新年伊始，突如其来的新冠肺炎疫情在各地蔓延，一夜之间默默无闻的口罩成为香饽饽，口罩遭到疯抢，价格飞涨，一"罩"难求。得到口罩是获得感，有了口罩是幸福感，戴上口罩是安全感。口罩成了老百姓"三感"的集中体现，成为当年最大的民生话题。

议学活动：小组探究

①疫情暴发之初，当时市场上为什么一"罩"难求，其背后说明什么问题？

②当时，你获取口罩的方式有几种？为抗击疫情，保障口罩供应，国家采取了哪些手段？

教师通过创设"新冠肺炎疫情防控中与学生日常生活密切相关的口罩供求问题"这一教学情境，让学生真切感受市场是如何配置资源的，并进一步思考除了市场还可以通过哪些方式来配置资源。在面对上述真实的教学情境时，学生自然有感而发，表现出强烈的学习兴趣，探求一"罩"难求背后的资源配置手段和商品供求关系的基本逻辑。

3.情境任务的结构性

深度挖掘综合性教学情境背后的正确价值观、必备品格和关键能力，实现"活动内容课程化，课程内容活动化"，需要层次清楚、结构完整和指向精准的情境任务作为路径。情境任务的层次性、结构性和指向性有助于发挥综合性教学情境价值，提升课堂教学效率，助力培育学科核心素养。设定综合性教学情境任务一般要基于"联系实际→事实判断→价值判断→价值选择→指导实践"的设计逻辑。笔者在必修三《政治与法治》第九课第四框"全民守法"教学中，首先，在"联系实际"环节创设了以社会生活热点问题为背景的"上海车展上特斯拉女车主车顶维权事件"的综合性教学情境。其次，在"事实判断"环节设置了基于情境的第一个情境任务："从消费者角度，你如何看待'车顶维权'现象？"再次，在"价值判断和价值选择"环节设置了第二个情境任务："从消费者角度，你认为应该怎样才能避免'车顶维权'现象？"最后，在"指导实践"环节设置了第三个情境任务："结合材料，请你谈谈如何在生活中推进全民守法"。教师通过设定"从生活实践到法治理论"结构性、序列化的情境任务,引导学生梯度递进分析解决综合性教学情境问题,深化学科知识的理解和运用,落实"法治意识、公共参与"等素养目标。

4.素养考查的综合性

"新版课标"规定了高中学生在学习完思想政治课程之后应该达到学业质量标准的不同水平。其中,对于选择思想政治作为等级性考试科目的学生而言,教师创设的综合性教学情境要具有一定的复杂性和挑战性,而不能仅仅是内容单一、直问直答的简单情境或一般情境。《中国高考评价体系》提出"一核、四层、四翼"的评价体系,对试题考查的立意从知识立意、能力立意转向素养立意,从以往的"解题"向"解决问题"转变,更加强调不仅仅要会"做题",更要会"做人做事"。这要求教师在课堂教学中要创设具有一定复杂性的综合性教学情境,引出具有一定挑战性的情境任务,注重考查学生综合性的学科核心素养。笔者在必修三《政治与法治》第九课第四框"全民守法"教学中,设置了一项具有开放性的探究活动:"请同学们以'法治让生活更美好'为主题,针对社区生活和管理中存在的私占公共空间、不文明乘梯、高空抛物、垃圾分类、宠物饲养、物业纠纷等现实问题,深入实际调查研究,查阅相关法律知识,提出解决的建议措施。"学生通过这项活动打通课堂与社会的"围墙",在实践活动中不仅考查学生的学科知识综合运用,还要考查学生的活动组织协调能力、语言表达沟通能力、信息收集分析和处理能力、民主政治参与能力等综合能力素养。

5.呈现方式的丰富性

有些高中思想政治课教师在创设综合性教学情境时往往采用"拿来主义",把在网络上搜集到的音频、视频资源直接应用于课堂教学,缺少对于情境资源的原创性开发,呈现方式单一,从而导致情境内容粗糙、呈现形式乏味、学生思维角度受限等问题。长此以往,学生会逐渐产生课堂上的"审美疲劳",从而对思想政治课产生消极对待甚至抵触的情绪,教师也会产生路径依赖,对教学艺术的提升产生倦怠。综合性教学情境要求情境呈现方式的多样性,可以是语言文字、漫画图表、教学音频视频、角色扮演、研学成果分享、小品舞台剧等多种形式的综合运用。笔者在必修四《哲学与文化》第五课第三框"社会历史的主体"教学中，指导学生在课下搜集相关材料证明"人民群众是历史的创造者"并在课堂上展示。第一组同学通过"小记者街头采访"的形式展示"家庭餐桌上的变化""芜湖市基础设施的不断完善""十八大以来国家取得的巨大成就"三个方面的内容，深刻领悟"人民群众是社会物质财富的创造者"。第二组同学以"创作者角色扮演"的形式展示了"美术经典中的党史"，通过对美术作品背后历史故事的解读，从不同的角度阐释了"人民群众是社会精神财富的创造者"。第三组同学以百年党史为脉络，通过"舞台短剧表演"的形式分析了在"五四运动时期、抗日战争时期、解放战争时期、改革开放时期、新时代"等历史关键节点，人民群众如何发挥力量推动社会变革和历史发展的。通过本组学生清晰的讲述，"人民群众是社会变革的决定力量"在课堂上达成了一致的共识。

（二）综合性教学情境的应用策略

笔者以执教必修三《政治与法治》第八课第三框"法治社会"教学为例，具体分析综合性教学情境的应用策略。

1.创设综合性教学情境

依据综合性教学情境的创设要求，笔者在"法治社会"教学中，为了让学生能够真正参与到课堂教学，设定贴近学生生活实际、契合学生认识经验水平的真实情境。笔者创设了"老人赡养"这一综合性教学情境，通过合法解决老人赡养问题，依次构建"离家（法治意识）—施法（法律实施）—回家（实施效果）"三个篇章，让学生在真正帮助老人解决赡养问题的过程中，逐步深化对法治社会内涵的认识。

2.设置综合性教学任务

在"法治社会"第一部分"离家（法治意识）"教学中，教师通过组织学生自导自演"老人赡养"的情景剧活动，设置了三个情境任务："①从法治社会的视角对案例中的人物进行评析。②从中可以看出法治社会应该具备什么特征？③怎样实现法治社会这一特征？"在第二部分"施法（法律实施）"教学中，学生在《中华人民共和国民法典》《中华人民共和国老年人权益保障法》等相关法律中搜集到关于赡养父母的法律条文，帮助老人运用法律武器解决了赡养问题，设置了三个情境任务："①为什么老人的赡养问题能够得到解决？②从中可以看出法治社会应该具备什么特征？③怎样实现法治社会的这一特征？"在第三部分"回家（实施效果）"教学中，一审法院判决两个儿子共同支付老人10000元的养老费用，并严格按照要求轮流照顾老人。两个儿子也认识到自己的过错，非常愧疚，对母亲说了一些话，以此设置了三个情境任务："①两个儿子会对母亲说些什么话？请你续写结尾。②从中可以看出法治社会应该具备什么特征？③怎样实现法治社会这一特征？"学生通过层层推进情境任务，深化对法治社会内涵的理解，充分发挥综合性教学情境对教学任务的引导助推作用。

3. 开展综合性教学活动

"新版课标"提出高中思想政治课活动主要包括课堂的思维活动和课外的社会实践活动。"法治社会"教学通过设置以上情境任务，学生很好地开展并完成了思维活动，由此构建了相关法律知识。但获取知识并不是达成学科核心素养的唯一目的，在实践中具体运用所学知识才是培育学科核心素养的关键。在本课最后教学环节，笔者创设"社区养老大家谈"的综合性教学情境，设置了"请你根据我国相关法律法规，为制定社区养老公约提出自己的意见和建议"的综合性教学活动，随着活动的开展，学科知识既入学生脑也入学生心。学生在开展综合性教学活动和完成综合性情境任务的过程中，充分发挥了主观能动性，很好提升了理论联系实际能力、交往组织协调能力、语言表达能力、逻辑思辨能力等综合性学科核心素养。

4. 进行综合性教学评价

基于多元智能的全面评价，由之前结果导向型的终结性评价转为以过程导向型的表现性评价为主，纸笔测试的终结性评价为辅；从单一知识的评价转为多元素养的评价；从评价主体单一转为评价主体多元。"新版课标"根据学生应对情境的复杂程度制定了学业质量标准，学业质量标准共有四个层次，每一个层次评价内容是综合性的，比如，法治意识的四个水平层次（见表2-9）。

表2-9 法治意识的四个水平层次

水平	质量描述
1	引用自身的经验,推荐依法办事、依法维权、依法解决纠纷的案例,表明法治让社会更和谐
2	剖析实例,比较不同的涉法行为,预测其后果,阐释权利与义务的关系;联系依法治理的实际,证实依法办事、依法维权、依法解决纠纷的好处,表达法治让生活更美好的感悟
3	针对民事活动与公共参与过程中的不当行为,解释相关权利和义务的法律意义,明辨依法行使权利、履行义务的正确方式
4	了解生活中主要民事法律规范,列举解决纠纷的有效途径和方式,论证依法行使权利、依法履行义务、依法办事的意义

基于学业质量水平标准和教学实际,笔者设计了本节课的教学活动测评表(见表2-10)。

表2-10 "法治社会"教学活动测评表

序号	维度	等级		
		自评	他评	师评
1	勇于表达自己的观点			
2	善于倾听、尊重他人的观点			
3	能够剖析社会生活中的错误行为			
4	准确地表达自己的观点,对法治社会有自己的认识			
5	通过阅读、思考和讨论进行反思,认同建设法治社会的重要意义			

填表说明:

1. 自我评价(自评)5分,小组评价(他评)5分,教师评价(师评)10分,每一维度共计20分。

2. 总分在85—100分之间(包括85分),归于优秀等级;总分在70—85分之间(包括70分),归于良好等级;总分在60—70分之间(包括60分),归于合格等级;总分在60分以下,归于不合格等级。

3. 评分等级将纳入学生成长档案袋。

综上所述,思想政治课是落实"立德树人"根本任务的关键课程,核心在于"价值引领"。"法治社会"一课教学通过创设与应用老人赡养问题的综合性教学情境,设置综合性教学任务,开展综合性教学活动,进行综合性教学评价，引导学生自主构建"法治社会的内涵、具体表现以及建设法治社会的意义"等知识，通过运用法律知识解决老人的赡养问题，以"润物细无声"的方式，增强学生对权利和义务关系的理解，对中华优秀传统美德的认同，对法治社会的认同。教学做到了主题生活化、情境综合化、内容活动化、任务结构化、活动素养化、评价多元化，从而顺利达成培育综合性学科核心素养的教学目标。

四、综合性教学存在问题的归因分析和对策探析[①]

综合性教学形式成为当下高中思想政治公开课、展示课、优质课等"好课"的标配，一线教师在综合性教学实践中进行了积极探索和有益尝试，但其中也不乏存在重形式轻内容、重求同轻差异、重体验轻思考、重结论轻过程等问题，或学生参与意愿不高，或看起来学生讨论热烈，发言慷慨，实际上说的基本都是书上现成的结论，这样的发言缺乏生成性，这样的活动缺乏成长性，这样的学习也就缺乏深度，这样的综合性教学活动自然不能达成相应的学科核心素养培养目标，不能提升学生整合知识、理论联系实际、分析和解决问题的综合能力，不是真正的综合性教学。那么，出现这些现象的原因何在呢？又该如何有效解决呢？

（一）综合性教学活动中存在问题的归因分析

1.案例情境不明，缺乏支撑性

案例情境是开展综合性教学的有效平台，适恰的案例情境是顺利开展综合性教学活动的前提和基础。一些教师在进行综合性教学设计时往往担心学生难以驾驭复杂的案例情境而导致活动冷场，故而将案例情境设置得形式新颖，但内涵过于简单，学生稍加思考或查看一下教材就可以知道结论，这种"重形式轻内容"的案例情境自然调动不了学生参与活动的兴趣，也没有探究的必要。或者情境虽然具有一定的综合性，但由于对案例优化程度不够，情境内部的事件、人物等关系杂乱无序，学生理不清情境的逻辑关系，自然

---

① 该部分内容的合作者为芜湖市"王为民名师工作室"研修成员、芜湖县一中唐七桥老师，有改动。

也就难以开展有效的探究活动。

2.教学问题单一，缺乏开放性

问题是启发学生思维的"金钥匙"。案例情境与教学问题是相互联系、相辅相成的关系，二者是开展综合性教学活动的关键载体。学生根据案例情境和设问指向才能科学而有效地开展探究活动。一些教师因担心学生"想多了""想岔了""想远了"，从而在探究活动中生成不了老师想要的答案，进而完成不了所谓的教学进度，故而在设问上指向单一，有明确的共同性的标准答案，缺少灵活的差异性的开放思维。这种"重求同轻差异"的教学问题不能引导学生多维度、多路径探究问题。这样老师想要的答案有了，学生思维没有得到有效激发，素养没有得到科学提升，能力没有得到合理锻炼。抑或设计的教学问题本身指向不明，学生不知道探究什么，探究活动自然也就徒有虚表。

3.探究活动肤浅，缺乏深入性

生动活泼的探究活动当然能调动学生参与课堂教学的积极性和主动性，但课堂的探究活动绝不能只停留在活泼上，而是要借助这个探究活动引领学生进行感悟体验、合作探究、能力锻炼、品格浸润、思维碰撞、思想交锋等一系列深度学习，从而生成认知、建构意义、提升素养、引领价值等，进而有效实现学科核心素养培养目标。如果课堂教学中开展的探究活动内容与形式、方式与方法、组织与程序、任务与要求等过于简单肤浅，是为了活动而活动，教师省心，学生开心，但不入心，更不入脑，表面上是活动热闹，实际上是教学无效。这种"重体验轻思考"的探究活动只是流于活动体验的形式，不应该成为我们所要追求的综合性教学活动。

4.活动评价生硬，缺乏艺术性

"同学们，某同学回答得好不好？（学生齐声回答"好"）我们掌声鼓励一下（学生齐鼓掌），老师给你点赞……"这样的不问对错、貌似富有情感的点评真实存在于我们的课堂之上。对课堂上学生参与活动的表现进行评价是促进综合性教学的必要手段。点评得当，能调动学生积极性，推动探究活动的开展，促成教学目标的达成；点评不当，也会挫伤学生的积极性，不利于探究活动的开展。教师对学生探究活动的表现要么是不问对错，一味鼓励、点赞，要么是对学生的回答不作点评，只是不断追问，只求学生尽快回答他想要的答案。这种"重结论轻过程"的教学评价既不能展现学生的学习过程，也不能引导学生的活动过程，因而，对于发展学生学科核心素养也是无益的。

（二）综合性教学活动中存在问题的应对策略分析

1.优化案例，夯实情境支撑

案例情境是学生开展活动、生成知识、形成能力、提升素养的有效载体，案例情境直接关系到教学问题的创设、探究活动的开展。"新版课标"指出，"优化案例的关键在于优化情境的功能：能有效地支持、服务于学科核心素养的培育；有助于呈现并运用相关学科的核心概念和方法；能充当组织教学内容、贯穿逻辑线索的必要环节；其内在意涵具有丰富的、现实的、可扩展的解释空间；围绕议题，指导、组织富有成效的活动；显现生活中真实的情境，力求可操作、可把握。"

优化案例，创设适恰的案例情境应做到以下几点。其一，来源上的真实性。学生都是社会人，都具有相应的生活经历和生活经验，对社会现象也具有一定的认知。将社会热点、历史事件、现实生活等真实素材创设的案例情境作为活动载体，有利于调动学生的元认知，推动活动的开展。其二，逻辑上的结构性。即一个教学内容可能需要多个案例情境来支撑开展活动，这些情境之间在结构上是具有一定的逻辑关系的。可以是"一例到底"，围绕一个事例设置若干个系列性发展性的具体教学情境作为不同活动的载体；也可以是"一议多例"，围绕一个议题设置若干个具有内在逻辑性的不同的案例情境。其三，形式上的多样性。作为承载活动的案例情境，必须要有能够调动学生开展探究活动的生动样态。因此，案例情境应该具有多样性，可以是文字图片等静态形式呈现，也可以是视频动态形式呈现。其四，价值上的引领性。高中思想政治课程承担落实立德树人根本任务，既可以通过学科知识来承载，也可以通过案例情境立意来渗透，因此，案例情境的创设应彰显价值上的引领意义。

在讲授部编新教材必修三《政治与法治》第三单元的"法治社会"这一内容时，教师可以将社会热点问题"货拉拉女孩事件"引入新课，并采用"一例到底"做法，围绕"货拉拉女孩事件"这一来源于生活的真实事件，创设"事件前因""后续处理""行业影响""依法整改"四个依次递进的情境作为活动载体来层层推进课堂教学。这样优化的案例情境冒热气、扬正气，有很强的逻辑性、时代性、真实性，为综合性教学活动的实施提供有力支撑。

2.开放视角，丰富设问维度

"新版课标"指出，高中思想政治"内容涉及哲学、经济学、政治学、法学等学科，具有综合性"，"以案例为载体进行综合性教学，既要着眼于同一课程模块的内容，综合不同的学科核心素养要素，又要着眼于同一学科核心素养要素，综合不同课程模块的内容"。因此，教师可以凭借相关案例情境的创设，通过问题设置来引导学生"多维度观察问题，提供综合的观点，提升综合能力"。教师在创设教学问题时应坚持两个原则。其一，多维的视角。高中思想政治课程具有学科内容的综合性，教师创设教学问题时可以让学生依托这些学科知识从经济、政治、法律、哲学等角度谈自己的看法，拓宽学生思考问题的宽度。其二，逻辑的视角。唯物辩证法认为，事物的运动变化发展是有规律的。教学问题的创设也应遵循思维的规律、逻辑的规律，可让学生从内外因、主客观、正反两方面等角度阐述自己的观点，有利于提升学生思考问题的高度；依托情境设置依次递进的教学问题，有利于提升学生思考问题的深度。

笔者在设计新教材"法治社会"这一内容时，围绕"货拉拉女孩事件"，依托情境"货拉拉事件前因"设问"为什么会发生这样的悲剧"，引导学生思考法治社会的内涵；依托情境"货拉拉事件的依法整改、后续处理"设问，引导学生思考如何建设法治社会；依托情境"货拉拉事件行业影响"设问"事件对货运行业乃至社会产生怎样的影响"，引导学生思考法治社会的重要性。三个设问遵循了"是什么、为什么、怎么办"这一认识事物的思维规律。同时，设问具有开放性，对事件的原因，学生可以从不同主体去思考，也可以从内外因、主客观的角度去探究；对整改措施，学生可以从国家、企业、个人等不同主体去思考；对事件影响，学生可从正反两个方面去思考。

3.多途探究，深化活动深度

开展好探究活动是运用好综合性教学形式的关键所在。"新版课标"明确界定高中思想政治课程性质为综合性、活动型学科课程。那么，如何开展好探究活动，避免活动浮于表面呢？其一，多种活动场景深化探究的深度。可以围绕教学议题设置课前的现象调查、文献查阅等准备性活动，课上围绕情境和设问开展探究性活动，课后开展巩固性的实践性活动。其二，多种活动样态催化探究的趣度。探究活动既可以是以案例情境为载体的主题情境型的探究活动，可以是针对不同观点展开的思辨型的探究活动，也可以是引入社会场景的角色扮演型的探究活动，还可以是走出教室走进社会的实践型的探究活动等。多种样态的探究活动能丰富课堂教学形式，满足不同学生的活动体验，调动学生探究的积极性主动性，进而促进学科核心素养培养目标的达成。

例如，在学习"法治社会"这一内容时，可以从课前课中课后三个场景来开展活动。课前安排学生对身边不遵守规则、规范、法律的现象进行调查，让学生对课上的教学内容有一个感性的认知准备。课上可以围绕教学需要开展多样态的探究性活动，引导学生对法治社会的认识由感性体验走向理性思考。对法治社会的内涵可以开展角色扮演活动来再现当时的场景，让学生设身处地思考怎样按规则办事才会避免悲剧的发生，从而认识到法治的重要性，进而从感性认知中生成对法治社会的理性认识。对建设法治社会的措施可以围绕"货拉拉事件"这个主题情境开展小组合作探究，让学生从具体事件的解决中抽象出建设法治社会的具体措施。课后让学生走出教室走进社会，设计社会法治宣传标语，参加社会法治宣传活动，让法治内化于心、外化于行。

4.科学评价，提升活动效益

"新版课标"提出建立促进学生思想政治学科核心素养发展的评价机制。

科学合理地开展综合性教学评价是提升教学效果的重要保障。"评价方式的选择应该聚焦学生思想政治学科核心素养的发展，整合知识与技能、过程与方法、情感态度价值观。"课堂教学活动中应坚持多元评价，提升探究活动的效益。其一，坚持教师评价与学生评价相结合。即对学生在探究活动中的表现既可以由教师进行点评，也可以开展学生间的互评，还可以是学生自评，不同主体的评价可以发挥"师生共同体"的作用，师生在活动中相互促进，共同发展。其二，坚持求同与存异相结合。"求同"即评价的关注点是聚焦学科核心素养的提升，是学生是否在活动中形成正确价值观念、必备品格和关键能力。"存异"即多元化、多样化评价方法。既对学生参与活动过程中表现的情感、态度、能力进行评价，又对学生的结论性认知进行评价，也要"评估情境创设和案例选取是否得当、是否高效的过程，可据此进一步优化情境、案例，不断提高教学效率和效果"。其三，坚持科学性与艺术性相结合。评价既要如实客观评判学生的观点和活动表现，让学生明白自己的优点和需要改进的地方，又要注重评价的艺术性，使课堂评价成为学生勇于参与、善于思考、敢于探究的催化剂。

例如，在"法治社会"这一内容教学时，笔者不仅在教学活动中对学生的表现及时作出点评，鼓励学生积极参与活动，并且设置教学活动测评表（见表2-11）来对学生的活动表现及时作出科学有效评价，提高活动的效益。

表2-11　教学活动测评表

序号	维度	等级		
		自评	他评	师评
1	勇于表达自己的观点			
2	善于倾听、尊重他人的观点			
3	准确地表达自己的观点，并能提供例证			
4	对法治社会等认识深刻			
5	通过思考、讨论进行反思，作出正确的价值判断			

实施综合性教学是高中思想政治"新版课标"大力倡导的教学形式，是落实综合性、活动型学科课程性质，培育学生学科核心素养的重要路径，也是推动教师转变教学方式和学生转变学习方式的重要抓手。高中思政课教师

要着眼于学生的真实生活和长远发展，努力克服综合性教学活动中存在的问题，积极探寻解决问题的有效策略，推动综合性教学科学有效开展，打造接地气、扬正气、有生气、显灵气的高中思想政治课。

五、跨模块项目驱动的综合性教学①

高中思想政治是一门综合性学科课程。所谓综合性教学是指教师以综合性议题为统领，以复杂案例或情境为载体，以多类型的学科任务为驱动，以综合性探究活动为途径，以综合性评价为检验手段，以"整合知识、提升综合能力、培育同一或不同学科核心素养"为整体目标的教学形式。当前，部分教师受到"新版课标"研究缺少深度、传统教学方式惯性、新课程领导力和探索自觉性不够以及课时限制等因素影响，对综合性教学内涵理解不透，对其具体实施策略感到茫然，进而导致综合性教学形式没有真正成为课堂教学应然状态，学生所学知识之间点状条块分割、缺少整合，高阶思维、综合能力、综合素养发展欠缺。针对这些问题，笔者在开设"中国抗疫的成功密码"探究课中，采用"跨模块项目+综合性教学"形式，利用其综合性、创造性、建构性、实践性、情境性、沉浸性的特点和优势，按照项目任务议题化、议题功能综合化、综合议题结构化、结构议题活动化、活动内容课程化、课程载体案例化、案例分析学理化、评价标准素养化、评价体系多元化的逻辑进阶教学思路，对如何有效实施综合性教学进行了一次有益尝试。

（一）项目拟定：项目任务议题化，议题功能综合化，综合议题结构化

跨模块项目式学习以真实、复杂的问题（议题）为任务驱动，学生在探究和解决问题过程中，实现跨模块知识深度整合与重构，学科综合能力、高阶思维能力和学科核心素养得到深度发展的一种学习方式。

1.项目任务议题化

跨模块项目式学习的活动环节一般包括：提出问题、规划方案、解决问题、评价与反思。驱动性问题是研究起点，因此，提出和设计有价值的问题

① 该部分内容的合作者为"芜湖市王为民名师工作室"研修成员、安徽省南陵中学陈本俊老师，有改动。

是关键环节。议题具有问题属性，可以将综合性议题转化为驱动性问题和项目任务，统领跨模块项目式学习全过程。

2.议题功能综合化

跨模块项目式学习的议题能链接具有真实性、时代性的经济、政治、文化、社会、生态、科技等时政热点事件，体现教学重点，针对教学难点，与学科知识、学科综合能力、学科核心素养、学科任务、情境、活动、评价等高度关联，具有综合教育功能。

首先，具有知识整合功能。综合性议题具有开放性、统领性、复杂性和挑战性等特征，能提供综合视点和开放视角，能统领单元、跨单元、跨模块、跨学科教学，学生可以运用多主体知识、学科内同一课程模块纵向知识、不同课程模块横向知识或跨学科知识去分析解决问题。学生在探究"中国抗疫的成功密码"这一综合性议题时，可以从"中国特色社会主义、经济与社会、政治与法治、哲学与文化、当代国际政治与经济"等多个视角，运用多个模块综合知识去完成项目任务，进而实现知识深度整合。

其次，具有提升综合能力功能。借助综合性议题，学生可以将零散知识和相关素材在特定的情境中进行有意义的建构整合，系统分析和揭示复杂议题背后的因果联系，提出系统的议题解决方案，进而提升综合能力。

最后，具有全面培育学科核心素养功能。综合性议题设计要高立意，体现价值性，以落实立德树人为根本任务，坚持中国共产党领导，坚持正确思想政治方向，指向学科核心素养，彰显主流核心价值，展示价值判断的基本观点，传递中国精神，培育社会主义核心价值观，引领学生树立正确的世界观、人生观、价值观、民族观、国家观、历史观、文化观、宗教观等，坚定四个自信。

综合性议题以"整合知识、提升综合能力、培育同一或不同学科核心素养"为一体化目标，三个目标维度各有侧重、相互促进、缺一不可，这是综合性议题的独特功能，也是评价综合性教学和跨模块项目式学习的关键指标。

3.综合议题结构化

由于综合性议题复杂性强，知识覆盖面广，问题求解难度较大，可以根据课程模块，对议题进行多维度结构化处理，将其拆解为既相对独立又相互联系的多个子议题，形成有机统一的完整的议题链（见表2-12）。

表2-12　综合性议题：中国抗疫的成功密码

子议题1	中国抗疫成功的政治制度密码
子议题2	中国抗疫成功的经济制度密码
子议题3	中国抗疫成功的法治密码
子议题4	中国抗疫成功的文化密码
子议题5	中国抗疫成功的哲学智慧

（二）项目探究：结构议题活动化，活动内容课程化

高中思想政治是一门活动型学科课程，学科内容采取思维活动与实践活动等方式呈现，力求实现"课程内容活动化""活动内容课程化"。因此，跨模块项目式学习要处理好项目议题、活动与课程之间的关系。

1.结构议题活动化

围绕结构议题进行序列化的活动项目设计，包括设计合理的时间和场域、制定活动目标、拟定计划和方案、组建学习共同体、项目与任务分工、利用互联网等媒介进行素材收集与加工、自主与合作探究、成果制作（案例优化、案例问题设计、学理分析、PPT美化）、成果展示与汇报等。

2.综合运用多种思维活动与思维方法

结构议题的复杂性决定了思维活动的深刻性与思维方法的多样性。解决复杂结构议题，能促进学生综合能力和高阶思维发展，实现课程目标。学生在解决结构议题时，需要综合运用逻辑思维、辩证思维和创新思维等多种科学思维方法。运用逻辑思维的概念、判断、推理等思维形式以及比较、具体与抽象、归纳与演绎等逻辑方法，运用辩证思维的矛盾分析法、否定之否定等思维方法，运用创新思维的联想思维法（想象、假设、迁移）、发散思维法（如头脑风暴法）、聚合思维法、逆向思维法等，按照结构议题线、知识线、案例或情境线、思维活动线、目标线，对解决结构议题所需的跨模块课

程知识和案例或情境进行猜想、假设、头脑风暴、分析、推理、比较、判断、辨析、综合、建模、探究、评价、验证，并得出解决问题（议题）的方案。结构议题解决方案如图2-4所示。

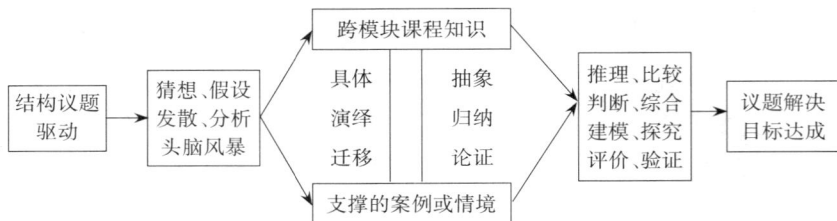

图2-4　结构议题解决方案图

3.活动内容课程化

形式从属于内容，活动形式与课程内容是"水乳交融"的关系，而非"油水分离"的关系，要提高活动的关联性和有效性，围绕项目、结构议题、课程内容、学科任务以及问题情境展开，活动课程目标指向综合能力与学科核心素养。

（三）项目解决：课程载体案例化，案例分析学理化

案例是含有问题或疑难情境在内的真实发生的典型性事件。根据不同研究任务，案例可以区分为探索型案例、描述型案例、例证型案例、实验型案例和解释型案例。其中，解释型案例旨在运用已有理论，通过对特定案例研究，分析和解释事物背后的因果关系。根据案例涉及的学科知识跨度不同，可以将案例分为单一案例和综合性案例。单一案例针对某一框节知识点研究，其特点是"短、小、精"，适用于新课教学；综合性案例涉及多主体知识、学科内多个单元多个课程模块内容或跨学科课程内容，具有开放性、复杂性、丰富性、深度性等特点，它适用于专题探究课、综合探究课以及跨模块项目式学习。在解决"中国抗疫的成功密码"项目议题时，适合将解释型案例与综合性案例组合式运用（见表2-13）。

表2-13　"中国抗疫的成功密码"的案例设计及其学理分析

案例	案例情境与问题设计	课程模块知识（学理分析视角）	立意指向
案例1：从中西方抗疫看中国政治制度优势	情境：本案例选取人民至上、医疗救治、物资保障；国家机关相互协作、高效抗疫；党中央集中统一领导、总揽全局、协调各方；政党之间亲密合作；中央政府与地方政府联防联控；基层社区"党建+网格管理"；中国支援全球抗疫；美国两党相互掣肘、联邦政府与州政府各自为政等典型事件。 问题：分析"中国之治"与"西方之乱"的政治制度原因。	中国特色社会主义、政治与法治、当代国际政治与经济模块：国体、政体、国家结构形式（单一制优点、联邦制弊端）、政党制度、基层治理、人类命运共同体；论证坚持人民当家作主，密切联系群众，紧紧依靠人民推动国家发展的显著优势；论证坚持以人民为中心的发展思想，不断保障和改善民生、增进人民福祉的显著优势；论证民主集中制保证国家机关高效运转，论证坚持党的集中统一领导的优势；论证中国政党制度、基层群众自治制度、为人类命运共同体作贡献的优势。	政治认同、综合能力、高阶思维
案例2：从中西方抗疫看中国经济制度优势	情境：火神山等方舱医院快速建设、党和政府动员全国各方力量支援武汉、减税、国企担当、医疗保险、西方私有制失灵等典型事件。 问题：分析"中国之治"与"西方之乱"的经济制度原因。	中国特色社会主义、经济与社会模块：中西方所有制结构、市场经济体制和分配制度比较，论证坚持党的集中统一领导优势、我国基本经济制度优势、宏观调控、新发展理念、统筹发展与安全、坚持全国一盘棋、调动各方面积极性、集中力量办大事、举国体制的优势。	政治认同、综合能力、高阶思维
案例3：法治为中国抗疫护航	情境：本案例描述多个主体在抗疫中的典型法治事件。 问题：分析党、人大、政府、司法机关如何运用法治提升抗疫效能，公民在抗疫中如何体现法治素养，有何启示。	法治模块：党坚持依法执政、立法机关科学立法、政府严格执法、司法机关公正司法、全民守法。论证坚持全面依法治国，建设社会主义法治国家，切实保障社会公平正义和人民权利的显著优势。	法治意识、公共参与、综合能力、高阶思维

案例	案例情境与问题设计	课程模块知识（学理分析视角）	立意指向
案例4：抗疫大考折射中华文化力量	本案例描述了抗疫中最美逆行者的感人事迹（视频、请战书）、中医药治疗新冠肺炎患者、传统文化和科技元素助力抗疫等事件。问题：中华文化在抗疫中是如何发挥作用的？有何启示？	中国特色社会主义与文化模块：中华优秀传统文化的当代价值、中华民族精神（伟大抗疫精神）、社会主义核心价值观、文化自信。论证坚持共同理想信念、价值理念、道德观念，弘扬中华文化，促进全体人民在思想上精神上紧紧团结在一起的显著优势。	政治认同、综合能力、高阶思维
案例5：中国抗疫彰显马克思主义哲学的真理力量	典型情境：本案例描述了党中央把人民群众生命安全和身体健康放在第一位，按照坚定信心、同舟共济、科学防治、精准施策的总要求，统筹运用人民战争、总体战、阻击战的战略战法，根据疫情形势变化，突出重点、统筹兼顾、分类指导、分区施策；出台9版新冠肺炎防控方案等。问题：分析中国抗疫举措蕴含的哲学智慧。	哲学模块：发挥主观能动性与尊重客观规律相结合，一切从实际出发、实事求是，实践与认识的关系，真理的属性，在实践中认识、发现、检验和发展真理，联系观、发展观、矛盾观，人民群众是历史的创造者，价值观的导向作用，正确的价值判断与价值选择应自觉站在最广大人民立场上等。	政治认同、科学精神、法治意识、公共参与、综合能力、高阶思维

1.课程载体案例化

案例是综合性教学和跨模块项目式学习的重要载体，优化案例的关键在于优化情境的功能，案例中的情境内容要典型、生动、丰富、结构化，紧扣项目议题，与课程目标相匹配，可着眼于同一课程模块的内容，综合不同的学科核心素养（如案例3、案例5）；或着眼于同一学科核心素养，综合不同课程模块的内容（如案例1、案例2、案例4）；或着眼于不同学科核心素养，综合不同课程模块的内容（如对案例1、案例2、案例3、案例4、案例5跨案例分析）。案例中有效问题的设计要具有开放性，能提供综合视点，指向综合能力、高阶思维和学科核心素养。

2.采用案例间横向分析技术，即跨案例分析法

综合性案例文字篇幅过长，给团队分工和项目成果展示带来不便，操作难度较大，可以按照"综合—分析—综合"的思路，围绕子议题，将综合性案例分解为多个结构化案例，在相对独立的案例分析的基础上，将多案例研究成果进行归纳总结，得出普遍性、深刻性、全面性、系统性的结论，更好拓展课程理论的解释力，提升案例分析的效度。通过对"从中西方抗疫看中国政治制度优势、从中西方抗疫看中国经济制度优势、法治为中国抗疫护航、抗疫大考折射中华文化力量、中国抗疫彰显马克思主义哲学的真理力量"五个跨案例分析，可以让学生从政治、经济、法治、文化、哲学视角，对"中国抗疫的成功密码"进行全方位系统性总结，从而推进深度学习。

3. 案例分析学理化

案例分析学理化即通过分析案例中的问题情境，揭示事物现象背后蕴含的本质规律、思想理论和学术真理的过程和结果。习近平总书记说，要以透彻的学理分析回应学生，以彻底的思想理论说服学生，用真理的强大力量引导学生。在进行学理分析时，要注意以下几点：一要坚持政治性、学理性与事实性相统一，坚定政治立场，以客观事实为佐证，理论联系实际，运用马克思主义理论、观点与方法对不同课程模块内容进行学理分析。二要坚持价值性与知识性相统一，在运用课程模块知识分析解决问题中，凸显主流核心价值，作出正确的价值判断和价值选择。三要坚持批判性与建设性相统一，要揭示中西方疫情防控效果巨大差别背后的学理依据，在比较鉴别中论证中国制度优势。四是坚持主导性与主体性相统一，既要鼓励学生对案例分析讨论，鼓励同学质疑互动、学术争辩、展示项目学习成果，又要深刻把握思政课的政治属性和价值属性，还要提示、补充、纠正思考问题的视角与方法。

（四）项目评价：关注综合能力发展水平，以培养学科核心素养为根本宗旨

项目评价是对跨模块项目式学习过程与效果的反馈反思，评价量表是评价的重要工具，其设计时应注意以下几点。

一是坚持发展性原则。以课程目标为导向，抓住关键维度，综合反映学生的学科核心素养、综合能力和高阶思维发展水平。

二是坚持合理分类、优化整合原则。教师需要厘清综合能力的概念和内容、综合能力与核心素养的关系以及评价维度的分类整合问题。综合能力是人在真实的问题情境中综合运用多种知识技能执行与完成学科任务所表现来的应用水平。从内容上来看，它是多层次的、立体的，高中思想政治学科综合能力体系主要包括：理论思维能力、知识整合能力、辩证思维能力、逻辑思维能力、创造性思维能力、价值判断力、社会参与能力等。这些综合能力与高阶思维能力中的分析、综合、评价、创造，尤其是问题求解、决策能力和批判性思维能力是一致的。高中思政课学科核心素养是对人的正确价值观、必备品格和关键能力的综合与凝练，综合能力彰显了学科核心素养培育要求，二者存在高度关联，在设计评价量表时可以分类整合。如社会参与能力是公共参与素养的体现；理论思维能力、知识整合能力、辩证思维能力、创新思维能力、逻辑思维能力、价值判断力是科学精神的具体体现（见表2-14）。

表2-14　跨模块项目式学习综合能力评价量表

一级维度	二级维度	评价标准	等级
政治认同度	制度认同度	认同中国特色社会主义经济制度和政治制度具有巨大优越性，能够坚定制度自信。	
	文化认同度	认同中华优秀传统文化、中华民族精神、社会主义核心价值观在抗疫中发挥的重要作用，能够坚定文化自信。	
	理论认同度	马克思主义哲学和中国特色社会主义理论具有巨大的真理力量，能够坚定理论自信。	
	政党认同度	认同坚持党的集中统一领导是中国抗疫成功的最大优势。	
	政策认同度	认同党的抗疫战略方针、政策和总要求。	
	理念认同度	认同人民至上理念和人类命运共同体理念。	
	法治认同度	认同全面依法治国具有切实保障社会公平正义和人民权利的显著优势。	
科学精神	理论思维能力	能熟练运用马克思主义及其中国化创新理论的基本原理、立场和方法科学阐释、论证中国抗疫成功的原因。	
	知识整合能力	能综合运用政治、经济、法治、文化、哲学模块知识科学系统分析中国抗疫成功的原因。	
	辩证思维能力	能运用整体观和系统观深刻认识中国抗疫举措。	

一级维度	二级维度	评价标准	等级
科学精神	辩证思维能力	能用发展的观点分析抗疫中的困难与前景。	
		能用矛盾分析法阐释中国抗疫的成功举措。	
		能对西方国体政体、经济制度、政党制度、联邦制批判质疑。	
	创新思维能力	善于猜想发散,能多角度提出解决问题的策略措施。	
		善于打破常规思维,能为项目解决提出新颖的思路和方法。	
		当探究项目遇到困难时,能坚持不懈地探索。	
	逻辑思维能力	善于用学科知识去判断、比较、推理、演绎、论证。	
		能从案例或情境材料中归纳和提炼学科知识。	
		能用"论点+论据"形式准确而有条理地表达自己的思维过程。	
	价值判断能力	能摒弃"资本至上论",坚持人民至上的价值判断与选择。	
		能正确辨别抗疫中的善恶美丑行为,由衷赞美最美逆行者,能自觉践行社会主义核心价值观。	
法治意识	法治素养	能遵守与抗疫相关的法律法规,依法行使权利、履行义务。	
		能深刻理解法治是治国理政的基本方式,法治让社会更美好。	
公共参与	社会参与能力	积极参与抗疫实践,具有集体主义精神,勇于承担社会责任。	
		团队中的成员对话协作,都为项目成果作出了有价值的贡献。	

注:等级 A(90—100分)、B(80—89分)、C(70—79分)、D(60—69分)、E(小于60分)

　　三要坚持具体性和区间化原则。即评价标准的内容要具体明确,提高针对性,避免使用模糊词语,评价等级区间化,让学生准确地进行自我评价和自我反思,客观反映学习表现和能力素养发展水平。

教 学 篇
互动：让课堂教学更精彩

常言道：教学有法，教无定法，贵在得法。一个真正的教学名师最突出的特征就是具有个性化的教学风格、教学方法、教学专长等。"教学篇"着重阐述笔者多年以来在中学思想政治课教学实践中探索与建构的一种彰显基础教育新课程教育理念与价值追求的教学方式与方法——"中学思想政治课3446型互动式教学模式"（以下简称"互动式教学模式"）。该教学模式作为一种教育教学实践成果，既有丰富的教育理论指导，也有很强的实践性与可操作性，可供广大中学思想政治课教师在教学实践中学习借鉴并进一步发展完善。

——题记

■ 第三章 "互动式教学模式"的基本背景与探索建构

> 内容提要:"互动式教学模式"是在全面推进素质教育的社会历史文化背景、实施基础教育新课程改革的教育背景、促进学生全面发展的学校课堂生态背景等基本背景下提出来的,顺应了经济社会和教育发展的时代要求,具有一定的客观必然性。"互动式教学模式"立足中学思想政治教育教学实践,有一个具体探索和建构的演进过程,笔者以承担省级课题研究为契机,进行实验、梳理、论证和总结,使之更具实践性、科学性、普适性和可操作性。

"互动式教学模式"与"新版课标"倡导的"综合性、活动型学科课程"教学理念高度契合,是学习贯彻落实习近平总书记在学校思想政治理论课教师座谈会上突出强调的"推动思想政治理论课改革创新"要求的典型实践探索。

第一节　"互动式教学模式"的基本背景[①]

一、全面推进素质教育的社会历史文化背景

（一）知识经济时代，实现科技创新对创新型人才的要求

21世纪人类进入知识经济时代，知识经济已成为经济社会发展的主流和国家竞争力的核心。知识经济所依赖的是知识生产、分配、使用，知识成为经济增长最具决定性的因素，其核心的特征是知识创新，而知识的创新需要大量的创新人才。因此，培养具有核心素养的创新人才是国家和民族发展知识经济，推动科技创新，实现科技自立自强，提高国际竞争力的关键因素与核心要义。

当前，人类进入万物互联的时代，科学技术的更迭前进推动人类文明发展的同时，也对创新人才的培养提出了更具时代特征的新要求，同时也为人才的培养提供了前所未有的强大技术支撑条件。互联网、大数据和人工智能等，可以在较短的时间内将目标明确的学习内容复制记忆、分析处理、整合提炼，在算力、大数据意义上已经远超人类大脑。在完成规则和目标确定的任务上，人工智能已经可以超越人类智能，这必然导致一些流程化和重复性的工作岗位会被替代。与此同时，思想维度上的整体性、批判性、创新性，以及与团队合作所需要的交流协作能力恰恰是人工智能的弱项。这有效激发了教育变革的巨大潜能，引导着教育理念从"知识本位教育""能力本位教育"向"素养本位教育""社会本位教育"转变，促使教师注重教学和课堂的多样化，促进教师从单向传授转向教师、机器与学生的自然交互，运用互联网、大数据、人工智能技术等全方位改造育人生态，从而建立促进学生个性发展和全面发展的高质量教育体系。教育者要在人工智能技术的支持下，实现学习者和学习服务的交流、整合、重构、协作、探究和分享，注重学习

[①] 该部分内容的合作者为芜湖市"王为民名师工作室"研修成员、芜湖市第十二中学王华宝老师，有改动。

者学习过程中知识、身体、心理状态的诊断和反馈，促进学习者整体性思维能力、批判性思维能力、面向未来的创新力、合作交流能力等关键能力与综合素养在实践中得到生发、厚植和滋养。

可见，进入新世纪，我国大力倡导发展素质教育，这是顺应知识经济时代的必然要求。只有全面发展的人，才能担当起我国科技自立自强的使命责任。

（二）进入新时代，实现我国经济社会高质量发展对高素质人才的要求

实现中华民族伟大复兴的中国梦，关键靠科技，基础在教育，归根结底是人才。进入新时代，我国正处在全面深化改革的关键阶段，踏上建设社会主义现代化强国的第二个百年奋斗目标新征程，科教兴国战略、人才强国战略和可持续发展战略全面实施，经济建设、政治建设、文化建设、社会建设以及生态文明建设全面推进，工业化、信息化、城镇化、市场化、国际化深入发展，经济社会发展进入由高速增长转向高质量发展的新阶段。在经济社会高质量发展阶段，我国实现生产要素投入少、资源配置效率高、资源环境成本低、经济社会效益好的科学发展，这要求我们必须以建设现代化经济体系为目标，以科技为第一生产力，以创新为第一动力，以人才为第一资源，推动经济发展质量变革、效率变革、动力变革，通过供给侧结构性改革，挖掘人力资本潜能，提升供给体系质量和效率。这些都凸显了提高国民素质、培养高素质人才的重要性和紧迫性。为此，习近平总书记在党的二十大报告中明确提出，教育、科技、人才是全面建设社会主义现代化国家的基础性、战略性支撑。加速人力资本积累，培育适应社会发展需要的创新型人才；优化人力资本结构，使之更好地与产业结构升级相匹配；不断改进创新制度环境，完善创新激励制度，最大限度激发人才创造力等举措已经成为我国当前教育改革的重大背景和方法论要求。

可见，进入新时代，大力发展素质教育，培养高素质人才，提高劳动力质量，集聚具有创新性、创造性的人力资本，成为顺应我国经济社会转型升级、提质增效，推动我国经济社会高质量发展的必由之路。

二、实施基础教育新课程改革的教育背景

（一）贯彻落实党的教育方针和根本任务的新实践

促进人全面发展的教育方针和立德树人的根本任务引领、推动着基础教育新课程改革。党的十八大报告提出把立德树人作为教育的根本任务。2018年，习近平总书记在全国教育大会的重要讲话中强调，坚持中国特色社会主义教育发展道路，培养德智体美劳全面发展的社会主义建设者和接班人。立德树人，就是要求培养德才兼备、德智体美劳全面发展的人。实现人的全面发展是马克思主义的基本立场，也是社会主义教育的根本目标。国家发展所需要的人才不仅要具备丰富的知识、优秀的技能，更需要拥有坚定的理想信念、高尚的道德修养、健康的人格品质。

为了在课堂教学层面具体贯彻落实党的教育方针和立德树人根本任务，2019年6月23日，《中共中央 国务院关于深化教育教学改革全面提高义务教育质量的意见》提出，优化教学方式，注重启发式、互动式、探究式教学。2019年9月18日，教育部等五部门印发《关于加强新时代中小学思想政治理论课教师队伍建设的意见》，提出不断提高中小学思政课教师思想政治素质、师德修养、理论功底和专业素养，切实增强教师的职业认同感、荣誉感、责任感，充分发挥教师的积极性、主动性、创造性。2020年《求是》第17期刊发重要文章《思政课是落实立德树人根本任务的关键课程》。其中，在第三个问题"推动思想政治理论课改革创新，不断增强思政课的思想性、理论性和亲和力、针对性"中提出，很多学校在思政课上积极采用案例式教学、探究式教学、体验式教学、互动式教学、专题式教学、分众式教学等，运用现代信息技术等手段建设智慧课堂等，取得了积极成效。从习近平总书记的重要讲话精神到党和国家的重大教育决策，都不约而同对思政课教师素养提出了新要求，这充分证明思政课教师要在课堂教学实践层面贯彻党的教育方针和落实立德树人根本任务。

（二）基础教育新课程进入全面深化改革阶段的新使命

课程教学改革是满足人民对美好生活需要的应然之举。教育是民生之首。随着经济发展水平和人们收入的不断提高，人们的美好生活需要已经并将越来越多地表现在对美好教育的需要上。教育结构单一、供给方式呆板、资源分配不均、课程内容缺乏吸引力、教学方式缺乏综合性互动性等是我国当前教育所面临的难题。高中学生生理上正处于青春发育期，记忆力、理解力、思维能力极大提高，大脑神经系统基本成熟，自我意识大大增强，感觉、知觉灵敏度不断增强，逻辑思维能力逐步占主导地位，开始以批判的眼光来看待周围的人和事物，有独到见解，喜欢质疑和争论。坚持以学生为中心，充分调动学生的积极性、主动性，促进学生全面发展已成为我国教育的使命责任和价值追求。课程改革是一项系统性工程，不仅需要破除体制机制弊端，改善教育管理，促进均衡发展，也需要改革教学内容和教学方式，激活课堂生机，提升课程的综合性、系统性、互动性，构建适应学生心理需求、促进学生健康发展的教育生态。

当前的基础教育新课程改革不仅要求把育人的中心任务融入教育政策的顶层设计和具体执行之中，同时要贯彻到学生管理、课程设置、教材编写、师德建设、教学改革等各个环节中去。其中，在教学改革中关于改进教学方法，《基础教育课程改革纲要（试行）》明确提出："教师在教学过程中应与学生积极互动、共同发展，要处理好传授知识与培养能力的关系，注重培养学生的独立性和自主性，引导学生质疑、调查、探究，在实践中学习，促进学生在教师指导下主动地、富有个性地学习。教师应尊重学生的人格，关注个体差异，满足不同学生的学习需要，创设能引导学生主动参与的教育环境，激发学生的学习积极性，培养学生掌握和运用知识的态度和能力，使每个学生都能得到充分的发展。"

为了有效衔接培养总目标和课程实施要求，基于学科本质和独特育人价值凝练而成的学科核心素养是基础教育新课程改革进入新阶段的最大亮点和热议话题。课程标准作为课程改革的重要标志，"新版课标"倡导的学科核心素养理念驱动着课程教学的深度调整。学科核心素养是人才培养所应达到的质量标准在学科层面的独特性表达，旨在使学生通过特定学科知识、技能的学习，思想、价值的领悟，方法的习得，态度、情感的熏染而获得面对自我、他者以及世界所应具备的重要思维品质、观念和能力，具有时代性、综合性、复杂性等基本特征。2014年，教育部印发《关于全面深化课程改革落实立德树人根本任务的意见》指出，把核心素养和学业质量要求落实到各学科教学中，促进学生全面发展。2020年6月，"新版课标"强调，高中思想政治课程是落实立德树人根本任务的关键课程，将学科核心素养概括为政治认同、科学精神、法治意识和公共参与，明确提出了综合性活动型学科课程性质、互动的教学方式，要通过议题的引入、引导和讨论，推动教师转变教学方式，使教学在师生互动、开放民主的氛围中进行。为适应新课程改革的要求，我们更需要转变课程理念，深研课程标准，精读教材文本，改革教学方式，落实教学评价，优化教学目标，科学设定议题，精心整合情境，合理设置活动，以推进高中思想政治课教学的综合性、互动性改革，让新课程、新教材、新高考所彰显的新理念在课堂落地生根，促进学生全面发展，培育担当民族复兴大任的时代新人。

可见，基础教育新课程进入全面深化改革时代的新使命就是以人民为中心，不断满足人民日益增长的对美好教育的需要。"互动式教学"作为实施基础教育课程改革的基本策略、培育学科核心素养的基本路径，能够彰显学生的教学主体地位，促进学生的全面发展，与基础教育新课程改革倡导的理念与要求高度契合。

（三）科学完善人才选拔与评价体系的新要求

高考评价体系指挥着课堂教学的升级转向。为落实《国务院关于深化考试招生制度改革的实施意见》，教育部考试中心组织相关领域专家进行调研论证，历时数年，研制完成了《中国高考评价体系》。相关负责人表示，高考评价体系依据高校人才选拔要求和国家课程标准，从深化高考内容改革、衔接高中育人方式改革进行顶层设计，构建全面考查的内容体系，是一个以价值为引领，系统、科学、创新的评价体系，实现了高考的三个转变。具体而言，在教育功能上，实现了高考由单纯的考试评价向立德树人重要载体和素质教育关键环节的转变；在评价理念上，实现了高考由传统的"知识立意""能力立意"评价向"价值引领、素养导向、能力为重、知识为基"综合评价的转变；在评价模式上，实现了高考从主要基于"考查内容"的一维评价模式向"考查内容、考查要求、考查载体"三位一体评价模式的转变。高考评价体系的研制，不仅有效地衔接基础教育与高等教育培养目标，确立了高考内容改革和命题工作的理论框架，为今后高考内容改革和命题工作提供理论支撑和实践指南，而且引导着教学内容和教学方式的变革，为课堂教学的综合性互动性评价提供基本遵循和方向指引。

三、促进学生全面发展的学校课堂生态背景

基础教育新课程改革的关键在于通过教育教学主渠道实施，教育教学实施的关键在于基础教育新课程理念转化为教师教育教学行为。通过多年的新课程教育教学改革实践，广大基础教育工作者积极实践新课程理念，努力转变教师课堂教学行为、教师专业发展方式和班级管理方式，不断为新课程改革注入新的生机和活力。但是，传统教育观念、社会现实制约因素、学校单一教育评价方式、教师定式教学行为等在一定程度上制约着基础教育新课程改革，基础教育新课程实验过程中，一些教师教育教学行为背离素质教育本质要求的现实表现及其成因，突出体现在以下几个主要方面。

（一）反思我国传统教育对学生全面发展的影响

当前基础教育阶段，一些教师教育教学行为受传统教育教学的思维惯性、教师教学行为的惰性、考试和教学评价的滞后性、教学条件差异性和社会生存环境的复杂性等主客观因素影响，基础教育新课程改革实施过程中最大最突出的问题是教育教学思想观念与行为上存在着典型的"穿新鞋走老路"现象，即"以传统教育教学思维实施新课程教育教学"，教师教育教学行为还明显落后于新课程改革政策环境和理论预期，也滞后于素质教育的实施要求。新的教学理念与要求"改不动、改不了、改不成"，课堂教学"以考定教、为考而教"问题突出，这种"灌输式的线性教学"既缺乏科学性即根本违背教育规律和人的认知规律，也淡化人文性即"没有以学生为中心，

不能真正促进人的全面发展"，只注重学生学习成绩的眼前利益，忽视学生全面发展的长远根本利益。

（二）透视我国当下思想政治课堂教学的现状

当前，中学思想政治课教学存在的突出问题是缺乏互动性，课堂生态环境处于"失动"的不平衡状态。究其原因，主观上是教师常常抱怨学生缺乏互动参与的意识、能力和热情，客观上是课堂教学时间紧、任务重，学生没有互动参与的机会。在普遍缺乏互动性的课堂教学中，教师只注重"教"而忽略学生的"学"，势必陷入灌输式的传统课堂教学。一方面，灌输进去的只可能是知识，不可能培养能力和形成情感态度价值观，这在根本上是违背思想政治教育规律的，最终也会影响思想政治课教学效果；另一方面，基础教育新课程理念和实施要求不能得到有效贯彻和落实，无法激发学生学习的自主性和能动性，也就无法培养学生"学会学习"的能力，不利于学生未来的可持续发展。

（三）思想政治课堂教学生态处于"失动"状态的归因分析

1.功利化、短视化、片面化的教学思想制约着课堂生机的焕发

在实践中，部分教师追求"知识提纲""背诵宝典"等片段化知识梳理，完全忽略学生的思维认知规律，功利化、短视化、片面化的教学思想让思想政治课堂色彩暗淡。为了实现理论传授的"高效化"，有些课堂教学缺乏情境或情境组织碎片化，互不关联的案例让知识零散呈现，忽视了学科逻辑，让学生无法形成系统性、科学性思维方法。简单问答式教学活动看似节约了课堂教学时间，实则是教师"一言堂"，没有充分调动学生的课堂积极性、主动性，不符合新课改所倡导的让学生主动建构知识和思维的基本理念，课堂的活力和吸引力进一步下降。基于此，广大教师需要采取互动式教学方式，创设教学情境，开展结构化、多样化、开放性的教学活动，实施积极教学评价，通过革新课堂教学，有效避免课堂的"空挂"，促进思想政治学科扎根于生活，培育学生综合素养，充分坚持学生课堂主体地位，让思想政治课堂焕发新的生机与活力。

2.浅层化的课改理念阻碍着课堂教学的革新

自新课程标准和新教材实施以来，广大教师在课堂积极探索议题式教学、活动型课程教学等新形式。然而，当前教学中仍存在少数教师机械套用或照搬情境式教学、主题式教学，抑或"空有议题""有题不议""有议不聚"等情形，由此所产生的种种"换汤不换药"的难题，归根到底是部分教师对于新课标的解读不精准、理解不深入、把握不到位等所导致，让课堂缺乏新风，失去魅力。新课程标准所倡导的综合性、活动型课程，其教学情境具有复杂性、结构性、关联性、引领性等特征，课堂教学活动的开展应具多样性、开放性、创新性、可操作性，教学评价要彰显全面性、针对性、客观性、发展性。采取情境创设的综合性教学形式，实施互动式教学，深度解读和应用新课程理念，革新浅层课堂教学形态，才能使高中思想政治课程本质凸显、活力绽放、历久弥新。

3.简单化的评价方式影响着学生风采的展示

课堂是学生认知发展的基本场域、能力提升的关键平台、情感丰沛的幸福港湾。教师要着眼于学生的全面发展，搭建学生展示自我的舞台，给予学生客观真实、引领发展的评价，促进学生综合素养的生成、厚植。当前课堂教学活动中，仍然会有部分教师不愿组织有效教学活动，害怕"耽误课堂教学进度"；部分教师在学生回答问题时，只有简单的诸如"好""不错"之类的口头赞许，并无实质引导与分析；在学生的学业评价中，部分教师只是简单地用纸笔测试的成绩评定学生一学期或半学期的努力。基于此，改革先行的课程评价体系，发挥课程及课堂评价发展性、引领性的功能，促使学生实现真实成长、全面发展便成为当务之急。

互动的节目更精彩！互动的课堂更高效！综上所述，"互动式教学模式"是在我国大力推进素质教育、深化基础教育新课程改革和推动思想政治理论课改革创新的社会历史文化背景下应运而生的一种教学方式与方法。"互动式教学模式"既有基于现实工作与生活中的成功案例，如"背做改问+自主评讲"展现思维过程的互动式作业，取得较好的课堂教学效果；也有"有事说事，没事说学"的互动交流式散步，融思想、心理、学习于一体的家庭教育方式，取得较好的教育子女的效果。因其源于课堂、回归课堂，基于学生、为了学生，"互动式教学模式"充满生机活力。

第二节　"互动式教学模式"的探索建构

从事中学思想政治教育教学以来，我深刻感悟到，"思维着的精神是地球上最美的花朵"。人的思想复杂神奇、多样多变，做好人的思想政治教育工作是一门科学，也是一种艺术，既富有强烈的挑战性，也蕴含丰富的智慧。由于思想政治教育对象是活生生的人，人的思想具有独立性、选择性、多样性、差异性等特征，能否将思想政治教育做到人的心坎上，具有教育的针对性，能否让思想政治教育真正打动人心，达到教育的实效性，一直以来是教师在思想政治教育教学实践中摸索探究解决的课题。言与言的沟通，行与行的交往，知与知的理解，心与心的交流……师生之间双向互动的交流、交往、交融逐渐成为思想政治教育的教学特色，"互动式教学模式"逐步成为个性化教育教学方式方法。

在长期积淀的中学思想政治教育教学实践经验的基础上，笔者于2013年申请安徽省教育科学规划课题项目，"中学思想政治课互动式教学模式"系编号为JG13404的"中学思想政治（品德）高效课堂教学模式研究"[①]省级立项课题研究成果。以省级课题研究为契机，全面实验、梳理、论证、总结"互动式教学模式"，使之更具实践性、科学性、普适性和可操作性。

一、研究过程与特点

自2013年11月至2016年11月，课题组按照"注重实效、形成特色、打造精品、创立品牌"的总体构想，遵循"提出问题、分析问题、提出假设、检验假设"的研究思路，科学有效、扎实有序推进课题研究。

---

① 本课题的合作者为芜湖市教育科学研究所俞宏胜老师。

（一）课题研究的推进过程

1.课题开题阶段

2014年3月11日，课题组举行"中学思想政治（品德）高效课堂教学模式研究"开题报告会。

2.课题推进阶段

（1）课题调研

围绕中学思想政治（品德）课堂教学每一环节，设计教师和学生调查问卷。2014年4月8日，召开课题推进会（之一），论证完善调查问卷；2014年9月9日，面向教师311人和学生1998人发放调查问卷；10月11日，召开课题推进会（之二），进行调查数据统计分析。本阶段的核心任务是，力求通过课堂教学全要素调查研究与诊断分析发现影响课堂教学有效性与高效化的实证因素。

（2）提出并论证假设

2015年2月10日，全体课题组成员召开课题推进会（之三），研讨中学思想政治（品德）高效课堂教学模式——"互动式教学模式"的科学性、可行性、可操作性。

（3）课堂教学实验

市级公开课——面上示范辐射带动。自2013年11月至2016年11月，课题组通过芜湖市教科所（教研室）发出教研通知，共开设42节实验课，通过不同区域的"同课异构"，市级学科带头人与优质课获奖选手的"展示课"，专项教研"示范课"等实验课形式，涉及"情境教学之探讨""运用信息技术提升课堂教学中的有效性研究""电子白板在思想品德学科中的有效运用""基于微课教学与常规教学比较研究""信息技术在课堂教学中有效运用展示课""微课在课堂教学有效应用示范课"等思想政治高效课堂研究主题，对全市在面上扎实有序推进"互动式教学模式"研究和实践起到了很好的示范、辐射和带动作用。

名师工作室——点上深入对比实验。自2014年12月芜湖市教育局评选成立"王为民名师工作室"至今，工作室全部研修人员及其所在学校在点上具体承担"互动式教学模式"的常态化教学实验任务，其中共有9人次开设了9节实验观摩课及教学评价研讨活动，较好地深化了课题研究任务。

根据中学思想政治课"3446"型"互动式教学模式"，制定中学思想政治课"互动式教学模式"评价量表。该量表历经课堂教学的多次检验与修订，使得"3446"型"互动式教学模式"可以外化、量化课堂教学指标，形成自己的评价体系。

（4）中期汇报

2015年9月29日，召开课题推进会（之四）——课题研究中期汇报会。

（5）反思总结

2016年2月至5月，每位课题实验人员根据自己在实施"互动式教学模式"中形成的教学特色与教学特长，全面总结教学经验与心得体会。2016年3月8日，召开了全体实验人员的教学经验与心得体会交流研讨会。在此基础上，2016年5月20日，9位课题实验人员全部提交了以"互动式教学模式"为主题的展现自己互动教学特色的研究论文。2016年6月20日前，9位课题实验人员全部提交了2015年1月至2016年6月共计3个学期、6次期中期末考试成绩的实验数据，经过统计分析，这些数据客观如实地反映了本课题核心成果"互动式教学模式"在课堂教学实践中的实验效果。

3.课题结题阶段

2016年6月底至11月，收集整理课题实验的过程性材料，总结形成课题研究结题报告。

（二）课题研究的特点

1.高起点规划，科学有序推进

课题组按照"注重实效、形成特色、打造精品、创立品牌"的总体构想，遵循"提出问题、分析问题、提出假设、检验假设"研究思路，召开了课题开题会、课题推进会、中期报告会、实验观摩研讨活动等，确保课题研究有计划、有步骤、有思路、有主题，做到研究思路明确，程序严谨，从而在高起点上推进课题研究科学有效、扎实有序展开。

2.坚持实证研究与行动研究相结合

课题组立足实践研究，坚持问题导向，通过对311名教师和1998名学生问卷调查，实事求是地全要素调查研究与诊断分析当前中学思想政治课教学实践中存在的典型问题，在实证分析的基础上提出解决问题的假设，并经全体课题组成员的深入论证，最终将高效课堂教学模式的实施路径确定为"互动式教学模式"。同时，课题组通过开设实验研究观摩课，既有面上示范辐射带动，也有点上深入对比实验，在课堂教学实践中检验、发展和完善"互动式教学模式"。

3.坚持定性研究与定量研究相结合

课题组通过定性研究，提出"互动式教学模式"，实施有效教学，打造高效课堂。根据中学思想政治课"3446"型"互动式教学模式"，制定"中学思想政治课互动式教学模式"评价量表，历经课堂教学的多次检验与修订，使得"3446"型"互动式教学模式"可以外化、量化课堂教学指标，形成自己的评价体系。

4.坚持理论研究与实践研究相结合

本课题研究过程做到了"有理"即理论研究与"有据"即实践研究的有机统一。一方面，通过调查研究，在实证分析的基础上提出了"互动式教学模式"的理论模型，并开发制定中学思想政治课"互动式教学模式"评价量表。另一方面，在此指导下，积极将理论研究成果及时应用到课堂教学实践中，以客观真实的课堂教学成绩数据印证"互动式教学模式"的教学效果。

二、研究目标

课题研究的理论层面目标。通过问卷调查，探究影响和制约中学思想政治（品德）课堂教学高效性的基本因素，并提出构建高效课堂教学模式的基本模式、基本流程。

课题研究的实践层面目标。通过具体的中学思想政治（品德）课堂教学实践，分析论证、总结概括，形成可复制、可推广的高效课堂教学模式的实施策略与典型教学案例及评析，使之能够在更大范围加以推广和应用。

三、研究内容

围绕本课题的研究目标，可以将本课题的研究内容细化为环环相扣、紧密联系的以下几个方面：

现状问卷调查。针对当前中学思想政治（品德）课堂教学的现状，设计教师和学生调查问卷，探究影响和制约中学思想政治（品德）课堂教学高效性的基本因素。

一般模式建构。根据问卷调查得出的基本结论，提出构建中学思想政治（品德）高效课堂教学的基本流程和基本架构。

典型模式实施。依据本课题研究所提出的中学思想政治（品德）高效课堂教学的基本流程和基本架构，通过具体的课堂教学实践，分析论证、总结概括出具有一定典型代表性的高效课堂教学模式及其实施策略与典型教学案例。

论证评析推广。通过召开课程专家论证会、教师学生座谈会等方式，论证、评析中学思想政治（品德）高效课堂教学基本模式及其实施策略与典型教学案例，以便于修改完善，并在课堂教学实践中加以推广应用。

四、研究思路与方法

（一）研究思路

遵循"提出问题、分析问题、提出假设、检验假设"的研究思路，科学有效、扎实有序推进课题研究进展。

1.现状问卷调查

针对当前中学思想政治（品德）课堂教学的现状，设计教师和学生调查问卷，探究影响和制约中学思想政治（品德）课堂教学高效性的实证因素。通过对教师和学生问卷调查的数据统计结果（见表3-1、表3-2）分析可知，当前，中学思想政治课教学存在的突出问题是缺乏互动性，课堂生态环境处于"失动"的不平衡状态。

表3-1 教师调查问卷及统计结果

教学要素	调查内容	调查结果（已经做到）
教学设计	科学规范、合理规划设计教学过程,预设学生参与教学活动的时机,尊重和保障学生的主体性,彰显课堂教学的民主化。	37.6%
教学目标	科学确立"三维教学目标",并在教学过程中全面真正具体落实"三维教学目标"。	43.4%
教学内容	能够活化教材,灵活处理教材内容,创新教学内容的组织和处理,体现课堂教学的艺术化。	37%
教学情境	坚持正确的价值导向,做到"教学内容情境化,教学情境内容化",构建学生有效参与教学和"学会学习"的载体,回归课堂教学的生活化。	37.9%
教学手段	对于容量较大的教学内容,适时适度适当采用现代教育技术等教学手段,尽可能当堂完成,提高教学效率,增强教学效果。	43.7%
教学参与	为学生参与课堂教学创造机会,经常安排学生自主学习相关教学内容;探究思考有价值的教学问题;组织开展教学活动,实现师生、生生互动,突出学生主体地位。	31.5%
师生关系	在教学过程中协调学生活动、激励学生参与、平等倾听对话、引导学生意义建构,形成民主平等和谐的师生关系,以教导学,彰显教师主导作用。	45%
教学评价	实施积极教学评价,把握学生心理需求,善于抓住有利时机,及时表扬学生,激发学生学习思想政治(品德)的兴趣、激情,增强学生有效参与教学和"学会学习"的自我效能感,积极主动融入教学过程。	39.5%
生活经验	通过沟通交流、调研调查等便捷方式,了解、关注学生的生活经验,充分发挥学生生活经验对理解教学内容的能动作用以及对课堂教学水平的定位作用,真正做到以学定教,从学生实际出发;同时,有机融入教师的生活经验,促进学生理解和掌握知识。	36%
课程资源	开发和利用鲜活的课程资源,及时了解和掌握国内外重大的时事政治、重要的社会现实生活问题、身边乡土资源等,有机融入课堂教学,增强思想政治(品德)课教学的时代性、实践性、生活性、体验性。	37%
学习指导	具备较强的指导学生"学会学习"的能力,培养学生终身学习的习惯和能力。	31.8%

表3-2　学生调查问卷及统计结果

学习要素	调查内容	调查结果（已经做到）
学习参与	能够紧跟老师的教学思路，积极思考并回答问题，主动参与老师组织开展的课堂教学活动。	38.6%
学习方法	能够从自身特点出发，不断总结摸索，形成掌握一套记忆、理解和运用思想政治（品德）知识的行之有效的学习方法以及解题的规范、技巧、思路，经常运用所学知识解释、解决生活中的问题，做到融会贯通。	25.7%
自主学习	面对思想政治（品德）老师的提问或在思想政治（品德）学习中遇到的难题时，能够迅速开动脑筋，坚持不懈，独立思考解决问题，做到自主学习。	26.5%
合作学习	在思想政治（品德）小组合作学习中，能够积极参与，发挥自己的长处，作出自己的一份努力与贡献。	28.3%
探究学习	对思想政治（品德）未知领域充满好奇心，努力尝试通过适当的方式探究其中的原委与奥秘。	29.2%
思维过程与方法	在解答与解决思想政治（品德）问题过程中，能够展现思维过程与方法。	24.8%
发散性思维	时常有一些关于思想政治（品德）学习的奇思妙想，不满足于既定的答案，能够举一反三，尝试用不同的方法去解决思想政治（品德）学习上的某些问题。	19.6%
批判性思维	对思想政治（品德）老师或书本上出现的错误或疑问，能够大胆提出质疑并求证，敢于表达自己不同的意见、观点和见解。	20.8%
合作与分享	在思想政治（品德）学习上遇到的各种问题，不会轻易放弃，喜欢和同学、老师讨论交流；不封闭保守，心胸开阔，乐于和同学分享自己学习上的成功经验，做到资源共享、合作愉快、共同进步、共同提高。	32.7%

通过思想政治（品德）课堂教学全要素调查研究与诊断分析，从而发现影响课堂教学有效性与高效化的实证因素。在教师方面，围绕师德修养、教学理念、教学设计、教学行为、教学环境、教学素养、教学研究等七大方面，问卷共设计26题，其中有11个因子为影响课堂教学的直接因素，形成表3-1；在学生方面，围绕学习思想、学习行为、学习方法、学习方式、学习思维、学习习惯、学习心理、学习品质等八大方面，问卷共设计25题，

其中有9个因子为影响课堂教学的直接因素，形成表3-2。在教与学中，共有的因子为"教学参与"或"学习参与"，调查结果（已经做到）分别为31.5%或38.6%，由此得出：当前中学思想政治（品德）课教学存在的突出问题是缺乏互动性，课堂生态环境处于"失动"的不平衡状态。

2.一般模式建构

根据问卷调查得出的基本结论，提出构建中学思想政治（品德）高效课堂教学的基本教学模型架构及其实施流程。中学思想政治（品德）课"互动式教学模式"是以民主平等和谐的新型师生关系、生活化的教学情境与师生的生活经验为互动条件，以教育合力、教育张力、教育辐射力与教育影响力为内生动力，以师生互动、生生互动、人机互动、人本互动为外在互动形式，以知识互动、语言互动、行为互动、情感互动、思维互动、思想互动为内在互动内容，从而构成"3446"型互动式教学机制。

3.典型范式实施

依据本课题研究所提出的中学思想政治（品德）高效课堂教学的基本教学模型架构及其实施流程，通过各位实验教师具体的课堂教学实践，总结概括出具有各自教学特色与一定典型代表性的高效课堂教学典型范式及其教学案例，并加以诠释论证。承担"互动式教学模式"课堂教学实验任务的9位教师，在"互动式教学模式"基本架构与实施流程的引领下，结合自身的教学特色、教学风格，形成了各有侧重的互动式教学范式。例如，王华宝、马元刚老师的"基于翻转课堂互动"教学范式，黄金树、鲁继松老师的"生生互动"教学范式，蔡峰老师的"情感互动"教学范式，任太平、王珏老师的"人机互动"教学范式，郗立群、吴徼老师的"人本互动"教学范式等。

4.论证评析推广

通过召开课题组成员论证会、教师学生座谈会等方式，论证评析中学思想政治（品德）高效课堂教学的基本教学模型架构及其实施流程，总结概括典型教学范式及其教学案例，以便于修改完善，并在课堂教学实践中加以推广应用。

（二）研究方法

本课题研究方法主要采用理论研究与实践研究相结合、定性与定量相结合的研究方式，遵循"个性—共性—个性"的辩证研究思路，展开本课题的研究进程。

1.问卷调查与实证研究法

本课题研究的起始阶段采用问卷调查法，针对当前中学思想政治（品德）课堂教学的现状，设计教师和学生调查问卷，将调查问卷的数据进行统计分析、综合归纳，客观全面地了解掌握当前中学思想政治（品德）课堂教学的相关情况，在掌握大量第一手资料的基础上，从中探究影响和制约中学思想政治（品德）高效课堂教学的实证因素。

2.共性模式与典型范式建构法

共性模式建模：根据问卷调查得出的基本结论，提出构建中学思想政治（品德）高效课堂教学在一般意义上的基本教学模型架构及其实施流程。典型范式建模：依据本课题研究所提出的一般意义上的中学思想政治（品德）高效课堂教学的基本教学模型架构及其实施流程，再通过具体的课堂教学实践，将其具体化，分析论证、总结概括形成具有一定典型代表性的高效课堂教学典型范式及其教学案例。

3.行动研究方法

将本课题研究总结概括出的中学思想政治（品德）高效课堂教学基本教学模型架构及其实施流程、典型教学范式及其教学案例，通过实验教师多次反复跟踪随堂听课，召开课题组成员论证会、教师学生座谈会等方式，在课堂教学实践中不断加以诊断论证、修改完善、推广应用。课题组以城乡互动、区域联动等开展"同课异构"为主要形式的教学研讨活动，进行主题带动式的行动研究，通过专家引领、同伴互助等交流研讨，不断反思研究中学思想政治（品德）高效课堂教学基本教学模型架构及其实施流程、典型教学范式及其教学案例中的教学设计、教学行为、教学流程、教学效果等，并做出行为跟进，以此提升教师反思、研究水平，培养教师的问题意识，不断发现、提出、分析、解决教师在教学中面对的各种问题，形成浓郁的校本研究文化氛围。

五、研究意义及其实践价值

第一，实施有效教学，落实基础教育新课程理念，深入推进素质教育。

本课题研究的基本内容是以基础教育新课程理念为导向，通过中学思想政治（品德）课堂教学这一主阵地和主渠道，以构建中学思想政治（品德）高效课堂和有效教学的几种具有典型代表性的课堂教学基本模式及实施策略、典型教学案例为研究重点，着力引导中学思想政治（品德）课教师构建高效课堂和实施有效教学，以促进学校、教师、学生的科学发展、和谐发展和可持续发展为出发点，以明确可行的高效课堂教学基本模式及其实施策略为手段，以与时俱进的教师课堂教学行为作为根本落脚点，贯彻落实基础教育新课程理念，实施素质教育。

第二，优化课堂教学流程，提高课堂教学效能，实施有效教学，构建高效课堂。

课堂教学是课程实施的基本路径，课堂教学效率、效果和效益直接关系到学校教育的效果，关系到基础教育新课程改革的效果。本课题研究的重点任务就是探究影响和制约中学思想政治（品德）高效课堂和有效教学的基本因素，提出构建高效课堂和实施有效教学的基本流程、几种课堂教学基本模式及其实施策略，将一般的教学模式与具有代表性的几种典型的教学模式相结合，在一般教学流程的指导下，通过有效的教学设计、有效的教学过程、有效的教学行为、有效的课程资源等，探究多种类型、多样风格、个性化、效能化课堂，构建生态化、生命化、生活化课堂，优化课堂教学流程，提高课堂教学效能，实施有效教学，构建高效课堂。

第三，注重课堂教学实践研究，激发研究热情，促进教师专业发展，形成浓郁的校本研究文化氛围。

教师开展的研究有理论研究和实践研究，基础教育阶段的教师更加侧重于实践研究，即"在教学过程中研究，在研究状态下教学"。新课程的顺利实施需要一线教师充分发挥能动性、创造性，探究解决课堂教学实践中产生的各种问题。本课题研究立足于课堂教学的主渠道，探究高效课堂和有效教学的基本因素、基本流程、基本模式及其实施策略与典型案例，其应用型成果是直接为教师实施基础教育新课程改革与推进素质教育服务的。教师在课程实施中发现问题，在问题探究中提炼课题，在课题研究中寻找课程改革出路，这就是行动研究，就是校本研究，就是实践研究！这是每一位教师都能够而且应该做到的。我国的基础教育改革贯穿着这样一个清晰的逻辑：教育改革的核心环节是课程改革，课程改革的核心环节是课堂教学，课堂教学的核心环节是教师的专业发展。以课题研究为载体，课题研究与实施的过程，既是教学实践的过程，也是教学研究的过程。本课题研究，能够搭建教师交流研讨的平台，提供交流研讨的时间与空间，有利于激发教师的问题意识与开展教学研究的热情，提高教师反思研究的能力、分析与解决问题的能力，促进教师教学水平的提高。这不仅有利于重塑教师教育教学专业素养，以科学教育观为指导，促进教师专业生命可持续发展，而且能促进学校整体教学质量的提高，在全校形成一种积极的校本研究文化氛围。

第四，有利于实现教学方式和学习方式的根本性变革，以人为本，促进学校、教师和学生的可持续发展。

本课题研究的根本任务就是构建高效课堂，实施有效教学。高效课堂是基本路径，有效教学是根本目的，二者相辅相成、相得益彰。本课题以构建中学思想政治（品德）高效课堂为研究重点，通过实施有效教学，有利于实现教师教学方式的根本性变革，有利于实现学生学习方式的根本性变革，有利于促进学生的发展、学校的发展和教师的发展。

六、研究成果应用

按照"注重实效、形成特色、打造精品、创立品牌"的总体构想，科学有效、扎实有序推进课题研究成果应用于课堂教学实践。

（一）成果应用

1.市级公开课：面上示范辐射带动

自2013年11月至2018年3月，课题组共开设47节实验课，通过不同区域的"同课异构"、市级学科带头人与优质课获奖选手的"展示课"、专项教研"示范课"等实验课形式，涉及"情境教学之探讨""运用信息技术提升课堂教学中的有效性研究""电子白板在思想品德学科中的有效运用""基于微课教学与常规教学比较研究""信息技术在课堂教学中有效运用展示课""微课在课堂教学有效应用示范课""中学思想政治课互动式教学模式典型课例展示"等思想政治高效课堂研究主题，对全市在面上扎实有序推进"互动式教学模式"起到了很好的示范辐射带动作用。

2.名师工作室：点上深入对比实验

自2014年12月以来，芜湖市"王为民名师工作室"全部研修人员及其所在学校在点上具体承担"互动式教学模式"的常态化教学实验任务，其中共有9人次开设了9节实验观摩课及教学评价研讨活动，较好地深化了课题研究任务。

3.根据中学思想政治课"3446"型"互动式教学模式"，制定中学思想政治课"互动式教学模式"评价量表

中学思想政治课"互动式教学模式"评价量表（见表3-3）历经课堂教学的多次检验与修订，使得"3446"型"互动式教学模式"可以做到外化、量化课堂教学指标，形成自己的评价体系。

表3-3　中学思想政治课"互动式教学模式"评价量表

执教人：_____　　学校：_____　　课题：_____

一级指标	二级指标	评价内容	评价等级			
			优秀	良好	一般	较差
互动条件	师生关系	尊重学生民主权利，师生教学地位平等，师生关系和谐，互动交流氛围轻松活泼融洽。				
	教学情境	注重引入时事政治与社会现实生活问题，精心创设教学情境，丰富教学内容，引领价值导向，搭建互动参与平台，回归课堂教学的生活化。				
	生活经验	把握学生心理需求，充分调动学生生活经验，科学定位教学水平，切实做到以学定教，从学生的实际出发展开互动交流。				

一级指标	二级指标	评价内容	评价等级			
			优秀	良好	一般	较差
互动条件	生活经验	有机融入教师的生活经验，展示个性化教学风格，展现人文化教学素养，促进学生理解和掌握知识，提升教学互动效能。				
互动形式	师生互动	教师在互动交流中发挥主导作用，即组织协调学生活动、鼓励学生参与互动、平等倾听学生对话、引导学生意义建构。				
		学生在互动交流中居于主体地位，即思维主体、学习主体、话语表达主体、活动主体，彰显学生主体性，促进学生学会学习。				
	生生互动	学生围绕教学问题，开展思维合作，共同解决问题，获得思维成果，完成教学任务。				
		学生围绕教学活动或课题研究，通过任务分解与角色分工，开展活动探究或调查研究，获得活动或研究成果。				
	人机互动	充分利用"互联网+教学"，适时适度运用现代教育技术手段，合理配置教学资源，优化教学流程，提高教学效能，转变教学方式。				
	人本互动	师生能够对教材、教辅、学案等文本资源进行再思考与深加工，在认知的动态发展中，不断更新知识、重构意义、缩小偏差、习得知识。				
互动内容	知识互动	借助师生已有的知识与经验，感悟理解新知识，自主建构知识体系。				
		引导学生运用所学知识解释解决社会生产与生活问题，加深对知识的理解与运用，感受知识的价值与魅力。				
	语言互动	师生之间通过语言的互动交流，能够较好表达思想观点与思想情感。				
	行为互动	教师设计开展具有一定创意的教学活动，引导学生在活动参与中体验感悟知识，培养综合能力，提升思想认知。				

一级指标	二级指标	评价内容	评价等级			
			优秀	良好	一般	较差
互动内容	情感互动	实施积极的教学评价,教师以富有亲和力的教学情感,调动学生互动参与激情,增强互动的热情度与参与度。				
	思维互动	学生面对从教学情境中引出有效教学问题以及相关教学任务,经过概括、总结、反思、批判、质疑等思维过程,自主合作探究学习,获得思维成果。				
	思想互动	坚持理论与实际相结合原则,积极引导学生将理论观点学习与社会现实生活有机结合,在思想交流与碰撞中明辨是非、格物析理,培养学生求真向善。				
动力机制	教育合力	全体学生在互动参与教学过程中,以学科核心素养培育目标为指向,能够相向而行,共同完成教学任务。				
	教育张力	学生在教学过程中相互吸引、相互启迪、你追我赶、竞相参与,具有较强的互动参与意识和积极主动的互动参与行为。				
	教育辐射力	学生个体在互动参与教学过程中,具有较为强烈的表现欲望,能够主动表现自我、展示自我,由内而外发挥示范引领作用。				
	教育影响力	各种教育力量相互渗透、相互作用、相互促进、相互转化,在内外联动与互联互通中内生动力、外化引力,整合形成课堂教学综合力量。				
互动效果	知识建构	教师能够活化教材,灵活处理教材内容,创新教学内容的组织和处理,课堂教学内容检测达成度较高。				
	能力养成	注重培养学生的学科应用能力、获取和解读信息的能力、调动和运用知识的能力、描述和阐释事物的表达能力、论证和探究问题的逻辑论证能力。				
		在互动参与教学中,培养学生的创新意识与实践能力。				

续 表

一级指标	二级指标	评价内容	评价等级			
			优秀	良好	一般	较差
互动效果	能力养成	借力现代教育技术与新媒体,激发学生学习的兴趣,提高学生的学习能力,转变学生的学习方式,培养学生"学会学习"的能力。				
	过程与方法	教学问题的思维过程与方法。学生具有一定的问题意识、反思能力、批判精神,积极寻求思维方法,努力探究思维成果。				
		教学活动的参与过程与方法。学生能够积极主动参与教学活动,创新活动方法,密切团队协作,有序完成教学活动任务。				
	情感态度价值观	学生能够在互动参与教学过程中,丰富情感体验,增强情感共鸣,培养积极健康愉悦的情感。				
		学生在互动参与教学过程中,面对经历的人和事能够作出适宜中肯评价,形成积极向上的为人处世风格。				
		学生在互动参与教学过程中,能够以正确的价值观为引领,作出正确的价值判断与选择,追求正确的价值取向。				
总体评价		评价人:_____ 评价时间:_____				

备注:在评价"互动形式"与"互动内容"一级指标时,不要求面面俱到,教师能够重点突出其中一个或几个二级指标即可。

(二)应用效果

1.理论成果

论文类。国家级中文核心期刊发表论文6篇;省级教学论文评选获得一等奖1篇,二等奖2篇,三等奖3篇;市级教学论文评选获得一等奖5篇,二等奖3篇。

优质课类。获得省二等奖1节;市一等奖1节;省级"一师一优课"2节。

2.实践成果

芜湖市"王为民名师工作室"9名课题实验人员2015年1月至2016年6月共计三个学期期中、期末6次考试课堂教学成绩实验统计数据可知，9名实验教师在2015年1月至2016年6月合计91次有效成绩中，获得25个第一、36个第二、16个第三，前三名共计77个，占比84.7%。实践证明，课堂教学层面实施"互动式教学模式"取得了较为明显的成效，值得在更大范围和更高层次上推广应用。

七、研究成果创新特色评价

"互动式教学模式"是侧重于突出强调"教学行为"的教学模式，最大的特色、亮点在于"师生双方互动参与交流"，即在互动中构建知识，在互动中培养能力，在互动中形成正确的情感态度价值观，在互动式教学中全面落实"三维教学目标"，培养学科核心素养，促进人的全面发展。

基于新课程理念，富有前瞻性、先进性。"互动式教学模式"在四大互动形式与六大互动内容中，具体落实了基础教育新课程"以人为本"理念以彰显学生主体性，在学生互动参与中指导学生"学会学习"，在生活情境与生活经验中实现"情境教学""生活化教学"，在"互联网+教学"中推动"教育信息化"，在"情感教学"中实施"积极教学评价"，在全面落实"三维教学目标"中培养学科核心素养等一系列新理念与新要求，富有一定的前瞻性、先进性。

适用多元化课型，具有普适性、包容性。"互动式教学模式"的四大互动形式与六大互动内容，既包括了"情境教学""活动式教学""多媒体辅助教学"等常态化教学，也包括了当前较为普遍关注的"学案教学""微课与翻转课堂教学""运用电子白板展开教学"等多种类型、多样风格的课型，具有较大的普适性、包容性。

彰显学科教学特色，体现思想性、教育性。"互动式教学模式"中"语言互动""情感互动""思想互动"能够较好地彰显思想政治课教学特色，因为思想政治课教学内容传授和思想政治教育情感交流需要借助语言沟通、交流与表达，需要借助极具亲和力的情感来传递，需要借助一定的方式在思想上灌输与渗透。

着眼学生科学发展，突出主体性、能动性。"互动式教学模式"以学生互动参与课堂教学为主要方式，"以人为本"，彰显学生主体性，在互动参与中指导学生"学会学习"。传统的思想政治课教学给学生灌输进去的只能是知识，不可能培养能力，也不可能形成正确的情感态度价值观。互动式教学的价值与功能是突出强调在互动中构建知识，在互动中培养能力，在互动中形成正确的情感态度价值观。可见，"互动式教学模式"全面落实三维教学目标，指导学生"学会学习"，彰显学生的教学主体地位，发展学生的核心素养，实施有效教学，打造高效课堂。

立足课堂教学实际，注重生活性、实践性。"互动式教学模式"非常强调将学生和教师的生活经验融入课堂教学之中，以此作为课堂教学水平的切入点，科学定位课堂教学水平，使课堂教学真正做到从实际出发。同时，以师生的生活经验作为元认知，充分发挥师生的生活经验在知识构建中的能动作用，在生活情境与生活经验中实现课堂教学的生活化与实践性。

总之，在"互动式教学模式"中，要全面落实学科核心素养教学目标，培养学生"学会学习"，突出学生的主体性，彰显思想政治学科教学特色，发展学生的核心素养，实施有效教学，打造高效课堂。

八、研究成果效果分析

本课题研究的核心成果中学思想政治课"3446"型"互动式教学模式"由芜湖市"王为民名师工作室"研修人员及其所在学校具体承担课堂教学层面的点上深入对比实验研究。

研究对象的样本选择。从9所实验学校的基本概况来看，共涉及7所高中，2所初中；省示范高中7所，普通中学2所；城市学校5所，县域及农村学校4所。从9名实验教师的基本概况来看，男教师8名，女教师1名；中学高级教师1人，中学一级教师6人，中学二级教师2人；市级学科带头1人，市级骨干教师1人，区县级骨干教师1人，普通教师7人。总体来看，研究对象的样本选择基本考虑周全，分布较为合理，能够保证课题成果的实验结果较为科学有效。

研究方法主要采用点上深入对比实验。承担课堂教学实验任务的教师与同学校、同年级、同层次的其他教师所带班级在教学常态下进行成绩比较，有效避免人为因素控制和干预下，造成学生学习发展产生不必要的差距，从而确保实验结果的客观真实。

实验数据统计。从2015年1月芜湖市"王为民名师工作室"成立以来，在2014—2015学年第二学期、2015—2016学年第一、二学期，共计三个学期期中、期末6次考试中，9名课题实验人员课堂教学实验效果见表3-4。

表3-4 课题实验研究课教学成绩一览表

姓名(学段)	2014—2015学年第二学期				2015—2016学年第一学期				2015—2016学年第二学期			
	期中		期末		期中		期末		期中		期末	
	班级数量	均分名次	班级数量	均分名次	班级数量	均分名次	班级数量	均分名次	班级数量	均分名次	班级数量	均分名次
王珏(高中)	高二2(共3个)	第2、3名	高二2(共3个)	第2、3名	高三2(共3个)	第2、3名	高三2(共3个)	第2、3名	高三2(共3个)	第2、3名	高三2(共3个)	第2、3名
吴微(高中)	高二1(共4个)	第2名	高二1(共4个)	第2名	高三1(共4个)	第2名	高三1(共4个)	第2名	高三1(共4个)	第1名	/(高考成绩)	/(高考成绩)
王华宝(高中)	/	/	高一2(共5个)	第3、4名	高二2(共5个)	第1、2名	高二2(共5个)	第1、3名	高二2(共5个)	第1、2名	/(高中学业水平考试)	/(高中学业水平考试)
马元刚(高中)	高三2(共2个)	第1、2名	高三2(共2个)	第1、2名	高一3(共5个)	第1、2、4名	高一3(共5个)	第2、4、5名	高一3(共5个)	第1、2、4名	/(还未考试)	/(还未考试)
黄金树(高中)	高二1(共5个)	第1名	高二1(共5个)	第1名	高三1(共5个)	第1名	高三1(共5个)	第1名	高三1(共5个)	第3名	高三1(共5个)	第1名

续表

姓名(学段)	2014—2015学年第二学期				2015—2016学年第一学期				2015—2016学年第二学期			
	期中		期末		期中		期末		期中		期末	
	班级数量	均分名次	班级数量	均分名次	班级数量	均分名次	班级数量	均分名次	班级数量	均分名次	班级数量	均分名次
郑立群(高中)	高二2(共6个)	第2、4名	高二2(共6个)	第1、3名	高三2(共6个)	第1、2名	高三2(共6个)	第2、3名	高三2(共6个)	第2、4名	/(高考成绩)	/(高考成绩)
鲁继松(高中)	高一1(共3个)	第2名	高一1(共3个)	第2名	高二1(共3个)	第2名	高二1(共3个)	第2名	高二1(共3个)	第2名	/(高中学业水平考试)	/(高中学业水平考试)
蔡峰(初中)	初二4(共11个)	第1、2、3、7名	初二4(共11个)	第1、2、3、6名	初三4(共11个)	第1、2、4、8名	初三4(共11个)	第1、2、3、6名	初三4(共11个)	第1、2、4、6名	/(初中学业水平考试)	/(初中学业水平考试)
任太平(初中)	初三3(共5个)	第1、2、3名	初三3(共5个)	第1、2、3名	初三2(共5个)	第1、2名	初三2(共5个)	第1、2名	初三2(共5个)	第1、2名	/(初中学业水平考试)	/(初中学业水平考试)

表3-5　课题实验研究课教学成绩统计表

名次	王珏	吴傲	王华宝	马元刚	黄金树	郑立群	鲁继松	蔡峰	任太平	总计	占比
第一	0	1	3	4	5	2	0	5	5	25	27.5%
第二	6	4	2	5	0	4	5	5	5	36	39.6%
第三	6	0	2	0	1	2	0	3	2	16	17.6%
第四	/	0	1	3	0	2	/	2	0	8	8.8%
第五	/	/	/	1	0	0	/	0	0	1	1.1%
第六	/	/	/	/	/	0	/	3	/	3	3.3%
第七	/	/	/	/	/	/	/	1	/	1	1.1%
第八	/	/	/	/	/	/	/	1	/	1	1.1%
合计	12	5	8	13	6	10	5	20	12	91	100%

备注：统计时间截至2016年6月20日,2015—2016学年第二学期的期末考试、高考、中考、高二学业水平测试等成绩均未出来,故在总计9人次3个学期6次考试102个总成绩中应予扣除。

由表3-5统计数据可知，9名实验教师在2015年1月至2016年6月合计91次有效成绩中，获得25个第一、36个第二、16个第三，前三名共计77个，占比84.7%。实践证明，课堂教学层面实施"互动式教学模式"取得了较为明显的成效。

九、研究成果鉴定

（一）学术价值

1.成果简介

中学思想政治课"3446"型"互动式教学模式"研究是以民主平等和谐的新型师生关系、生活化的教学情境与师生的生活经验为互动条件，以教育合力、教育张力、教育辐射力与教育影响力为内生动力，以师生互动、生生互动、人机互动、人本互动为外在互动形式，以知识互动、语言互动、行为互动、情感互动、思维互动、思想互动为内在互动内容，有机构成的"3446"型互动式教学机制。

2.学术价值

"互动式教学模式"是侧重于"教学行为"的教学模式，最大的特色、亮点在于突出强调"师生双方互动交流与参与"，所追求的基本价值取向就是有效并高效促进学生掌握人生发展必备知识，形成支撑生存发展的基本技能和积极健康的情感态度价值观。同时，这也是学生内生学习动力与"学会学习"的过程。"互动式教学模式"的重点是学生自主构建知识，关键是注重能力培养，特色是展现过程与方法，灵魂是渗透情感态度价值观教育。由此可见，实施中学思想政治课"互动式教学模式"，在互动中构建知识，在互动中培养能力，在互动中引领正确价值取向，全面落实"三维教学目标"，突出学生的主体性，指导学生"学会学习"，培养学生核心素养，彰显思想政治学科教学特色，注重在互动参与交流中渗透思想政治教育，实施科学化有效教学，打造人文化高效课堂，既符合基础教育新课程改革的理念与要求，又遵循了思想政治教育规律，是追求有效教学与高效课堂的有益探索与构建。

（二）社会效益

本课题研究的核心成果——中学思想政治课"3446"型"互动式教学模式"由芜湖市"王为民名师工作室"研修人员及其所在学校具体承担课堂教学层面的点上深入对比实验研究，9名实验教师在2015年1月至2016年6月合计91次有效成绩中，获得25个第一、36个第二、16个第三，前三名共计77个，占比84.7%。实践证明，"互动式教学模式"实验在课堂教学层面取得了较为明显的积极成效，实验是成功的，值得在更大范围和更高层次上推广应用。

（三）鉴定意见

2013年11月至2016年11月，芜湖市教科所俞宏胜和安徽师大附中王为民两位老师共同承担的安徽省教育科学规划立项课题"中学思想政治（品德）高效课堂教学模式研究"历时三年研究，现已圆满结束。课题成果鉴定以专家会议评议形式组织，鉴定组专家通过听取课题主持人的结题报告、部分实验人员的研究心得体会汇报，并查阅了研究的过程性资料，对本课题研究成果提出鉴定意见。

1.课题研究价值具有科学性、人文性

本课题研究的核心成果——中学思想政治课"3446"型"互动式教学模式"，强调"在互动中构建知识，在互动中培养能力，在互动中引领正确价值取向"，有助于全面落实"三维教学目标"，培养学生核心素养，彰显思想政治学科教学特色，遵循思想政治教育规律，实施科学化有效教学，打造人文化高效课堂。课题研究的选题内容源于课堂、基于课堂、为了课堂，有效契合了新一轮基础教育课程改革的理念与要求，成功对接了培养学生核心素养的价值取向，具有一定的科学性和人文性。该研究成果经过课堂教学层面的实践检验，取得了大量的实验数据，较为充分地验证了该研究成果成效显著，值得进一步推广应用。

2.课题研究过程扎实有序

三年来，课题组按照"注重实效、形成特色、打造精品、创立品牌"的总体构想，遵循"提出问题、分析问题、提出假设、检验假设"的研究思路，课题调研数据实证分析有理有据，假设提出成立，论证严密充分，实验科学有效，符合研究的一般规律，体现了实事求是、精益求精的研究精神；课题推进过程组织了课题开题会、课题推进会、中期报告会、实验观摩研讨活动等，确保课题研究有计划、有步骤、有思路、有主题，做到研究思路明确、程序严谨，从而在高起点上推进课题研究科学有效、扎实有序展开。

3.课题研究特点客观真实

坚持实证研究与行动研究相结合。立足实践研究，坚持问题导向，通过教学全要素调查研究，实证分析诊断当前中学思想政治课教学实践中普遍存在的典型问题。同时，课题组通过开设实验研究观摩课，既有面上示范辐射带动，也有点上深入对比实验，在课堂教学实践中检验、发展和完善"互动式教学模式"。

坚持定性研究与定量研究相结合。课题组通过定性研究，提出"互动式教学模式"，制定中学思想政治课"互动式教学模式"评价量表，形成课堂教学的量化评价指标体系。

坚持理论研究与实践研究相结合。本课题研究组通过调查研究，在实证分析的基础上提出了"互动式教学模式"的理论模型，并开发出中学思想政治课"互动式教学模式"评价量表，做到了理论研究；在此指导下，积极将理论研究成果及时应用到课堂教学实践中，以客观真实的课堂教学成绩数据印证"互动式教学模式"的教学效果。

4.课题研究取得了丰硕的成果

课题研究的核心成果——论文《互动式教学模式探析》在国家级中文核心期刊发表，课题研究人员论文在省级教学论文评选中获得一等奖1篇，二等奖2篇，三等奖3篇；在市级教学论文评选获得一等奖5篇，二等奖3篇。课题研究取得的丰硕成果彰显出课题组成员的研究能力和素质得到了进一步提升。

基于上述课题研究的客观全面评价，课题鉴定组专家一致认为，安徽省教育科学规划立项课题"中学思想政治（品德）高效课堂教学模式研究"已经顺利完成各项研究任务，取得了丰硕的研究成果，达成了预期研究目标，同意课题结题。

■ 第四章 "互动式教学模式"的理论依据与基本策略

内容提要："互动式教学模式"依托交往行为理论、建构主义学习理论、多元智力理论、新行为主义学习理论、"最近发展区"理论等丰富的理论成果开展研究。实施"互动式教学模式"需要三大支撑条件：以构建民主平等和谐的新型师生关系为前提条件，以实施情境教学为外在条件，以发挥师生的生活经验在教学互动中的能动作用为内在条件，以教育合力、教育张力、教育辐射力与教育影响力为四大内生动力机制，以师生互动、生生互动、人机互动、人本互动为四大外在互动形式，以知识互动、语言互动、行为互动、情感互动、思维互动、思想互动为六大内在互动内容。互动的价值在于：在互动中构建知识，在互动中培养能力，在互动中引领正确价值取向，全面落实"三维教学目标"，培养学生学科核心素养，指导学生"学会学习"，实施人文化有效教学，打造科学化高效课堂。

"互动式教学模式"是在一定的教育科学理论指导下，通过构建学生参与课堂教学的"三大互动支撑条件、四大互动动力机制、四大外在互动形式、六大内在互动内容"多维立体交叉互动体系，科学定位师生的教学主体地位，突出学生在教学中的主体性，彰显中学思想政治课堂教学的活力、魅力与生命力。

第一节 "互动式教学模式"的理论依据

理论是行动的先导。科学的教育教学理论指导教师自觉的理性的教育教学行为。"互动式教学模式"侧重于强调教师教育教学行为的方式方法，这种双向互动的教育教学行为可以从"互动行为价值""互动过程意义""互动优势潜能""互动激励手段""互动水平定位""互动任务设计"等方面探究教育学理论上的主要依据。

一、哈贝马斯的交往行为理论及其对"互动式教学模式"的启示

（一）交往行为理论概要①

尤尔根·哈贝马斯（Jürgen Habermas）是当代德国最著名的哲学家、社会学家之一。哈贝马斯提出的交往行为理论（the theory of communicative action）旨在建立一个普遍性的"规范基础"（normative foundation）或标准来描述、分析、批判、评价现代社会的结构，其主要是从普遍语用学和理想交往情境两个维度展开。普遍语用学为交往行为理论提供了一个坚实的理论前提和基础，理想交往情境为交往行为理论提供了一个平台保障。普遍语用学是交往行为分析的起点。所谓普遍语用学，就是"确立并重建关于可能理解的批判条件"或"交往行动的一般前提假设""言语的有效性基础"。哈贝马斯对当代语言学和语言哲学的研究，使他意识到了语言符号及其体系在理解人的精神生活、人的社会行动以及人的思想关系等方面的重大意义及其作用。言语，在人的层面上是一种独特的、具有穿透力的生活媒介。正是在这个意义上，普遍语用学为交往行为理论提供了一个基础性的框架。普遍语用学通过将言语的规范基础重构为一种"普遍和必然"的有效性主张体系，为

---

① 刘月文.哈贝马斯交往行为理论的两个维度[N].中国社会科学报,2017-10-16(7).

"生活世界"场域下人们之间的无障碍交流提供了理论保障。理想交往情境是彻底真诚的沟通平台。哈贝马斯强调，要保证以达成"无强迫的共识"为目的的沟通行动的顺利进行，除了要求沟通者具有沟通资质（能力），还须提供一个公平、正义、自由、民主、平等的沟通平台，也就是一个彻底真诚的"理想交往情境"（ideal speech situation）。理想交往情境是沟通得以有效进行的外在条件，可以被视为一些潜藏在言语行为里的价值上的理想状态。哈贝马斯的理想交往情境是一种脱离了经验、不受行为制约的交往形式，旨在保障每一个话语主体都享有平等、自由的话语权利。他所认为的理想交往情境既不是一种经验现象，也不完全是一种虚构，是话语中相互之间不可避免要采取的假定前提。

（二）交往行为理论启示

哈贝马斯的交往行为理论对"互动式教学模式"的启示在于从理论前提和基础、平台保障的两个维度深刻阐释了互动行为的科学依据。追溯教育的起源与本质，教育起源于人类的交往，人的交往过程是一种双向互动的过程，互动的结果能够产生一定的教育影响，教育的本质在某种意义上说就是一种教育影响。正所谓"教学相长"，"三人行，必有我师焉：择其善者而从之，其不善者而改之"，人们的行为举止也是一种语言符号，可以借助一定的交往情境在一定程度上和一定范围内表达人们的思想。因此在教学过程中，互动行为方式是可以产生积极的教育教学价值与意义的。

二、皮亚杰的建构主义学习理论及其对"互动式教学模式"的启示

（一）建构主义学习理论概要

瑞士儿童心理学家让·皮亚杰（J.Piaget）是认知发展领域最有影响的一位心理学家，他关于建构主义的核心内容可以用一句话概括：以学生为中心，强调学生对知识的主动探索、主动发现和对所学知识意义的主动建构（而不是像传统教学那样，只是把知识从教师头脑中传送到学生的笔记本

上）。以学生为中心，强调的是"学"；以教师为中心，强调的是"教"。建构主义学习理论认为，知识不是通过教师传授得到的，而是学习者在一定情境即社会文化背景中，在其他人（包括教师和学习伙伴）的帮助下，利用必要的学习资料，通过意义建构的方式而获得。由于学习是在一定的情境即社会文化背景下借助其他人的帮助即通过人际间的协作活动而实现的意义建构过程，因此建构主义学习理论把"情境""协作""会话""意义建构"作为学习环境中的四大要素。"情境"：创设有效的学习情境，有利于学生进行意义建构。"协作"：贯穿整个学习过程的师生之间、生生之间的相互合作、对话，甚至是竞争。协作对获取与分析学习资料、提出与验证假设、评价学习成果直至意义的最终建构均有重要作用。"会话"：会话是达到意义建构的重要手段之一。学习者必须通过会话讨论怎样完成学习任务，使自己的智慧得以共享，同时加深自己对问题的理解，从这种意义上说，会话过程也是一种协作学习的过程。"意义建构"：这里的意义是指事物的性质、规律以及事物之间的内在联系。在学习过程中帮助学生建构意义就是要帮助学生对当前学习内容所反映的事物性质、规律以及该事物与其他事物之间的内在联系达到较深刻的理解，这是学习过程的最终目的。建构主义教学观认为，在教学过程中，学生对知识的获得是通过自己与外界环境的交互活动主动获取知识的过程，通过自己独特的认知方式和生活经验对外在信息的独特理解、感悟、体验和特定情境下的心理加工，构筑知识意义与价值理念的过程，是师生乃至同学之间在现实交往互动中探索生命意义、创造人生体验和生活智慧的生命活动的过程。

（二）建构主义学习理论启示

皮亚杰的建构主义学习理论对"互动式教学模式"的启示在于揭示了教师教学互动过程的意义，教学互动的过程也是学生学习的过程。学生借助源自社会历史文化背景而创设的教学情境，通过"协作""会话"互动环节和互动路径，在教师的引领下，学生实现自主建构知识。

三、加德纳的多元智力理论学生观及其对"互动式教学模式"的启示

（一）多元智力理论概要

美国教育家、发展心理学家霍华德·加德纳（Howard Gardner）于1983年在《智能的结构》一书中提出，每个人都至少具备语言智力、数理逻辑智力、音乐智力、空间智力、身体智力、人际交往智力、自我认知智力和观察智力等八种智力，但每个人身上的八种相对独立的智能在现实生活中并不是绝对孤立、毫不相干的，而是以不同方式、不同程度有机地组合在一起的。正是这八种智能在每个人身上以不同方式、不同程度组合，使得每一个人的智能各具特点，构成每个人各具特点的个性心理结构。每个人都可能在一两个智能领域表现得很突出，所谓"多一把衡量的尺子，就会多出一批好学生"。教育的责任就是发现和发展孩子的智能强项，使孩子一开始就处于心理优势的地位，能在发展过程中及早地体会到成功的快乐。教师要树立"每一个学生都是好的"学生观，强调人的多方面发展的可能性和探索自我把握命运的重要性，发现和发展学生身上多方面的潜能，了解学生发展中的需要，帮助学生认识自我、建立自信，促进学生的发展。这一理论的提出打破传统的将智能看作是以语言智能和逻辑—数理智能为核心能力的认识，从新的心理学角度阐述和分析了智能在个体身上的存在方式以及发展的潜力，为走出应试教育误区、发展素质教育奠定理论基础。运用多元智能理论分析教育问题，对于促进我国的教育改革和学生素质的全面提高有着重要的意义。根据多元智力理论，我们应摒弃以标准的智力测验和学生学科成绩考核为重点的评价观，树立多元化的评价观，这些正是新课程学生评价改革的方向，即建立促进学生全面发展的评价体系，加强考试内容与学生生活经验、社会实际的联系，重在考查学生分析问题和解决问题的能力。

（二）多元智力理论启示

加德纳的多元智力理论学生观对"互动式教学模式"的启迪在于揭示了

学生具备了互动的潜能。在我国传统课堂教学中，教师常常抱怨学生参与课堂教学热情不高，原因在于能力不强。而事实却是，每个学生都具有八种智能，只是每个学生的优势智能因人而异，可以各自不同的优势智能参与课堂教学，问题在于教师是否相信学生已经具备参与教学的能力水平，能否真正发现并挖掘学生身上的优势智能，调动和激发学生参与教学的互动潜能。

四、斯金纳的新行为主义学习理论及其对"互动式教学模式"的启示

（一）新行为主义学习理论概要

伯尔赫斯·弗雷德里克·斯金纳（Burrhus Frederic Skinner）是新行为主义心理学的创始人之一。操作性条件反射（R型条件反射）概念是斯金纳新行为主义学习理论的核心，R型条件反射是强化与反应直接关联。人类行为主要是由操作性反射构成的操作性行为，操作性行为是作用于环境而产生结果的行为。在学习情境中，操作性行为更有代表性。斯金纳很重视R型条件反射，因为这种反射可以塑造新行为，在学习过程中尤为重要。人的一切行为几乎都是操作性强化的结果，人们有可能通过强化作用的影响去改变别人的反应。在教学方面，教师充当学生行为的设计师和建筑师，把学习目标分解成很多小任务并且一个一个地予以强化，学生通过操作性条件反射逐步完成学习任务。斯金纳在对学习问题进行了大量研究的基础上提出了强化理论，十分强调强化在学习中的重要性。积极强化是获得强化物以加强某个反应，消极强化是去掉可厌的刺激物，是由于刺激的退出而加强了那个行为。教学中的积极强化是教师的赞许等，消极强化是教师的皱眉等，这两种强化都增加了反应再发生的可能性。斯金纳认为，不能把消极强化与惩罚混为一谈。他的实验证明，惩罚只能暂时降低反应率，而不能减少消退过程中反应的总次数。

（二）新行为主义学习理论启示

斯金纳的新行为主义学习理论对"互动式教学模式"的启示在于互动的

激励手段。在我国传统课堂教学中，学生参与教学的能动性不强、热情度不高的原因有多方面。其中一个很重要的方面就是，长期以来，"教师讲，学生听"已成为一种根深蒂固的教学习惯，严重制约影响学生参与教学互动的积极性主动性。教师要想方设法运用语言的鼓励、物质的奖励、竞赛的激励等刺激、强化手段，以教师的热情调动学生参与教学互动的激情。

五、维果茨基的"最近发展区"理论及其对"互动式教学模式"的启示

（一）"最近发展区"理论概要

苏联心理学家维果茨基（L.Vygotsky）认为，教学与发展是两个相互影响、相互依赖的过程。儿童的两种发展水平：一是儿童现有心理机能的发展水平（儿童的实际发展水平），它标志着儿童一些官能的成熟；二是在成人的指导和帮助下所能达到的解决问题的水平（儿童潜在的发展水平）。维果茨基把这两种发展水平之间的距离定义为"最近发展区"。学生发展水平是一个变动的"区段"，维果茨基还由此提出了"教学最佳期"这一概念，好的教学应该处于"教学最佳期"（即最低教学界限与最高教学界限之间的期限），而"教学最佳期"是由"最近发展区"决定的。不同于传统教育模式——作为传授者的教师单向传递信息给作为接受者的学生，"最近发展区"理论强调教师和学生之间的互动，教师促进学生发展，学生在教师指导下积极参与。根据学生的实际情况，教师在学生的"最近发展区"内布置这种任务，同时给予一定的指导和帮助，从而激发学生的潜能。只有适合儿童"最近发展区"的教学才是有效的、良好的。因此，教师需要不断地调整学习内容和计划，以适应学生的"最近发展区"水平。在这一理论的影响下，涌现出许多新的教学模式，如支架式教学、交互式教学、合作式教学。交互式教学是把教学看成教师和学生之间的一种交往过程。沟通、交流、协调在这种教学中显得尤为重要。通过讨论，教师把自己的知识潜移默化地传递给学生，同时，学生在这个过程中承担更多的责任，这有助于激发学生学习的兴

趣。以素质教育为背景的当代教学则是倡导面向全体学生，使学生全面发展的发展式教学观。而维果茨基的"最近发展区"理论所倡导的教学观恰好与之暗合，他认为，在教学过程中，教师要扮演好"促进者"和"帮助者"的角色，指导、激励、帮助学生全面发展。首先，应该对儿童进行动态评估，对学生的两种发展水平做出准确的评价。其次，选择恰当的活动目标，使学习任务的难度能处于"最近发展区"以内，不至于过难或过易。再次，当学生快要达到一个层次比较高的发展水平时，教师不能完全将学生的探索过程包办，也不能对学生遇到的困难置之不理，而要给学生提供一定的教学支持。无论古今，人们对因材施教最本质的解读是"依据学生的实际情况，施行相应的教育"。在维果茨基看来，仅仅依据学生的实际发展水平进行教育是保守、落后的，有效的教学应走在发展的前面去引导发展。因此，教育者不仅应该了解学生的实际发展水平，更重要的是要了解学生的潜在发展水平，寻找其"最近发展区"，把握"教学最佳期"，以引导学生向着潜在的、最高的水平发展。

（二）"最近发展区"理论启示

维果茨基的"最近发展区"理论对"互动式教学模式"的启示在于，教师要精准定位并动态把握学生关于教学互动任务的现实已有的水平与可能达到的水平。一方面，教师要在学生"最近发展区"内布置教学互动任务，使其能够"跳一跳，够得到"；另一方面，教师需要以发展的眼光审视学生，动态把握其可能达到的能力水平，以教学互动任务驱动引领学生实现进阶发展。

六、加涅的"教学设计原理"及其对"互动式教学模式"的启示

（一）"教学设计原理"理论概要

美国当代教育心理学家、教学设计专家，信息加工心理学的奠基人之一罗伯特·米尔斯·加涅（Robert Mius Gagné）对教学系统设计理论的建立作了开创性的工作。加涅的教学系统设计理论建立在两个基本观点之上：第

一，学生的"学"才是获得学习结果的内因，教师的"教"只是外因，所以应"以学论教"；第二，不同的学习结果需要不同的学习条件即教学事件。教学设计的基本原理就是根据不同的学习结果类型创设不同的学习外部条件并相应安排学习的外部条件。根据这一原理，教学设计应考虑教学中两个维度的因素，一为学习结果类型，二则是每类学习的内部条件和外部条件。加涅的教学设计理论详细描述了习得学习技能的条件，并指出这些条件对教学设计的意义，论述了知识、技能和能力以及学生间的这些差异如何影响整个的教学计划，并且直接深入论述了教学设计的步骤、教学目标、目标的分析和分类、运用标准参照和常模参照测量评估学生的成绩的方法。加涅阐述了教学设计原理在集体教学和各种个别化教学中的运用，这为老师进行教学提供了很好的参考。其具体的教学设计原理有：正确处理言语信息、理智技能和认知策略的三类习得的技能相互作用的原理，通过任务分析导出教学过程和方法的原理，教学目标制约教学媒体选择与运用的原理。

（二）"教学设计原理"理论启示

加涅的"教学设计原理"对"互动式教学模式"的启示在于教师关于教学互动任务的预设。互动什么？如何互动？何时何人互动？……科学有效的互动内容、形式、时机、对象等都是需要教师精心设计的。教师在实施"互动式教学模式"之前，需要合理安排、统筹规划教学互动环节与内容形式，使之在课堂教学流程中张弛有度、衔接有序、精准有力、科学有效，实现互动式教学效果最大化。

此外，根据柯尔伯格的"道德两难法"理论即道德两难故事问答讨论，通过设置具有道德两难判断的问题情境，启发儿童积极思考道德问题，引发自身原有的和现实的"情感态度价值观"矛盾冲突，从道德冲突中寻找正确的答案。班杜拉的"自我效能感"理论认为"个体对自己是否能够胜任某种任务的判断和知觉"即个体根据以往成败的经验，相信自己对于处理某一方面的任务具有较高的能力和水平，对于个体完成挑战性任务具有重要影响"。班杜拉还发展了斯金纳的操作性条件学习理论中的强化概念，提出替代学习即模仿学习，启示我们"表扬—成功—再表扬—再成功……"，不断鼓励学生走向成功。这些教育学和心理学理论是构成和支撑"互动式教学模式"的重要理论基础，需要我们认真研读、潜心体会和深入理解，从中感悟和理解"互动式教学模式"的理论依据，增强实施"互动式教学模式"的自觉能动性。

第二节 "互动式教学模式"的基本策略

教育起源于人类的交往，人的交往过程是一种双向互动的过程，互动的结果能够产生一定的教育影响，教育的本质从某种意义上说就是这种互动所产生的教育影响。中学思想政治（品德）课是对学生进行思想政治教育的主渠道，教学矛盾的交汇点在于师生的互动参与。对于学生学习而言，知识、能力、情感只有在充满生机与活力的互动参与中，才能得以体验、感悟、反思、质疑、理解、接纳、升华和应用，才能在动态中得以有效习得、建构与生成，这有利于激发学生学习的能动性，感悟生成必备知识，激发体验积极情感，培养良好行为习惯，提升关键能力，铸就必备品格，使学生树立科学的世界观、人生观、价值观。对于教师教学而言，有效教学与高效课堂是课堂教学所要追求的理想状态，检验有效教学与高效课堂的根本标准是"不仅要看教师教了什么，是怎么教的，更要看学生学了什么，是如何学的"。互动参与的动态课堂教学，能够有效激活并创造出充满生机活力与生命力的课堂教学生态，科学高效实现思想政治课教学目标，真正贯彻落实基础教育新课程理念及其课堂教学实施要求。可见，中学思想政治（品德）课构建"互动式教学模式"既符合思想政治教育规律，是一种有效教学；也符合基础教育新课程改革要求，是一种高效课堂，是实现有效教学与高效课堂的内在要求与有效路径。

一、"互动式教学模式"的基本内涵与特征

（一）基本内涵

中学思想政治（品德）课"互动式教学模式"是遵循思想政治教育规律和基础教育新课程改革教学理念与要求，以生活情境为有效载体，教育信息化为重要手段，情感激励为精神纽带，生活经验为内在支撑，互动参与为主要方式，内生动力为教育机制，追求有效教学和高效课堂的价值取向，对学生实施科学有效的思想教育，促进学生"学会学习"，实现学生科学发展的一种课堂教学组织方式与方法。

"互动式教学模式"的基本内涵简而言之就是，在互动中构建知识，在互动中培养能力，在互动中形成正确的情感态度价值观，在互动式教学中全面落实"三维教学目标"，培养学生学科核心素养，促进人的全面发展。

（二）基本特征

1.互动之本——互动参与，内生动力

"互动式教学模式"的本质特征、核心在于课堂教学过程中，教学的主体与客体之间充满着互动交流参与，从而产生出一种教育合力、教育张力、教育辐射力、教育影响力等内生动力机制。

教育合力。合力就是一个力对某物体的作用和另外几个力同时对该物体的作用的效果相同，这一个力就是另外几个力的合力。由此可以引申得出，教育合力就是每一个教育主体与客体在课堂教学过程中都是积极主动朝着学科核心素养教学目标相向而行，从而共同合力完成课堂教学目标和任务。

教育张力。张力就是物体受到拉力作用时，存在于其内部而垂直于两邻部分接触面上的相互牵引力，如同盛满杯子的水虽高出杯口但不溢出。由此可以引申得出，教育张力就是每一个教育主体与客体在课堂教学过程中都是相互吸引、相互启迪的，从而相互牵引共同参与课堂教学活动。

教育辐射力。辐射力是指单位时间内物体单位表面积向半球空间所有方向发射出去的全部波长的辐射能的总量，如同太阳放射的光芒。由此可以引

申得出，教育辐射力就是每一个教育主体与客体在课堂教学过程中都能积极参与、主动表现，从而由内而外为课堂教学作出自己的独特贡献。

教育影响力。影响力是用一种别人所乐于接受的方式，改变他人的思想和行动的能力。由此可以引申得出，教育影响力就是每一个教育主体与客体在课堂教学过程中所产生的各种教育力量，是相互渗透、相互作用、相互转化与相互促进的，在内外联动与互联互通中内生动力、外化引力，整合形成课堂教学的综合力量，有效高效达成课堂教学目标，促进学生科学发展。

"互动式教学模式"着力引导每一个教育主体与客体在课堂教学过程中产生出教育合力、教育张力、教育辐射力与教育影响力，形成"比学赶帮超"的内在教育动力机制，这是一种潜在的无形的教育力量，是教师课堂教学所要重视、关注、追求并培养的教育内生动力机制。

2.互动之基——民主平等，关系和谐

"互动式教学模式"的前提基础是构建民主平等和谐的新型师生关系。伴随着现代教育的民主化，公民民主权利意识正逐步觉醒，教师应尊重学生的人格尊严与民主权利。在相互尊重民主权利的基础上，才能实现师生在课堂教学地位上的平等；在民主平等的基础上，师生关系才能和谐；师生关系和谐，学生才能主动表现、思维活跃、共同参与、相互配合、齐心协力、互动参与，实现教学相长良性循环。构建民主平等和谐的新型师生关系可以营造良好的互动教学氛围。

安全宽松的心理氛围。沟通互动交流从心开始。在民主平等和谐的新型师生关系基础上，学生才能在心理上有安全感，"初生牛犊不怕虎"，"心有灵犀一点通"，从而敞开心扉，积极主动参与课堂教学活动。

自由平等包容的民主氛围。师生人格平等。在民主平等和谐的新型师生关系基础上，教师对学生在课堂教学过程中互动参与的思想情感、言行举止表达与表现秉持包容宽容心态，以平等人格相待，充分尊重学生民主权利。

畅所欲言的交流氛围。在民主平等和谐的新型师生关系基础上，学生能够积极主动思考探究老师提出的各种问题，敢于表达阐述自己的思想观点、思维方法，甚至针对不同意见敢于辨析争论，知无不言，言无不尽。

自主合作探究的学习氛围。在民主平等和谐的新型师生关系基础上，教师才能真正做到"心中有人""目中有人"，在教学过程中尊重学生的学习主体、思维主体、活动主体、话语主体等主体地位，将"立德树人"根本任务落地生根。学生才能真正做到：通过自主学习，独立思考问题并获得思维成果；通过合作学习，同伴互助解决问题并获得思维成果；通过探究学习，课外调查研究探究课题并获得思维成果。

反思批判质疑的思维氛围。在民主平等和谐的新型师生关系基础上，教师才能激励与鼓励学生，并为学生提供大胆尝试与表达阐述机会；学生才能思维活跃，培养反思意识与批判质疑精神，真正做到"学会学习"。

跃跃欲试的活动氛围。在民主平等和谐的新型师生关系基础上，教师才能千方百计设计开展并相信学生有能力完成相关教学活动，学生才能想方设法主动参与、分工任务、团队协作、表达交流活动成果和活动感悟。

以情育人的情感氛围。在民主平等和谐的新型师生关系基础上，教师教学情感丰富，富有亲和力，一方面，实施积极的教学评价，以教师热情调动学生参与教学的激情，达到以情聚人的教学手段效果；另一方面，在教学过程中培养愉悦学生积极健康向上的情感，达成以情感人、以情动人、以情育人的效果。

可见，在民主平等和谐的新型师生关系基础上，教师着力引导学生形成"想动、愿动、敢动、常动"的良好互动习惯，课堂教学才能营造出良好的互动教学氛围，创设常态化的互动教学生态。民主平等和谐的新型师生关系对于促进教学高效化、有效性具有重要的积极意义与能动作用。因此，一个有教育教学智慧的老师，一定是善于处理教与学的关系，努力构建民主平等和谐的师生关系，为实施有效教学、打造高效课堂营造良好的互动教学氛围。

3.互动之源——立足实践，关注生活

"互动式教学模式"的力量之源在于生活实践。歌德曾经说过："理论是灰色的，而生活之树常青。"社会生活是思想政治教育赖以生存和发展的根基和源泉，"互动式教学模式"就是要对接社会生活实践的地气，打造一种

实践性、生活化的课堂。

贴近学生生活实际，精心创设生活情境，搭建互动参与平台载体。教师将社会生活有机融入课堂教学，从中精心创设生活情境，情境的价值在于蕴含知识，彰显正确价值观、必备品格和关键能力的价值导向，引导学生在生活情境中感知、印证、理解、运用知识；在生活情境中引发有思考价值的相关问题，引领学生思维，以问质疑、以问激趣、以问启思、以问导学；在生活情境中引出富有创意的教学活动，让学生在活动中体验情感、感悟道理、建构知识、升华思想。

契合学生心理需求，充分调动师生生活经验，把握互动参与本源。调动学生的生活经验，以元认知构建新知，科学定位教学水平。学生的生活经验是学生的元认知，学生借助已有的生活经验来自主感知、理解、接纳、应用新知识，对于构建、内化、运用新知识具有极其重要的能动作用。以学生的生活经验为课堂教学的起点，定位课堂教学水平，才能使课堂教学真正做到从学生的实际出发。

融入教师的生活经验，彰显教师个性化教学风格及其人文素养，提升教学互动效能。教师借助已有的生活经验，有助于艺术地活化知识与有序外化知识，灵活选择教学方法、手段与策略，高效调控教学流程，有效开发课程资源，创设生活情境等。可见，一个具有丰富生活经验的教师，其独特的教学智慧与艺术，能够彰显出鲜明的个性化教学风格及其人文素养。

二、构建"互动式教学模式"的基本价值与功能

基础教育课程标准所规定的"学科核心素养教学目标"是课堂教学的主旨、灵魂与方向，其有机完整的达成度是检验高效课堂和有效教学的根本依据。中学思想政治（品德）课"互动式教学模式"所追求的基本价值取向就是有效并高效促进学生掌握人生发展必备知识，形成支撑生存发展的关键能力和积极健康的情感态度价值观。同时，这也是学生内生学习动力与"学会学习"的过程。

（一）自主建构知识是"互动式教学模式"的重点

1.在生活情境中感悟与建构知识

创设生活化的教学情境，搭建学生自主建构知识的平台载体。"教学内容情境化，教学情境内容化"。教师创设生活化的教学情境，搭建学生互动参与的平台，引领引导学生通过对问题的思考与回答、在活动中的体验与升华、对文本的解读与对话、借力媒体的资源与信息等，最终进行意义建构，在生活情境中感悟与构建知识。

透过现象（情境）揭示本质（知识）。学生参与教学的过程就是在教师的组织、协调、鼓励、促进与引领下，透过"现象"即情境材料，通过思维碰撞、活动体验、已有生活经验感悟与已学理论知识印证等，揭示"本质"即未知理论知识，回归教材理论知识的学习过程，这符合学生的认知规律和学习规律。

2.在社会生产生活中理解与应用知识

学生将所学理论知识和社会生产生活实践紧密联系起来，做到知识生活化，能够将所学知识应用到社会生产生活中解释（认识世界）和解决（改造世界）自身和社会现实问题，在社会现实生产生活应用中加深理解知识，感受思想政治学科知识的独特价值与魅力，学以致用，以用促学，激发学生的学习兴趣、探究欲望，培养思想政治课的学习热情、学习方法、学习能力。

（二）注重能力培养是"互动式教学模式"的关键

1.引出相关的有效问题，更加注重培养学生的学科应用能力

在所创设的教学情境中，学生要从文字表述、图表中解读并提取有效信息，培养获取和解读信息的能力；学生要紧扣情境与设问要求，从学科知识、时事信息、"知识库"中检索、迁移、整合知识，培养调动和运用知识的能力；学生要运用简洁的语言、观点和方法，阐释评价事物，通过概括总结反思，培养描述和阐释事物的运用表达能力；学生在论证和探究问题过程中，力求观点与材料的一致性、逻辑性、规范性、层次性与创新性等，培养论证和探究问题的逻辑论证能力。这四种学科应用能力就是在互动式课堂教学层面具体体现和落实了课程标准所规定的中学思想政治学科应用能力。

2.在学科任务导向下，更加注重考查学生的学科核心素养

在应对各种复杂社会生活情境的问题和挑战中，"新版课标"界定了基本的学科任务类别，如描述与分类、解释与论证、预测与选择、辨析与评价等。学生在学科任务导向下，综合运用学科知识，分析解决复杂情境问题，获得预期的关键行为表现，从中考查出学科核心素养状况。

3.设计相关的创意活动，培养学生的创新意识与实践能力，提升综合能力

"互动式教学模式"的特色与重点在于互动，互动的形式是多样化的，其中开展富有创意的活动是主要形式之一。学生在组织开展创意活动的过程中，通过亲身的参与、体验，从中可以培养创意设计、统筹规划、组织协调、角色分工、资源整合、团队合作、语言表达、意义建构等创新意识与实践能力，提高学生自主合作探究的学习能力、分析与解决问题的能力、语言表达能力、组织协调能力、人际交往与交流能力等，这是学生人生发展必备的基本技能。

4.借力现代教育技术与新媒体，培养学生"学会学习"的能力

在教育信息化的今天，现代教育技术与新媒体得到了快速发展并广泛应用于课堂教学，在互动式课堂教学中产生了较好的教学效果和较高的教学效率。

首先是激发学生学习的兴趣。"互动式教学模式"借助网络、视频、PPT、电子白板等适时适度辅助教学，充分利用图表、图画、影像、音频等教学资源，呈现方式直观形象、简洁明了，实现思想政治课知识与社会生产生活互联互通、融会贯通，能够启迪学生的思维，激发学生学习兴趣，增加教学的信息量，转变教学方式，提高课堂教学效率。

其次是提高学生的学习能力。"互动式教学模式"通过人机互动，培养学生获取梳理、分析判断、归纳总结有效信息的应用操作能力，以及对信息资源的占有使用、沟通共享能力等；在使用新媒体的过程中，要努力引导其发挥正能量，增强学生的道德判断力与自制力。

最后是转变学生的学习方式。借助计算机的强大功能与便捷化的互联网

络，"互动式教学模式"通过微课视频、电子书包等教学资源，实施慕课、翻转课堂教学，将教学活动前置，先学后教，以学定教，变课堂为学堂，实现课堂教学组织形式、功能的转变，更加强调学生的自主、合作、探究学习，实现学习方式的转变。

（三）强调过程与方法是"互动式教学模式"的特色

"学会学习"已成为当今时代人们必须具备的最基本的素养之一。"互动式教学模式"要求学生面对生活情境中引出的教学问题与教学活动，都要力求展现互动过程和展示思维方法，让学生在互动参与过程中努力"学会学习"。

1.教学问题的思维过程与方法

问题是创新之始，是自主、合作、探究学习之源。"互动式教学模式"通过创设生活情境，一方面，可以由教师在情境中引出有效的教学问题。问题要关联情境、关联知识、关联思维，学生阅读文本材料的过程，必须在设问的思维导向下，紧密结合所提供的情境材料，运用一定的思维方法，通过一定的思维过程，实现缜密构思、知识迁移、选择与组织答案。答案作为思维成果，其准确性、规范性、逻辑性、层次性、灵活性与创新性等可以反映出学生学科应用能力和学科核心素养的状况，以问题引领学生思维互动，培养学生的思维能力。另一方面，也可以引导学生自己提出问题。老师要激发学生的问题意识，指导学生提炼有效信息并形成问题的方法，培养学生提出具有一定思考价值的问题的能力，以问题为纽带，引导学生进行知识互动、思维互动、经验互动等。

2.教学活动的参与过程与方法

"互动式教学模式"突出强调学生积极主动参与从教学情境中引出的教学活动，活动参与的过程既是学生认知感悟、情感体验的过程，也是方法、能力展现的过程；既是教师教学过程，也是学生"学会学习"过程。学生主动参与教学活动，通过亲身的自主合作探究，有利于将课本知识内化并学会灵活运用，增长知识与智慧；有利于开阔视野，活跃思维，主动反思、概括与总结，敢于批判、质疑与创新，促进学生"学会学习"。

（四）培育正确情感态度价值观是"互动式教学模式"的灵魂

1.情感体验与品格浸润

情感是思想政治教育最好的润滑剂，具有很重要的催化作用和特定的能动性作用。培养学生积极健康向上的思想情感，既是中学思想政治（品德）课努力追求的教学目标，也是增强教学效果的必然要求。

情感作为教学手段的激励作用。学生在教学过程中能否开展互动参与，需要教师的情感激励，拉近师生的心理距离，激发培养学生积极健康向上的思想情感，以更加昂扬向上的精神状态投入教学活动中。

情感作为教学效果的体验作用。情感因素是衡量思想政治课教学效果的重要标准之一。实践证明：一节好的思想政治课，不仅在于晓之以理、说理透彻与以理服人，更在于动之以情、情感愉悦与共鸣。在互动式课堂教学中，学生伴随着愉悦的情感体验，逐步产生自我效能感，找到成功与自信，增强思想政治课的教学效果。通过师生之间的情感交流和心灵沟通，实现教育者对受教育者潜移默化的影响，实现"亲其师而信其道""德育无痕化"的境界。

品格即人的品性和性格，是一个人的基本素质和个人修养的重要表征，它决定了这个人回应人生处境的模式。古人十分重视个人修养，强调"修身齐家治国平天下""吾日三省吾身"。中学思想政治（品德）课具有对学生进行思想政治教育的独特学科优势，是塑造学生积极健康人格的重要途径。加强思想道德修养的过程就是塑造必备品格的过程，学生在学习掌握一定思想政治学科知识的前提下，不断提高自身的思想道德认识、思想道德判断水平，陶冶思想道德情感，通过自省、自律等方式，养成良好行为习惯，形成正确的世界观、人生观、价值观，塑造优良品格，提高综合能力，提升人文素养。

2.思想启迪与价值引领

思想政治教育有其特有的规律，不能完全依靠灌输，而应更多地在学生互动参与过程中，通过思想交流、思维碰撞等在亲身体验与感悟中逐步习得。学生在互动参与中，领悟思想政治道理、内化思想政治知识、升华思想政治情感、践行思想政治行为。以互动参与体验为主的教育教学方式，遵循思想政治教育特有的规律，实现了思想政治教育的功能。

"互动式教学模式"立足于当今信息化环境下学习的新特点，直面社会思想文化相互交织、相互渗透，学生接收信息的渠道明显增多的新态势，着眼于学生思想活动的独立性、选择性、多变性、差异性和高中阶段学生成长的新特点，引导他们通过范例分析展示观点，在价值冲突中深化理解，在比较、鉴别中提高认识，在探究活动中拓宽视野，理性面对不同观点，引领学生认同、践行社会主义核心价值观。只有使学生亲历自主辨识、分析的思维互动过程，并作出价值判断，才能真正实现有效的价值选择引领。

三、构建"互动式教学模式"的基本策略与路径

构建"互动式教学模式"是一项系统工程，学生在参与课堂教学过程中，教师要全面落实学科核心素养教学目标，引导学生"学会学习"，突出学生的主体性，彰显思想政治学科教学特色，实施有效教学，打造高效课堂。"互动式教学模式"是由三大支撑条件、四大动力机制、四大外在形式与六大内在内容有机构成的"3446"型互动式教学机制。

（一）"互动式教学模式"的支撑条件

1.前提条件：构建民主平等和谐的新型师生关系

构建民主平等和谐的新型师生关系是"互动式教学模式"的前提基础。伴随着现代教育的民主化，公民民主权利意识正逐步觉醒，教师应尊重学生的人格尊严与民主权利，体现师生教学地位的平等，实现师生关系的和谐。只有在民主平等和谐的新型师生关系基础上，才能营造出安全宽松的心理氛围、自由平等包容的民主氛围、畅所欲言的交流氛围、自主合作探究的学习氛围、反思批判质疑的思维氛围、跃跃欲试的活动氛围、以情育人的情感氛围，学生才能主动表现、思维活跃、共同参与、相互配合、齐心协力、互动参与，从而实现教学相长。由此可见，构建民主平等和谐的师生关系，有利于营造互动参与的教学效应场。

2.外在条件：实施情境教学，创设互动平台

精心创设生活化教学情境是实施"互动式教学模式"的有效载体。

选择来源。思想政治课教学的情境材料主要来自四个方面：党和政府在现阶段的基本路线和重大方针政策、国内外重大时事政治、重要的社会现实问题以及本区域的乡土材料等。引入大量鲜活的情境材料能够较好地体现出思想政治教育的时代性、实践性、生活化、乡土化，这既是思想政治学科教学特色的重要体现，也是思想政治教育生命力与活力的重要体现。

价值取向。情境材料需要经过精加工与再创造。首先是要坚持正确的价值引领与导向，教师选择的情境应给学生以震撼与教育，传递出正能量和主流价值取向。其次是要蕴含教学内容。教学情境的设计要从多层次、多角度、多方面蕴含学生所要学习的内容。教学情境材料所呈现的是现象，学生所要认识和理解的是问题的本质，这样既符合学生的认知规律，又能以此为有效载体培养学生的学习能力。

创设要求。情境创设要贴近社会生产生活，紧扣教学内容，激发思维碰撞，兼顾学生实际。结合思想政治课学科特点与教学要求，所要创设的情境材料应做到：表达方式要立意宏大、寓意深远、言简意赅、表述准确，条理清晰、层次分明；呈现方式要多样化，体现出教学的艺术性和材料的鲜活性；设问关联情境材料，体现出教学的严谨性；内容关联情境材料，体现教学的灵活性。

3.内在条件：发挥师生的生活经验在教学互动中的能动作用

教师应充分把握学生的生活经验，感悟理解教学内容，科学定位教学设计。学生的生活经验是学生在长期生活实践中积淀形成的内在的知识、能力、情感等主体精神状态及经验性主观感受，学生以此对外界刺激作出应答并对内作出心理结构调整。学生的生活经验包括：已有的知识储备、已有的生活阅历、已有的情感体验、已有的认知积淀、已有的能力水平和已有的思想觉悟状况等。学生借助已有的生活经验来自主感知、理解、接纳、应用新知识，对于构建、内化、运用新知识具有极其重要的能动作用。教师了解和掌握学生的生活经验，并以此作为教学设计的依据、教学的第一手资料、教

学活动的切入点，从而使课堂教学互动真正做到从学生的实际出发。

有机融入教师生活经验，追求教学艺术风格，提升教学互动效能。教师的生活经验集中表现为个性化教学风格。个性化教学风格是教师在长期的教育实践过程中不断探索创新教学方式方法和积淀教学经验智慧的结晶，是教师教育思想、教育能力、教育素养、教育风格和教育智慧等方面素养的综合反映。教师借助已有的生活经验，艺术地活化知识与有序地外化知识，灵活选择教学方法、手段与策略，高效调控教学流程，有效开发课程资源，创设生活情境，这些独特的教学智慧与艺术、鲜明的个性化教学风格及其人文素养，有效引领课堂教学的互动走向与走势。

（二）"互动式教学模式"的动力机制

"互动式教学模式"的本质特征与核心在于教学的主体与客体之间充满着互动，在互动参与教学过程中，产生出教育合力、教育张力、教育辐射力与教育影响力等内生动力机制。

教育合力。这要求每一位教育主体与客体在课堂教学过程中都是积极主动朝着"学科核心素养教学目标"相向而行，从而共同合力完成课堂教学目标和任务。

教育张力。这要求每一个教育主体与客体在课堂教学过程中都是相互吸引、相互启迪的，从而相互牵引共同参与课堂教学活动。

教育辐射力。这要求每一个教育主体与客体在课堂教学过程中都能积极参与、主动表现，从而由内而外为课堂教学发出一份光热，尽到一份责任，发挥应有作用。

教育影响力。这要求每一个教育主体与客体在课堂教学过程中所产生的各种教育力量是相互渗透、相互作用、相互转化与相互促进的，在内外联动与互联互通中内生动力、外化引力，整合形成课堂教学的综合力量，高效达成课堂教学目标，促进学生科学发展。

（三）"互动式教学模式"的外在互动形式

从课堂教学环境的构成要素来看，教师、学生、文本、媒体是构成教学环境的基本要素，从而形成师生互动、生生互动、人机互动、人本互动四种外在互动形式。

1.师生互动：互动参与，学会学习

教师在课堂教学互动中应发挥主导作用，但非主宰作用，其角色定位：规划设计者，即系统规划、顶层设计课堂教学的目标、内容、方法、手段、流程、环节与互动任务等；组织协调者，即组织协调、指导调控学生参与课堂教学互动任务的思维活动与教学活动，引导学生开展自主合作探究学习；平等对话者，即老师要给学生思考问题、参与活动和语言表达的机会，走下讲台，目光平视学生，善于倾听学生，不将自己观点和教材知识强加给学生；鼓励促进者，即面对学生在互动参与教学过程中出现的各种困难障碍，要及时给予鼓励表扬，充分肯定学生积极主动参与教学互动的价值，增强学生战胜困难障碍的信心勇气，适时适度引导启迪学生思维，不要急于给出答案；合作学习者，即针对学生在互动参与课堂教学过程中闪现的灵感火花与奇思妙想等超乎教师预设想象之外的意外生成或即时生成，教师要善于及时捕捉并记载下来，在不同班级学生之间交流共享，丰富自己的教育教学经验智慧；意义建构者，即在学生互动参与之余，教师要有意识地适时适度引领学生透过现象认识本质，引导学生自主建构知识，回归教材知识学习，完成教学既定目标和规定任务。

学生在课堂教学互动中应处于主体地位，其角色定位：思维的主体，即学生能够独立思考的问题，应由学生自主思考并寻求解决问题的策略；学习的主体，即学生能够学习的内容，应由学生自主学习并总结；话语表达的主体，即学生能够自己表达的知识，应由学生自主表达；活动的主体，即学生能够亲身实践的活动，应由学生自主完成，做到学以致用。

在动态的互动参与中，实现学生"愿学、能学、会学、爱学"，真正把课堂还给学生，使学生成为课堂教学的主体，彰显学生的主体性，做到"学会学习"。

2.生生互动：合作探究，共享智慧

学生互动参与教学的过程也是一种合作完成教学任务的过程，实现资源共享、优势互补、相互启迪、集思广益、相互促进、共同发展。

问题与思维的合作。围绕教师设计的教学问题，同学之间需要开展讨论、辩论等相互间的思维协作，集思广益解决问题，获得思维成果，共同完成教学任务。

活动与课题的合作。围绕教师设计的教学活动、课题研究，同学之间需要根据自己的兴趣爱好、能力水平、特点专长等，通过任务分解、角色分工等，开展相互间的活动探究与调查研究合作，群策群力获得活动与研究成果，共同完成教学任务。

3.人机互动：借力媒体，优化教学

教育信息化背景下，现代教育技术与新媒体广泛应用于课堂教学，借助互联网，利用QQ空间、微博、微信等新媒体平台，PPT、电子白板、电子书包等教学平台，这些具有智能化、交互式特点的互动参与平台，不断拓展现代教育技术在课堂教学中的应用，加强思想政治教育与信息化、智能化媒体的联系，师生之间、生生之间借助媒体互动参与，优化教学流程与资源配置，开展积极的教学评价，提高课堂教学效率，促进学生"学会学习"，引导学生健康发展，实现思想政治学科教学方式不断更新。

4.人本互动：反思质疑，意义重构

教师与学生的主体因素与课程标准、教材、教学参考资料、教学辅助材料等文本材料的客体因素之间也存在着互动关系，主要体现在主体对客体的解读存在着一定的落差，通过概括、总结、反思、批判、质疑等思维互动路径可以重构知识，缩减认知落差。

教师对文本的解读与解构存在一定的落差。一些教师的课程标准意识淡漠，将教材视为唯一的课程资源，以本为本，就教材讲教材，教材是对课程标准的完全外化吗？教师对教材的解读科学准确吗？这些都需要教师不断研究从课程标准到教材的落差、从教材到教师的落差以及从教师到学生的落差等，努力做到科学准确把握课程标准、解读教材与传授知识。

学生对文本的理解与运用存在一定的落差。学生由于自身阅历、能力等原因，对教材、教学参考资料、教学辅助材料等文本材料的理解与运用同样

也存在一定的落差，需要精读与泛读并举，专心听讲与自我解读并重，反复研读文本，从中获得感悟、理解和意义升华。

（四）"互动式教学模式"的内在互动内容

从学生参与课堂教学的内容来看，知识、语言、行为、情感、思维和思想是构成教学互动的基本元素，由此构成知识互动、语言互动、行为互动、情感互动、思维互动和思想互动等六大内在互动内容。

1.知识互动：丰富经验，知识应用

生活经验层面的知识互动：构建、理解新知。思想政治课堂教学应遵循"三贴近原则"，即贴近学生的生活实际、思想实际、学习实际，以学生的生活经验为教学的切入点。一方面，借助学生已有的生活经验印证、理解、构建与习得新的知识；另一方面，以生活经验为纽带，让思想政治教育与学生生活实际融为一体，真正做到从实际出发，更好接地气，让思想政治课堂教学充满生机和活力，着力打造生活化课堂。

理论形态层面的知识互动：巩固、应用知识。学生在生活情境和创意活动的学习载体中学以致用，应用所学知识，解释和解决相关社会生产与生活问题，切身感受知识的生命与价值，实现认识和改造世界的目标，实现理论知识与社会实践的有机结合。这与以往传统的教学方式相比较，根本区别在于学生在知识互动中自主建构的是"活知识"，而非教师灌输的"死知识"，因而能够称得上是长效知识。

在知识层面的互动特别强调学生"在做中学，在学中做"，真正做到学以致用。教师引导学生运用已有的理论知识、生活经验、思路方法等应对新知及其应用场景，能将知识的来龙去脉讲得头头是道，说明真正理解掌握了知识；能将试题分析得条理清晰，说明真正掌握了解题思路。知识互动对教师的知识储备和理论功底要求很高，否则你想不到也不会随机追问学生，进而引导学生巩固、理解知识，做到真懂、真会。

2.语言互动：表达思想观点与传递思想情感

语言既是表达人内心世界思想观点与情感的工具，也是人际关系沟通交流的桥梁与纽带。思想政治教育的一个突出特点是人要善于运用一定的语言表达自己的思想与情感，以达到沟通理解的目的。"互动式教学模式"非常强调语言互动，能够让学生交流的思想与情感尽可能由学生自主充分表达，以彰显学生的主体性。这要求教师和学生在语言互动过程中都要掌握和遵循一定的语言表达规范与技巧。

教师的教学语言表达规范与技巧。教师的教学语言表达要亲切自然、条理清晰、言简意赅、机智灵活、幽默风趣；语速舒缓适中，节奏感强；语音语调抑扬顿挫、充满感情，极具亲和力和感染力，从中传递出教师的教育信息，科学有效地与学生互动交流。

学生的教学语言表达规范与技巧。教师要培养学生的语言表达能力，引导学生在表达自己的思想观点与思想情感时，注意语言表达的逻辑性、规范性、层次性、严谨性、简洁性，还要注意尊重他人的人格尊严与民主权利等，以实现良好的人际交往与交流。

3.行为互动：活动—体验—感悟—升华

思想政治课堂教学应该是教师与学生展示才能、展现风采的互动舞台，只有让学生真正成为课堂的主人，才会达成有效教学与高效课堂。互动式课堂教学过程是学生围绕教学问题和教学活动开展行为探究的过程。

蕴含教学内容，在活动中获取知识。"课程内容活动化，活动内容课程化。"教师通过组织学生开展丰富多彩的蕴含思想政治教育和教学内容的课堂活动，让学生在寓教于乐中亲身感知、理解、构建、应用教材内容，从中获取知识。

自主合作探究完成教学活动，培养综合能力。学生参与课堂教学活动的过程，同时也是学习的过程。学生在活动中分析解决问题，既需要一定的智力因素，更需要意志品质、团队合作精神等非智力因素，两大因素有机融合，共同促进学生自主、合作、探究完成教学活动，培养综合能力。

在活动中感悟人生道理，渗透思想政治教育。学生在完成教学活动过程中获取知识、培养能力的同时，还能在活动中感悟、体会、认同、悦纳充满正能量的人生道理，提高思想政治教育认知。

4.情感互动：情感激励与情感体验

情感具有作为教学手段的激励作用和作为教学效果的体验作用。实施情感教育，通过情感激励与体验，达到心心相印、心灵互动，形成积极的情感互动氛围。"互动式教学模式"需要营造心理宽松与情感愉悦的课堂教学环境，满足学生参与课堂教学互动的安全心理需求。

情感作为教学手段的激励作用：实施积极的教学评价，以教师热情点燃学生互动激情。中学思想政治课的教学理论较为抽象枯燥，具有亲和力的教学情感能够拉近师生心理距离，达到"亲其师而信其道"的教育效果。思想政治课教师要不断丰富个人的教学情感，要更加注重教学情感的丰富性和亲和力，积极主动深入学生当中，和他们多谈心、多沟通、多交流、多鼓励，相互尊重，平等交流，运用风趣幽默的语言、极富磁性的语调、童心未泯的心态、真情流露的体态等情感表达方式，展现出教师独特的个人魅力，以教师的积极情感不断调动激发学生主动参与课堂教学的热情，吸引学生积极主动参与教学。学生能够从教师的教学情感中感知思想政治课教师的工作热情、工作态度、责任感与认真精神等，感悟理解悦纳思想政治课道理，增进思想政治课堂教学的生动性与思想政治教育的感染力、说服力。

情感作为教学目标的塑造引导作用：丰富学生的情感体验，以正确价值导向，高扬主旋律，增强学生对成功自信的自我效能感。情感教育是中学思想政治课教学应该追求的重要的教学目标，积极的教学评价对培育学生积极健康向上的情感具有正向激励作用。教师实施激励性的教学评价，通过积极的心理暗示，能够增强学生信心与勇气，产生积极情感体验，陶冶健康向上的情绪情感。这要求教师学会赏识学生，善于捕捉学生的优点和闪光点，运用表扬的"武器"，采用灵活多样、生动丰富、具体恰当的评价语言，及时给予学生肯定和鼓励，激励学生的学习情感，营造互动的教学氛围，达到积极教学的效果。可见，只有真正走进学生的心理世界，才能真正赢得学生的信任。学生只有做到了心动，才能做到想动、愿动、敢动、常动，才会有积极主动参与教学互动的行为。

5.思维互动：概括总结反思与批判质疑

思维互动通过借助一定的思维方式，在展示思维过程与思维方法中获得思维成果。概括总结反思与批判质疑是学生"学会学习"的重要思维特征与要求，其互动过程是通过思维的不断迁移、转换、提炼与提升，通过螺旋式、波浪式与上升式的思维过程，进而形成更高更新的经验性、程序性和理论性的思维成果，推动实现知识习得和能力提升。

学会概括总结反思：易混易错、相似相同知识；解题思路、分析解决问题的策略方法等。

学会批判质疑：培养问题意识，打造质问课堂，学生在批判质疑中实现"小疑小进，大疑大进，不疑不进"的学习效果。

概括总结反思与批判质疑包括老师和学生两个层面，是互联互通、层层递进的关系，关键在于教师从教学情境中引出的"问题"是否具有思考的价值，学生是否感兴趣以及能否有能力回答，问题呈现的时机、顺序和思考的时间安排是否合理，解决问题的条件是否完备，学生的分组是否科学，有无问题意识、反思批判质疑能力、探究精神、团队合作精神等。

6.思想互动：思想启迪与价值引领

思想启迪。思想政治教育最根本的原则是坚持理论与实际相结合。有很多思想政治课理论观点与现实社会生活相结合时，学生在认知和思想上会产生一定的偏差，需要师生在表达、讨论、辩论中阐述观点，在反思批判质疑中辨明观点，在价值冲突中识别观点，在比较鉴别中确认观点。

价值引领。现代中学生随着年龄的增长已经具备了一定的明辨析理、辨别是非能力，因此，在互动参与过程中，教师要坚持实事求是原则，讲真的道理、表真的情感，培养学生的求真向善塑美精神。教师可以将自己对相关问题的看法与观点表达出来，但不要强加于学生，借机引导学生探析，问题总是在辨析中越来越接近真理，努力在讨论中产生共鸣与共识，最后发现我们所要追求的真理其实与教材中的观点是基本相一致的。

教师在实施"互动式教学模式"应注意：互动目的要明确，互动任务要适度，互动时间要适时，互动时机要精准，互动方式要灵活，互动主体要全面等互动的要求，切忌偏离教学内容、教学任务等课堂教学主旨，陷入无休止、无节制、漫无目的的互动交流当中。

总而言之，"互动式教学模式"能够让学生在有限的课堂教学时空中通过多维立体的互动机制，高效达成"学科核心素养教学目标"，引导学生"学会学习"，着力培养学生的核心素养，实现有效教学与高效课堂的价值追求。同时，倡导与践行在互动中体验、感悟与生成思想政治教育内容，实现科学有效的思想政治教育，促进学生的科学发展。由此可见，"互动式教学模式"既符合基础教育新课程改革的理念与要求，又遵循了思想政治教育规律，是有效教学与高效课堂的有益探索与构建。

第五章 "互动式教学模式"的实践应用与典型课例

内容提要："互动式教学模式"作为一种教学实践成果，具有很强的实践性与可操作性。芜湖市"王为民名师工作室"研修团队立足中学思想政治课教学实践，围绕"互动式教学模式"研究主题，从初中到高中，从新授课到复习课，从试验课到示范课、常态课、多媒体课等，立足不同学段、不同层次、不同课型，全方位、全过程、全链条打造了一批典型教学案例，形成了一批可操作、可复制、可推广的实践研究成果，倾力打造"互动式教学模式"教学品牌，全力推动"互动式教学模式"落地生根。

自"互动式教学模式"总体思路与框架结构的顶层设计提出以来，芜湖市"王为民名师工作室"第一批和第二批的研修教师在主持人的精心指导下，在课堂教学层面开展了积极有益的实践探索，他们的实践研究成果和典型教学案例可供广大中学思想政治课教师在教学实践中学习借鉴并进一步发展完善。

第一节 "互动式教学模式"的实践应用

研修团队立足中学思想政治课堂教学实践，围绕"互动式教学模式"研究主题，不断反思研究、概括总结提炼教学经验，积极撰写了一批有影响、有价值的教学论文，较好地诠释论证了"互动式教学模式"的价值取向和实施策略。

一、"互动式教学模式"下培育学生科学精神素养的探究[①]

目前，我国新一轮基础教育课程改革正在稳步推进，教育部《关于全面深化课程改革落实立德树人根本任务的意见》中明确提出，要将"核心素养"置于课程改革的基础地位。因此，作为思想政治学科，我们在教学中要将传统的"知识与技能""过程与方法""情感态度价值观"三维目标整合为培养学生政治认同、科学精神、法治意识、公共参与等学科核心素养。其中，"科学精神"是达成政治认同、形成法治意识、实现公共参与的主观要求，其目标是培养有思想、有理智的中国公民。笔者认为，以培养"科学精神"等核心素养为纲的课程改革，不仅能提升学生的逻辑思维品质，塑造健全人格，更能培育理性平和的社会心态，对于提升全民族的道德素质和心理品质、促进社会和谐发展具有重要意义。

（一）科学精神素养的价值探究

当前，我国社会主义市场经济的快速发展、社会结构的急剧变化、利益格局的深刻调整使整个社会心态发生了变化。急功近利、心浮气躁、焦虑迷茫等不良社会心态不同程度存在，通过社会、家长、学校、教师反映到一些学生的行为表现上。心理学家关于青少年心理健康的标准中指出，有良好心理品质的学生应该有情绪的稳定性与协调性，有较好的社会适应性，反应能

[①] 该部分内容的合作者为芜湖市"王为民名师工作室"研修成员、芜湖市第十二中学王华宝老师，有改动。

力适度与行为协调，有心理自控能力，有心理耐受力。

在"互动式教学模式"下，教师通过精心创设的生活情境、丰富多元的探究活动、开放创新的教学方法引导学生感悟、概括、总结、反思、质疑、探究，培养他们冷静客观分析社会形势，透过现象把握实质的科学精神，避免形式化、浮躁化、盲目化的行为。在师生互动中，学生感受教师对于社会现象、国家形势的抽丝剥茧层层分析，培养自身的理智力、洞察力、耐受力。在生生互动中，学生体验合作的魅力，体会和谐的张力，浸润协调的合力。在人本互动中，学生通过阅读分析课程资源，培养自身掌握概念、提高判断、分析、综合、比较以及推理、计算等方面的能力。在人机互动中，学生通过查找、分析、归类、整合信息资源，借力新媒体技术，去伪存真、去粗取精，感知互联生活，增强分享意识，提升自控能力。

党和国家提出，要培育自尊自信、理性平和、积极向上的社会心态，要加强思想道德建设和社会诚信建设，增强国家意识、法治意识、社会责任意识。思想政治学科作为重要的德育课程，其发展的根本任务是立德树人，要在政治上始终与中央精神保持一致。通过情境互动，整合教材资源、时政资源、教师经验、学生经验、师生关系等，引导学生关注国家、社会发展，培养学生学科素养。例如，在"正确认识中华传统文化"一课中，教师围绕教材中"传统文化对于今天究竟是财富，还是包袱？"的探究开展辩论活动，引导学生做出合乎理性的价值判断和行为选择，培养学生辩证思维品质，理性看待"城镇化建设"，保留住我们的文化血脉，真正做到"望得见山，看得见水，记得住乡愁"，增强学生的民族意识。

（二）科学精神素养的策略探究

笔者在实践"互动式教学模式"中深深感受到，师生互动、生生互动、人本互动、人机互动等互动方式，是培养学生科学精神，使其成为有思想、有理智的社会主义公民的最佳策略。

1. "互动式情境"——科学精神之本

美国哲学家杜威最早在教育学意义上运用"情境"一词，他提出"思维起于直接经验的情境"，并把情境列为教学法的首要因素。自此以来，中外广大教育工作者在教学中不断实践情境教学法，激活了僵化、生硬的抽象概念，取得了丰硕的教学成果。在"互动式教学模式"下，教师精心选择、组织教学情境，以问题为导向，层层深入，以问导思、导疑。学生在引人入胜的情境体验中，理解信息、加工信息、主动建构知识，情境教学为学生架起了一座直观到抽象、感性到理性、教材到生活的桥梁，让学生体会到了收获的喜悦，感知冷静、客观、逻辑分析的力量。例如，在经济生活"充分发挥市场在资源配置中的决定性作用"一课的教学中，教师选用"双十一"网购素材，精心编制设问，引导学生理解市场经济的基本原理。

　　材料一：2015年11月11日，时钟摆过零点1分12秒后，天猫"双十一"成交额突破了10亿元。12分28秒时，这一数字冲至100亿元。直至当日24时，天猫后台大屏幕上的交易额最终定格在912.17亿元，同比上一年571亿元增长60%，与上一年度增长57%，基本持平。此外，2015年移动端销售占比68%。

　　问题：你是否有过网购的经历？相比较实体店，你为什么选择网购呢？

　　材料二：2016年"3·15"晚会启动后，每天都会接到来自全国各地的大量投诉。通过汇总，网络购物相关的投诉占全部投诉量的25%，成为"3·15"晚会收到的数量最多的热点投诉。在众多的网络购物投诉中，商品质量不合格和假冒现象比较严重。李先生为妻子在京东商城以14000元价格付款购买了一款LV女包，后来发现该包为假冒商品，通过专柜对比正品，在工艺制作上存在明显的差异，且专柜人员以包存在品牌问题拒绝给该包进行刻字服务。

　　问题：1.你有过买假货的经历吗？这说明了什么道理呢？

　　　　　2.如何解决网购市场中假冒伪劣产品问题？

通过材料一的问题设置，引导学生分析感性材料，感叹于互联网时代下的生活改变，结合学生自身的网购经历，从生活情境出发，引出市场配置资源的含义、方式、优点等相关原理，使知识点自然引出。选择材料二的情境，引导学生辩证、客观分析生活现象，理智地看待市场调节的不足。最后通过问题设置升华知识、探讨生活，为解决假货现象、规范市场秩序做好铺垫。整节课结构严谨，逻辑清晰，知识传授灵动、自然，学生在参与中既能感受知识的生成，亦能体会冷静、客观分析的力量。

2."互动式活动"——科学精神之源

实践是一切精神、意识形成的源泉。课程改革方案把"综合探究"列入教学内容，并占三分之一的学时，以期加强学生的社会实践活动，通过亲身体验把主流价值观内化为学生的基本价值取向。"互动式教学模式"下，教师以课程知识为资源背景，组织和创新活动课程，让学生探究思考，总结质疑，从而真正"在做中学，在学中做"。

在教授"基层群众自治制度"内容时，教师设计了"走进社区、了解社区"的社会实践活动，在班级遴选了一组学生代表，遴选的原则遵从了罗伯特·斯莱文教授创设的学生小组成绩分工法，即遵循成绩搭配、性别搭配、性格搭配的原则。在任务分工上采取了类似于阿伦逊及其同事开发的切块拼接法的方式，让每个同学带着不同的任务单走进社区，了解村民委员会组织法、居民委员会组织法，采访社区工作人员，走访社区群众，共话管理难题，共究体制创新。回到课堂上，教师让参与小组同学向大家介绍民主管理法律法规，与大家分析居民自治中的难题，共同探讨解决之路。

在"弘扬中华优秀传统文化与民族精神"这一目的教学中，教师选择了科技史上著名的"李约瑟难题"为探究主题，让学生在课前探讨"尽管中国古代对人类科技发展做出了很多重要贡献，但为什么科学和工业革命没有在近代的中国发生？"这一难题，结合跨学科知识，寻找各方代表性观点。课堂上，课前做出充分准备的同学纷纷发表观点，更有同学指出"中国古代科技注重实用性"缺乏科学论证与抽象化的理论研究的观点，并进一步提出现代教育需要培养学生科学的精神。尽管这个难题至今仍没有完整的答案，但通过学生自己查找、总结、分析、辩论、质疑，有效延展了课堂教学，增进了学生的认知，在互动式的活动中感受了理性的价值、思考的美，让学生在今后的学习中更加主动探索新知，更加主动质疑，更加理性面对学习和生活。

3."互动式载体"——科学精神之技

近年来，国家全面推进基础教育信息化，扩大优质教育资源覆盖面。信息化的网络平台符合创新、协调、绿色、开放、共享的发展理念，发挥了其即时、沟通、共享的强大功能，为互动式课堂插上了翅膀，让师生、生生交流成为了常态，人本互动、人机互动成为了载体，不仅打造了高效优质课堂，而且提高了学生分析鉴赏水平和自我调控能力。

笔者在教学中充分利用PPT、电子白板等教学平台，优化了教学流程，提升了课堂效率，为师生互动、生生互动、人本互动的开展提供了保障。教师通过QQ群、微信群等，加强与学生的沟通，解答了学生的疑虑，亲历科技之便利，体验科技之功能，使学生更能全面看待科技手段，增强理性运用智能产品之意识。在"人民代表大会：我国的国家权力机关"一课的教学中，教师安排了一组学生去采访本校校长（区人大代表），并制成视频在班级放映。学生在收集班级同学问题的基础上进行采访，效率大大提高，不仅更加熟悉和了解了人大的职能和人大代表的职权，而且增强了学习的兴趣。

"互动式教学模式"被实践证明是完全符合基础教育新课程改革要求的，有利于学生在参与课堂教学活动中习得获取新知，不仅能感受知识生产之美，体验创造和发现新识之法，适应当前"互联网+教育"的时代趋势，而且培养了学生理性看待社会现象、客观分析价值冲突、冷静理智作出选择的能力。"互动式教学模式"通过学生课前自主学习、课堂参与探究、课后拓展延伸，借助师生、生生互赞互动的和谐氛围，引领学生课堂安全感、新鲜感、幸福感的生成，为培育学生的科学精神构建了良好的课堂生态系统。

二、课堂教学中"情感互动"的路径探究——以"在品味情感中成长"为例[①]

情感，是人对客观事物是否满足自己需要而产生的态度和体验。课堂教

---

① 该部分内容的合作者为芜湖市"王为民名师工作室"研修成员、芜湖市第十二中学王华宝老师,有改动。

学中师生间的"情感互动"是教师和学生把自己的感情渗透给对方，即教师在教学过程中有意识地以积极的情感去教育、激励和感染学生，达到心心相印、心灵互动，从而培养学生建立一种稳定的、深刻的、积极的内心体验。

在初中阶段，学生的情绪情感更加丰富而细腻，自我意识以及"三观"更加强烈并趋于定型，但也存在情绪情感的冲动性、易变性、不稳定性等方面的不足。因此，对初中生进行情感教育，一方面能充分发挥情感促进知识学习的工具性价值，另一方面也是关注学生的人格完善、生命成长的过程。《道德与法治》七年级下册第二单元"做情绪情感的主人"的内容设置，旨在使学生通过对情绪情感的特点及其关系的了解，辨析正反情绪情感对我们生活的影响，掌握情绪管理的方法与技巧，体验情感交流的魅力，从而培养学生全面看待问题的意识和能力，传递和创造正面情感体验，保持健康、积极、乐观向上的精神状态。

接下来，笔者以安徽师范大学附属外国语学校蔡峰老师执教的《在品味情感中成长》一节"情感互动"示范课为例，探究教师应如何在实践中运用情感元素组织课堂、激励学生、感染学生，实现教学目标，增强解决问题的能力，提升学生的核心素养。

（一）情感表达凸显亲和力

"情感互动"课堂教学中，教师个人的情感表达是影响课堂教学效果的关键性因素。心理学研究表明：在一定条件下，一个人的情感可以使他人产生同样的或与之联系的情感，即情感共鸣。因此，在课堂教学交往中，如果教师和学生能够进入共同的情绪状态之中，彼此同喜同悲，同乐同忧，那么就能够建立起师生共鸣的情境，也就能赢得热情的回应。

《在品味情感中成长》一课的导入环节中，蔡老师以一本"活页册"为载体，抛出问题"请同学们猜一猜这本活页册中有什么"，在成功抓住学生眼球的同时，也开始了"我与学生的故事"的情感倾诉。由于源于真实的生活经历，源自身边的故事，所以蔡老师动情演绎的"师生情"感染了每个学生，也让我们见识了此刻学生专注、深邃、有内容的眼神。在接下来的环节中，蔡老师用"说一说你所经历的美好情感体验""想一想美好的情感体验赋予了我们什么"两个问题引导学生开始他们情感经历的表述。同学们兴高采烈、回味无穷地彼此分享着与家长、老师、同学、朋友的幸福点滴,脸上无不洋溢着青春阳光的笑容以及发自内心的幸福、坦诚。在"传递美好情感"的教学中,蔡老师又以温暖的眼神、幸福的微笑向学生们传递着"父女情",让学生浸润着来自家庭、来自父母的爱,体验幸福、传导行动。笔者认为,教师选择与学生、与子女的情感关系为情境素材,精神饱满、发自内心地阐述"师生情""亲子情",同时激发学生分享他们的美好情感体验,不仅让课程教学流畅自然、贴近生活,而且能让学生深刻体会到教师对这份"师生情"的重视、怀念与回味,拉近了师生间的距离,创造了和谐轻松的课堂氛围。整节课教师始终围绕着"师生关系""亲子关系"这条主线平流缓进,既让学生真切地感受到教师的关心和期待,亦能体会到父母的关怀与无私,也是对学生积极参与课堂、敞开心扉的鼓励、支持与示范。

(二)情感互助彰显正能量

课堂既是学生知识学习的场所,亦是情感培养、交流的园地,概而言之,课堂就是学生生命成长的原野。新课程理念下,教师的角度更多地定位于课堂的组织者、学习的合作者、方法的指导者、成长的引领者。初中生正处于青春叛逆期,独立意识和自我意识日益增强,渴望与外界保持"平等",乐于展示自己的"非凡",虚荣心比较强烈,和父母、老师以及其他长辈的矛盾和冲突日趋增多。如果没有对其进行适当引导,孩子很容易在认知、理解、运用等环节产生技能和心理上的障碍,尤其在一些非正常的外界因素影响下,往往会激发他们潜意识地反抗,刺激他们对外界采取抗拒行为。因此,教师不仅要履行好传道授业解惑的职责,关注学生个体的身心发展、情感培养、人格完善,而且要以自身的积极正面情感汇聚大家的智慧,给予面临困难的学生充分的激励,帮助他们树立自信、勇气和决心,帮助他们化解烦恼,指明前进的方向。

在"谈一谈你所经历的负面情感,想一想这对我们的成长有什么积极意义?"问题探究环节,有一个学生与教师以及其他同学的对话片段引起了我们的注意。

学生甲：我喜欢玩"王者荣耀"，但每次一拿手机玩游戏，我妈妈就各种指责，我感觉在家里快透不过气了。我又不是时时刻刻在玩，在学校里都是认真听课的。每次放学一想到要回家我就很沮丧，很烦躁，都不想回家了……

教师：看来××同学遇到了麻烦。我相信手机游戏班里很多同学都玩过，你们是否也和他有一样的困惑呢？大家一起想想办法，看看该怎样帮助××同学。

（同学们相视一笑，然后窃窃私语，并商讨解决方案）

学生乙：我妈妈也是这样，天天在我耳边说不要玩手机，我明明没怎么玩，还是不停唠叨，都烦死了。

学生丙：我也很喜欢玩"王者荣耀"，但我妈妈还好，因为我跟我妈妈商量好了每次玩30分钟，每天放学后给我玩一次。所以我家里还算和谐。（同学们轻轻地一笑）

学生丁：我认为每个人都有自己的喜好，当做我们喜欢的事情时我们会开心，做不喜欢事情的时候自然是烦躁的。家长为什么告诫我们不要玩游戏，就是让我们知道我们有更重要的事情去做。我觉得××同学可以和家里人坐下来聊聊，跟家长约定好游戏的时间，这样你和家长的痛苦都会少一些。（教室里响起了热烈的掌声）

虽然完整对话没有原始展现，同学们的问题及建议并非按照蔡老师的问题思路探究下去，同学们的解答、老师的总结建议可能并没有完全解决学生甲的问题，但毫无疑问，这样的课堂对话对于每个同学都是有着深刻的触动。蔡老师并没有因为学生的探究与自己的设问稍微有所偏离而产生中断或者纠偏行为，而是发挥"学生共同体"的智慧帮助同学解答难题，真正实现"发现学生的价值、激发学生的潜能、发挥学生的力量"的教育初衷。这样的情感互助没有程序化的表演，朴素而真切，是生本理念的坚持，是教学思想的升级，真正实现了对学生生命成长的关注和引导，也使班级氛围更加柔性，增加了课堂以及师生关系的黏合度，有助于学生人格的完善和情感的提升，也有助于新时代背景下学生核心素养的提升。

（三）情感载体孕育生命力

打造符合教育规律，有活力、有生命力的课堂是新课程理念所倡导的。笔者以为，创设生活化、趣味化的教学情境，设置层次性、开放性的问题结构，组织合作式、探究式的课堂活动，是构造具有生命力课堂必不可少的要件。道德与法治的课程标准明确提出，本课程是一门以初中学生生活为基础，以引导促进初中学生思想品德发展为根本目的的综合性课程。因此，择取符合学生生活、真实的情境是"情感互动"课堂的必然之举。

情由境生，境以物载。笔者以为，如果教师只是在课堂上宣讲他的师生关系是如何和谐、如何亲近，却不能予以有效的证明，是无法让学生信服、让教育落地的。在本节课的情境设置、新课导入环节中，蔡老师以一本记载着他与学生之间美好故事的"活页册"开始并推进教学；在"获得美好情感"环节，蔡老师又选择了"手工艺品""参加文化艺术节""参观博物馆"等相关的图片，论证了学生通过参与校园、社会活动收获着能力的提升、情感的完善；在"传递美好情感"环节，蔡老师以父女在一起的幸福点滴，以师生相拥相抱的视频和图片展示着最美好的温暖瞬间。王国维说，一切景语皆是情语也。笔者认为，教师选择来自生活、来自身边、来自学生的真实视频、图片、文字、数据等去架设教学情境，通过问题和活动使学生触景生情、情景交融，既是新课程理念所倡导的以学生为中心的要求，也是培养学生情感的实效载体，亦是互动式课堂教学深入推进的基础。

（四）情感节奏表征艺术性

所谓教学节奏，就是教学的各个要素、各个环节合乎规律和富有美感的变化，表现为课堂教学中的抑扬顿挫、起承转合、轻重缓急、强弱快慢、高低起伏、张弛疏密、刚柔浓淡等，在一定程度上体现着课堂教学的结构及变化。教学的情感节奏就是指课堂教学中师生情感的流动和变化。课堂教学中鲜明的情感节奏可以形成强大的教学感染力，引起学生强烈的共鸣，产生良好的艺术效果。

教学的主体和对象都是人，因此，教学总是富有情感的。蔡老师通过掌控良好的情感节奏使得本节课的推进如五彩乐谱般展现了艺术美，不仅让学生体验到知识之美、情感之暖，也能感受到教师的独特魅力。教师精心选择优化教学情境，通过生动讲述、合作探究、实物展示、情感升华等手段把学生带入情境，借助教学流程的起承转合，使学生在体验的基础上去再现、思考、感悟、内化、发展，实现情景交融的效果。同时，"师生关系""父女关系"这种亲近关系主线贴近学生生活实际，教师诙谐幽默的表达、各种趣事的再忆让整个课堂始终充满着欢歌笑语，这一切因素也让课堂气氛格外温馨、活泼、和谐、温暖而充满正能量。教师抑扬顿挫的情感经历表达、丰富的神情举止变化让课堂表现出更强的张力、表现力和节奏感。蔡老师在新课导入环节中，用神秘而夸张的表情和语言引导学生猜测"活页册"的内容，深深地吸引了学生，让学生情绪得到了充分调动；在阐述"我与学生的故事"时，自豪、自信、幸福的语调配合铿锵有力的声音，让我们感受到学生对他的真挚爱戴与尊敬以及作为教师的幸福感和成就感。在学生诉说他们经历的负面情感时，教师言语中充满着关心、关切，眼神中充满着怜惜、疼爱；在叙说"父女故事"的情感时，教师幸福、温暖的眼神叠加舒缓、轻柔的语调，让我们体会到父母对孩子的爱与无私，也让学生能感受到生命中的美好与绚烂。

（五）情感升华提升教育性

《在品味情感中成长》这一课时中，"情感"既是本课的教学主题，亦是教师教学的媒介。本课蔡老师以"体味美好情感——获得美好情感——传递美好情感"的教学流程实现"揭示主题""深化主题""升华主题"，以情动情、以情生情、以情感情，既推进教学，又增进情谊。

升华教学主题，就是在教学中将教学主题进行提升，使之达到更高的等级和境界。实现从认知到情感、行动的升华，不仅可以开阔眼界，提升教育性，也会增强课堂的吸引力，提高学生的学习参与热情；既巩固知识、加深印象，也陶冶情操、催人奋进、促进全面发展。基础教育新课程改革倡导开放互动的教学方式和自主合作探究的学习方式，强调要使学生经历过程，掌握方法，体验情感，从而实现教学的转化。因此，在具体教学中，教师可以通过活动设计，让学生在合作讨论、方案设计、问题探究中升华教学主题。

在"传递美好情感"的教学最后一个环节，蔡老师设置了"我要为_____创造美好情感体验"探究活动，旨在使学生在升华感悟的基础上，将认知落实到行动上，并指导自己的生活，懂得关爱他人，传递美好情感，传递生命的正能量，创造美好生活。这次教师并没有将活动定义为开放式探究，而是一个"命题式"互动。结合学校即将举行建校120周年纪念活动，蔡老师以学校优美的校园环境、作出伟大贡献的英雄学子以及众多的文化作品等物质载体，启发学生深入探究，就"我要为学校创造美好情感体验"开展了方案设计的小组合作活动。

虽然这种设计并没有真正体现新课程的开放性，但也符合"爱国、爱校、爱家"的社会主义核心价值观的统领要求。学生在应时应景的情境主题探究中，应用知识，掌握方法，提升能力，传递情感，提升了教学的实效，发展了学生的核心素养，真正实现了学有所得、学有所思、学有所感、学有所用。

三、人本互动，打造高三复习高效课堂——以"经济坐标曲线专题复习课"为例[①]

传统的高三思想政治复习课上，学生通过重复记忆和练习完成复习任务，既无趣又低效。"互动式教学模式"突出强调在互动参与交流中培养学生"学会学习"，突出学生的主体性，实施有效教学，打造高效课堂。其中，"人本互动"作为"互动式教学模式"有机组成部分，即教学中教师和学生的主体因素与课程标准、教材、教学参考资料、教学辅助材料等文本材料的客体因素之间也存在着互动关系，教师要深入解读教材和科学准确地把握课程标准等教学文本材料，学生要精读与泛读并举，专心听讲与自我解读并

---

① 该部分内容的合作者为芜湖市"王为民名师工作室"研修成员、安徽省南陵中学郏立群老师，有改动。

重、高效利用学习文本材料。"人本互动"对于高三思想政治学科做到科学备考与有效复习有着重要的指导意义。

（一）人本互动，释疑解惑

高三备考复习中，学生在学习原《经济生活》第一单元《生活与消费》的相关坐标曲线专题时，答题正确率往往不到一半。我们进一步分析产生这些疑难困惑的深层原因，发现学生对坐标曲线相关的知识点掌握不全面，理解也不透彻，坐标曲线文本知识的漏洞严重制约该模块的复习效率与效果。"学贵有疑，小疑则小进，大疑则大进。"学生是学习的主体、话语的主体、活动的主体和思维的主体。学生成长发展需要学习什么，学生学习过程中遇到什么问题，教师就应该侧重于教什么。教师要在课堂教学中有针对性地搜集相关文本材料，帮助学生高效利用"错题"文本资源，释疑解惑，拓展知识面，清理知识盲点和误区，夯实基本功。

1.学习掌握相关课外文本知识

【疑难困惑一】学生分不清曲线是正方向关系还是反方向关系。例如，假定某国的失业率和通货膨胀率处在图1中的X点，如果实行扩张总需求的政策，一般来说，该点短期内可能趋向（　　　）

A.X_1　　　　B.X_2　　　　C.X_3　　　　D.X_4

通货膨胀与失业之间的短期关系通常被称为菲利普斯曲线。经济学家菲利普斯在《1861—1957年英国失业和货币工资变动率之间的关系》文章中说明，失业率与通货膨胀率之间是负相关关系。"X_3-X-X_1"三点连起来就是一条反方向（负相关）关系曲线，只有在A项与C项之间进行选择，不会选择B项或是D项。所以，学生在曲线类试题中一定要弄清楚是正方向关系曲线，还是反方向关系曲线。反方向关系曲线还有：价格与需求关系曲线、效率与公平关系曲线、股票价格与银行利率关系曲线、消费与储蓄关系曲线、本币币值与外币汇率关系曲线等。

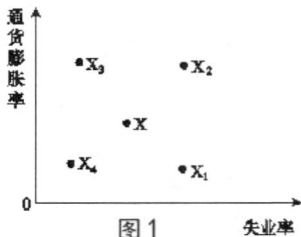

2.查阅相关网络文本资源

【疑难困惑二】学生不会区分需求量（供给量）变动与需求（供给）水平变动。例如，因原材料价格上涨，生产流感特效药的制药企业陷入经营困境，为保证药品的正常供给，政府对该类制药企业实施生产补贴。若用S、S′表示补贴前后该药品的供给曲线，不考虑其他因素，图2中正确反映补贴前后该药品供给变化的图示是（　　）

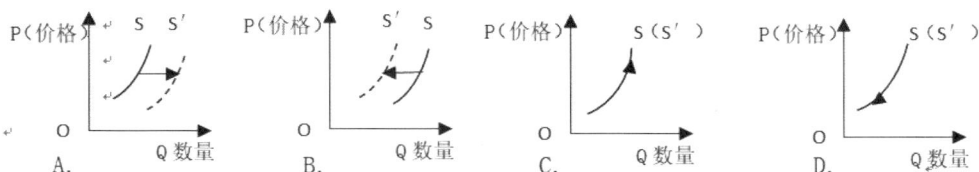

图2

通过查阅相关网络文本资源，我们可知，需求量的变动是指在其他因素不变，由商品本身的价格变动引起的需求曲线上点的移动（点移动）。需求的变动是在商品本身的价格不变，而由消费者收入、偏好、相关商品价格等因素引起的需求曲线的左右移动（线移动）。供给量的变动是指其他因素不变，商品本身的价格变动引起的供给曲线上点的移动（点移动）。供给的变动是商品本身价格不变，由于生产要素、生产技术和政府的政策等因素引起供给曲线左右移动（线移动）。学生在学习掌握了这些文本知识的基础上，本题就能迎刃而解了。

3.补充相关教参教辅文本知识

【疑难困惑三】教科书上没有的知识点，还要学习吗？例如，劳动供给曲线（S_1）具有向后弯曲的特性（如图3），当工资增长至P_0后，劳动者不必提供更多的劳动就可维持较高生活水平，劳动供给会呈减少趋势。当前，我国已结束了劳动力低价大量供给的时代，用人单位需要提高工资以吸引足够的劳动力资源，这种状况处于劳动力供给曲线上的_____点。

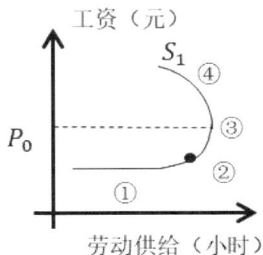

图3

A.①　　B.②　　C.③　　D.④

同学们在教科书中没有找到"劳动力供给曲线"，那么教科书上没有的知识，我们还学习吗？它与"刘易斯拐点"有何区别？教师可参阅人民教育出版社出版原《〈思想政治Ⅰ经济生活〉教师教学用书》（2014年4月第6版）第55页的供给法则，"在工资开始上升时，劳动力供给会增加，但当工资上升到一定水平时，劳动者对货币的需求不再那么强烈，而对闲暇、娱乐、旅游更感兴趣。此时，劳动者反而可能随着工资收入的上升而减少自己的劳动力供给量。"如图4所示，当工资从W_0涨到W_1时，消费者将减少闲暇，增加劳动供给，劳动供给曲线向右上方倾斜；在W_1处，劳动供给量最大。当工资从W_1涨到W_2时，劳动供给量不增加反而减少，劳动供给量从W_1处起开始向后弯曲。

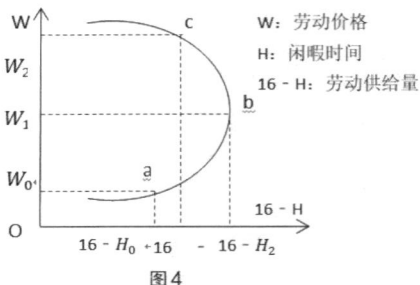

通过对劳动力曲线文本知识的拓展学习，一方面，调动学生思考问题的主动性、探索问题的积极性和拓展知识的能动性，另一方面，创造互动交流的课堂氛围，提高课堂教学的效率。

（二）人本互动，提质增效

1. 教师要研究文本，夯实学识

高三复习课与高一、高二新授课有很大的不同，如果仅仅重复教材的内容，教得古板，难以让学生"亲其师，信其道；尊其师，奉其教"。思想政治课教师必须不断提高自身的素质和能力，努力做个有理想、有道德情操、有扎实学识和有仁爱之心的"四有好老师"，树立正确的教材观，教材是"材料""学材""媒介"，要读懂教材，用好教学参考书，通过"传道、授业、解惑"拓宽学生知识视野。

2. 教师要"用"好文本，整合知识

基础教育新课程在教材观上的变化主要体现在强调从"教本教材"向"学本教材"，"用教材教"，而不是"教教材"。高三思想政治课教师有责任对教材中的基础知识进行重新整合，通过对教材内容的整合来节约课堂时间，提升课堂教学效率。

3.学生"学"好文本，夯实基础

学生是学习的主体、话语的主体、活动的主体和思维的主体。课堂教学以"自主学习"为主导，以"合作学习"为支撑，以"探究学习"为拓展，以"学会学习"为主线。在本专题复习过程中，笔者把全班60位同学分成10个6人/组的学习小组，选聘一个学习能力强的同学担任小组学习的组织者，组织课前精读学案的理论知识，提前做好"真题演练"。通过生生互动，合作探究学习，培养学生自主学习和独立思考的能力，提高课前学习效率。课堂集中检查练习效果并答疑解惑，课堂释疑解惑能帮助学生高效利用"错题"，拓展知识面，清理知识盲点和误区，夯实基本功。课后反思，针对课堂没有解释清楚和学生还没有理解透彻的问题，继续研究至完全答疑解惑，实现高三复习理论知识学习无死角，提高学习的效率。

学生要摆脱"题海"，就要学会"举一反三""触类旁通"，科学利用教辅资料，心中有"文本"，既要把教材读"薄"，既要对经济坐标曲线专题有整体宏观把握，又要把教材读"厚"，即要对每一知识点精准把握的同时还会链接相关知识点。通过经典的"真题演练"，增进学生对文本知识的理解，调动学生拓展知识的积极性，从而形成良好的学习思维品质和"自主、合作、探究"的学习方式，有效实现学科核心素养教学目标。

人本互动过程中，教师要研究文本，用好文本，教好文本，提高文本资源的利用效率。学生要学好文本，科学地利用文本，提高学习的效率和质量。师生在互动中研究，在研究过程中提升，共同铸造高效课堂。

四、议题式教学中的师生互动[①]

随着以"学科核心素养"为本位的新课程标准的推出，广大一线教师已然开始探索基于本学科核心素养的教学方式。作为"新版课标"的最大亮点，活动型学科课程和议题式教学已经得到充分的关注和实践。笔者在实践

[①] 该部分内容的合作者为芜湖市"王为民名师工作室"研修成员、芜湖市第十二中学王华宝老师，有改动。

活动型学科课程中发现，议题式教学的实质是教师在尊重教学规律和学生身心发展规律的基础上，确定议题，运用师生互动、生生互动等方式，探究和解决问题，以培育学生核心素养的教学方式。可以说，活动型学科课程的本质就在于互动。作为课堂互动最基本的方式，师生互动的效率和质量不仅直接关系着课堂教学效果，关系着学生的终身成长，更关系着新课程改革的落地生根。那么，如何在议题式教学中通过师生互动提升课堂教学质量，生成学科核心素养，实现价值引领呢？

（一）厘清师生角色定位

基于建构主义理论的议题式教学通过创建适宜的议题，教师与学生、学生与学生之间进行合作学习和交互教学，以培养学生在面对陌生的、多元结构情境时提出问题和解决问题的能力。因此，厘清师生在课堂教学中的角色，明确师生各自的课堂责任，是对新课程理念的贯彻执行，是师生互动的课堂教学活动的有效开展，是社会主义核心价值观的内化以及教学可持续发展的前提和基础。

所谓角色定位，是指在一定的系统环境下（包括时间），在一个组合中拥有相对的不可代替性的定位。每个角色的不可替代性是基于组织系统下的角色责任原则。基于此，笔者以为，师生互动的有效开展需要师生明晰各自在新课程理念的课堂组织系统中的角色责任。

1.教师在课堂教学中应发挥主导作用，但并非主宰作用

其角色定位是：设计策划者，既包括课程的总体设计、课堂的总体规划，也包括议题的选择与确定、探究活动的策划、情境的择取等。组织协调者，教师要为学生在搜集信息、整理加工资料以及课堂教学所需的教学资源等方面进行协调，亦需在学生开展探究、辩论等活动时进行有效组织。合作学习者，新课程理念下的教师需要转变传统的主宰课堂的角色定位，从而成为学生学习的促进者、激励者，成为课堂探究活动的参与者、指导者，成为学生思维活动的引领者、纠偏者。总之，教师是学生成长的引路者、学习的合作者，这既是信息化时代背景下的应然之举，亦是教师主动适应社会、适应学生的必然之选。意义建构者，议题式教学倡导教师不是单纯向学生传递

现成的知识，而是要为学生探索和发现知识的意义创造情境、条件和提供帮助。教师通过设置多元化议题，让学生在争论性问题中产生认知冲突，在不解、困惑中产生疑问，进而产生探究问题、解决问题的意识和能力。

2.学生在课堂教学中应处于主体地位

其角色定位是：学习的主体，对于课程中学生能够自主完成的内容，教师应该让学生独立完成并总结。对于知识的难点，认知的困惑点、冲突点，价值的引领点，教师应该设置符合学生认知规律的探究性问题，引导学生思考、体悟、辨析、辩论、质疑、反思，突破重点，化解难点，升华价值，生成素养。话语的主体，从知识和经验的接受，到知识和经验的输出、高级输出，这是提升学生思维能力、发展高阶思维必然经历之过程，也是议题式教学、深度教学的特质所在。学生在课堂中表达见解，传递思想，辨析论点，将自己的知识和经验输出，不仅使得学科核心素养落地生根，也收获了课堂幸福感、获得感。活动的主体，课程标准明确提出本课程要通过一系列活动及其结构化设计，让学生在社会实践活动的历练中、在自主辨析的思考中感悟真理的力量，自觉践行社会主义核心价值观。可以说，以学生为中心的课程设计、活动设计是本次新课程改革的根本标志。议题式教学中的议题、情境选择要基于学生的真实生活，问题设计、探究活动设计要基于学生的原始认知、思维能力，总结提升、价值引领要基于培养学生树立正确的世界观、人生观和价值观。思维的主体，高中阶段的思想政治课突出体现了对学生的思维能力的训练与培养。通过议题探究、问题引导，激发学生参与课堂教学，培养学生思维能力，发展学生的思维品质，增强思想政治课的吸引力。

（二）建构师生互动策略

在明确师生在课堂教学中的角色定位基础上，我们把师生互动的议题式课堂界定为：师生在真实情境、真实场景中，通过对话互动、问题探究、质疑分析、思维辩论等方式，从而实现理解应用知识、发展提升能力、培育生成素养的目的。基于此，我们以《文化创新的途径》的教学为例，建构起了议题式教学中师生互动的基本策略。

1.议题共构，孵化课堂生机活力

活动型学科课程的实施，议题的择选是关键。文化创新的实现并不是空中阁、井中月，而是以传统文化为根基的。故以传统文化为切入点，探寻使传统文化焕发生机活力之钥，成为《文化创新的途径》一课教学主线的应然之选。我们学习之地芜湖，地处长江中下游，自古享有"江东名邑""吴楚名区"之美誉。芜湖是国家历史文化名城，明代中后期是著名的浆染业中心，近代为"江南四大米市"之首。芜湖人杰地灵，传统文化资源丰富，芜湖铁画、堆漆画、梨簧戏及张恒春、同庆楼、耿福兴等一系列学生耳熟能详的非物质文化遗产和著名品牌闻名于全国。

因此，基于开发课堂的真实情境资源，笔者在课前准备环节发起了班级调查，让同学们选择他们熟悉的、具有典型性的、易于操作的传统文化代表。同学们经过讨论、分析、选择，将本课议题呈现为"探究芜湖铁画的昨天、今天与明天"。

"互动式教学模式"核心在于"动"，关键在于"互"。高中阶段学生的自主性、独立性、社会性、进取性日益增强，同时也存在不平衡、不稳定、不成熟的一面。开发社会生活资源的关键在于同课程内容保持一致性。因此，通过对芜湖铁画当前所面临的困境以及各主体所采取措施的分析，进而为芜湖铁画的未来出谋划策才是符合本课主旨要义所在。而芜湖铁画的"昨天"即发端、历程、成就等则不是在本课所探讨范围之内。最终，在师生共同分析研讨的基础上将本课议题确定为"谈谈芜湖铁画的今天与明天"。

实践证明，选择这些来自学生身边的资源构建课堂情境，教师科学民主组织，学生自主选择议题，师生的分工合作、加工改造、柔性互动，不仅能有效激发学生的课堂兴趣，深度激励学生参与课堂探究，充分激活课堂的生机活力，更能彰显思想政治课的实践性、生活性、真实性、趣味性。教师"确定议题范围——学生讨论初步议题——教师完善确定议题"的师生互动确立议题的模式使教师从传统课堂中的主宰者转变为设计策划者、组织协调者、思维引领者，充分营造课堂民主宽松的氛围，使新课程理念下学生学习主体地位得到充分体现，也使整节课活泼、有趣、高效。

2.问题探究，厚植课程深度优势

议题式教学本质上是问题驱动的教学，意在以序列化问题为平台，引导学生运用学科内容和知识完成学科任务，从而培养学生主动参与社会生活的实践能力、正确作出价值判断和选择的能力、社会观察与分析问题的能力，培育健全人格，弘扬民族精神，确立理想信念，为终身发展奠定思想品德和思想政治素养基础。可见，学生思考问题、探究问题、回应问题、解决问题既是课程任务实现的重要途径，也是学生学科核心素养养成的基本渠道。

在本课的"谈谈芜湖铁画的今天与明天"议题探究中，教师设置了以下序列化问题以引导学生运用学科内容为"芜湖铁画"的发展献计献策。

探究：

（1）观看视频，探究铁画创作灵感的缘由，这说明了什么道理？

（2）芜湖铁画发展面临哪些困境？各级政府和铁画界人士为支持芜湖铁画的发展采取了哪些措施？

（3）以上措施说明应该怎样推进文化创新？

（4）有人认为，芜湖铁画等传统文化是"精神包袱"，主张用西方文化取代中国传统文化；也有人认为，我们的民族传统文化是"精神财富"，我们今天无法超越，要回归传统。你们认同这两种观点吗？请选择其一加以说明。

（5）你认为芜湖铁画怎样才能找回属于自己的"春天"？

教师在设置问题探究过程中践行以学生为中心的原则，坚持从感性到理性，遵循着学生的认知规律，问题设计既要符合高中学生的"最近发展区"，又要注重思维能力的训练与培养，同时注重情境材料与课程理论的有机结合，坚持开放性与指向性的统一，体现学科任务与学科活动的有机融合。

学生在观看视频、图片的基础上，在教师问题的引导下，思考文化创作与社会实践的关系，从感官到思维，自然得出"社会实践是文化创新的根本途径"这一基本结论。教师在课前给各学习小组布置探究任务——芜湖铁画发展面临哪些困境？各级政府和铁画界人士为支持芜湖铁画的发展采取了哪些措施？学生经历自主查找、实地探访、汇总整理、交流完善的过程，在课堂上以小组为单位呈现自主体验、合作探究、实践摸索的成果，作为课堂教学深入推进的教学情境和教学资源。课堂上，同学们分小组合作探究芜湖铁画从内容到形式、从线下到线上、从市场到政府等方方面面的创新举措，进而生成创新的途径，实现生活知识化、知识生活化。教师选择文化发展中人们对待传统文化和外来文化的一些不同观点，引导学生进行小组辩论，推进深度思考，由小及大，见微知著，辩证看待传统文化与时代文化、本土文化与外来文化的关系，做到不忘本来、吸收外来、面向未来。

所谓"深度学习"，就是指在真实复杂的情境中，学生运用所学的学科知识和跨学科知识，运用常规思维和非常规思维，将所学的知识和技能用于解决实际问题，以发展学生的批判性思维、创新能力、合作精神和交往技能。可以看出，在本节议题式探究课教学中，教师通过组织学生构建真实情境资源，以问题为引领，借助师生互动，使学生在问题解决中活化了知识，掌握了技能，培养了信息加工、逻辑推理、大胆表达等关键能力和素养。这也是深度学习理念下学科核心素养教学的生动演绎。

3.组织合作，提升学习质量效益

21世纪的社会是一个科技化、信息化、国际化的社会，这个时代呼唤、依赖、需要群体的交流与合作。强调对学生合作能力、合作技能、合作观念方面的引导，是符合未来社会选择人才要求的教育决策，是当前教育的重要目标，更是培养学生核心素养的重要途径。

基于师生互动的议题式教学模式中，教师定位于课程实施的设计策划者、组织协调者、合作学习者。在本节课的教学中，教师在课前布置小组探究任务，组织和指导小组成员分工合作，自主探究、交流共享、归类整理、形成报告。教师在分析小组报告的基础上进行二次备课，完善情境、修正问题，推进课堂教学。在课堂上，在问题探究、观点辨析的环节，教师深入学生当中，指导成员互动探讨，回答学生疑问，帮助学生寻找辨析角度、思维路径。

教　师	师	学　生
布置课前探究任务	生	自主探究、交流整理
二次备课、完善问题	互	问题探究、观点辨析
课堂指导	动	互动质疑
······		······

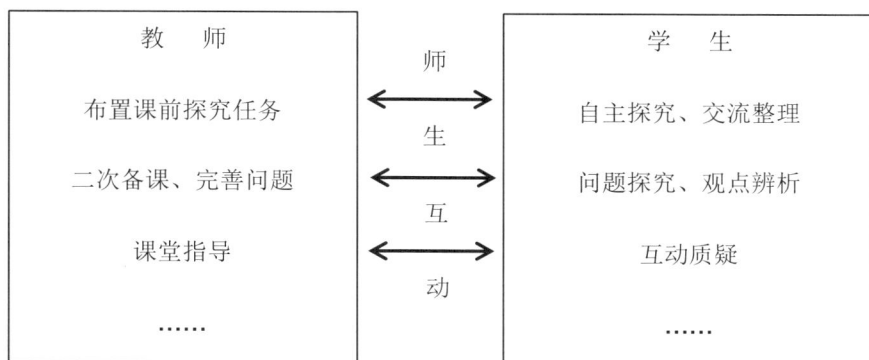

实践表明，教师科学合理地划分学习小组，以任务驱动小组合作探究，以问题诱思质疑，师生互动完善情境、交流回应，有效提高了课堂教学的质量，使学生在真实的情境中锻炼了信息收集、加工、整理能力；使学生在经历自主体验、合作探究的基础上意识到合作学习的价值，掌握合作交流的基本技巧，掌握认真倾听与大胆表达的平衡；使学生具有集体主义精神，能够遵循规则，有序参与公共事务，具备善于对话协商、沟通合作、表达诉求和解决问题的能力，勇于承担社会责任。

4.观点碰撞，拓宽思维场域面积

作为一种发展学生的思维能力、拓展教学情境深度、分析问题和解决问题的教学方式，思辨式教学已经成为广大教师教学的一种新常态。尤其在新课程理念强调学生的自主学习、合作学习、探究学习的背景下，思辨式教学有着独特而天然的优势。高中思想政治课所强调的思辨式活动，并非竞技类表演式的专业辩论，其内涵是，教师根据教学内容、情境结合社会热点焦点问题，选择正反或者偏颇的观点，引导学生进行辩论、探讨，使学生经过思考、争论、交流、体验等实现对知识理论的理解、认知、探索和创新，运用马克思主义立场、观点和方法分析问题和解决问题的一种教学活动。

在本课教学中，教师选择了文化发展中两种形而上学式的观点，一种是主张用西方文化取代中国传统文化，另一种是主张回归传统文化，以小组合作探究的方式组织学生进行辨析探究，使学生在思考、争论、交流和表达的过程中，实现对文化创新中错误观点的批驳，推进课程中"文化创新要坚持正确的方向"知识的教学。这种思辨活动的设计旨在培养学生思辨的意识和能力，使学生经历独立思考、交流互动、辩论分析的过程，进而理解知识、活化理论，引发学生拓展思维、深度思考，培养学生加工改造、精准表达的能力，对于发展学生的科学精神、政治认同等学科素养具有重要意义。在教学设计上，教师不仅需要科学设置思辨式问题，精心组织、科学安排，实现课前和课中的有效对接，还要深入学生的合作交流中，为其论点和论据的选择、整合提供指导和帮助。

一个好的探究问题不仅是高效课堂必不可少的要素，也能点燃学生的激情，激活学生的思维，拓展学生的视域，解决学生的困难疑惑。经历本课学习之后，一位学生找到教师，并向教师表达出他的观点。他说:"我认为，我们需要继承传统文化，也需要借鉴外来文化，去促进文化创新，这我都认同。但我觉得芜湖市政府和社会各界花费大气力发展铁画实属没有必要。因为无论是从材质、工艺、技术、效率还是消费者的需求来看，铁画都有着更好的替代品，铁画艺术并非优秀的、不可或缺的传统文化。所以应该把资金投入到发展经济或者改善人民生活方面。"虽然这并不是"文化创新的途径"所阐释的"如何创新"的问题，但却是学生在具体情境方面的延伸，因此教师要抓住延伸学生思维长度、拓展思维宽度的重要契机。教师分别从部分与整体、经济价值与社会价值、人的需求多样性、民族的血脉等方面同这位学生分享了观点，得到了他的部分赞同。教育的信息化发展使课堂教学不能局限于传递知识理论，而应该更多关注方法指导、思维拓展。尽管这位学生并没有完全认可教师的观点，但这样的思考、这样的对话、这样的互动才是教育的本质。

5.思想引领，升华课程目标价值

高中思想政治课以立德树人为根本任务，以培育社会主义核心价值观为根本目的，是帮助学生确立正确的政治方向、提高思想政治学科核心素养、增强社会理解和参与能力的综合性、活动型学科课程。因此，在教学中实现价值引领是高中思想政治课的灵魂。

在本课的最后，教师设置了"你认为芜湖铁画怎样才能找回属于自己的'春天'"探究问题，意在引导学生运用所学知识并结合集体智慧为家乡传统文化的继承与创新出谋划策。学生经过独立思考与合作交流之后，从政策、物质保障、人才、互联网、人工智能、影像宣传等方面提出了宝贵的建议，并通过网站传递到政府部门。理论与实际的有机结合是思想政治课的生命力所在。教师引导学生在探究的基础上充分表达观点，深度分析和解决问题，使学生的劳动得到彰显，学科迁移能力得到提升，学习主体地位得到尊重，让学生全面深刻认识传统文化，并坚定了继承发展、融合创新传统文化的立场，有利于培养学生的政治认同感、内化社会主义核心价值观。

科学合理的定位、灵活多样的互动、清晰明朗的路径架构起了议题式教学中师生互动的基本模型。实践表明，无论是良构情境还是劣构情境，无论是接受式探究还是建构式探究，无论是知识的理解还是应用迁移，都需要在师生互动、生生合作中进行组织、设置、探究、生成、升华。

五、中学政治课互动式教学应用"人机互动"的有益探索①

随着云时代的来临，大数据吸引了越来越多人的关注，且已融入我们的生活，并影响着每一个人的行为与活动，由此带来教育形式的许多变化。同时，应试教育体制向素质教育体制转变的过程中，基础教育新课程改革越来越重视在课堂教学中培养学生的合作探究能力。对于一线教师来说，如何跟上互联网时代的发展，努力将基础教育的需求贯彻到日常教学中去，进一步探索"互动式教学模式"多维立体的互动形式，就成为众多教师探索的方向之一。

"人机互动"就是将互联网与互动式教学有机融合。这是根据学生的发展特点，既能保证较高的教学质量，又能充分发挥大数据的优势，真正推动教学过程中内容与形式的优化。不同于一般的互联网应用，教育教学的特殊性决定了它的任何一种变革都会对学生、家庭乃至整个社会产生重要的影响。因此，尊重教育教学规律，科学分析互联网在教师教学以及学生学习过

---

① 该部分内容的合作者为芜湖市"王为民名师工作室"研修成员、芜湖市第一中学王珏老师，有改动。

程中的利弊,趋利避害,在中学思想政治课互动式教学中有针对性地应用"人机互动"则是有益的探索。

(一)从开展"人机互动"的教学环境来看,互动的过程是一个"取长补短"的过程

1."取长"则需要"知长"

(1)从硬件设施上看

随着国家财政向民生支出尤其是教育支出的倾斜,无论是城市中学还是农村中学,硬件设施逐渐完善,"人机互动"的客观环境条件已经初步具备。大多学校除了原有的多媒体教室,日常教学的教室基本上都能够保证配备多媒体,从而使"人机互动"具备了互动平台。

随着电脑技术的发展,各种教学专用软件也如同雨后春笋一般层出不穷,从传统的PPT、网页制作,到现在的电子白板、电子书包等,电脑技术在教学中的运用更为深入。而更为重要的是,互联网的发展可以最大限度地汇集来自全国乃至世界各个地方的优质教学资源,使得"人机互动"的平台不再是一个空架子,而是真正做到了内容充实、渠道广泛,具备满足教学中多层次、多样性需求的"资源库"。同时,教师也可以通过这一平台调用大量的教学资源,充分调动学生的学习积极性,有效提高师生互动的效率。

(2)从教学需求上看

当前改革形势已是势不可挡,教师、学生、知识的三维体系极大地推动了"互动式教学模式"的运用,相比较于传统的知识传授方式,"人机互动"方式更有利于加强对教学资源的整合。而在云时代成长起来的学生,则对这种教学形式有着天然的好感。他们对世界的认知需求需要大量的社会资源做铺垫,如国内外时事政治、地理环境等,而合作探究式学习的具体细节又会对校内资源、班级资源产生需求,例如,课堂上难以记全的教师教学笔记、重难点解析、特殊题型例解、知识体系总结等,教师也可以通过这一平台随时了解学生的学习情况。有了"人机互动"的平台,这些原本近在咫尺却很难获得的教学资源自然而然就成为学生随手可以获取的财富。

另外，从前学生对知识体系的掌握依赖于教师的板书，也就形成了有些教师在推动"人机互动"时，发现学生不爱记录多媒体呈现的知识体系，而更愿意认为写在黑板上的才是重点。然而，板书最大的限制就是课堂时间和容量有限，要想完成预期教学目标，要么需要延长教学时间以适应教材，要么精简知识体系以适应板书。相比较而言，多媒体的呈现则没有这方面的顾虑，教师仍然可以用板书书写知识框架，而需要拓展和延伸的部分，则可通过多媒体呈现，学生可以当场记录，也可以拷贝回家反复阅读，既可以极大提高课堂的效率，又可以及时巩固课堂上学过的内容。尤其是在题目的习作与讲解中，甚至可以在课堂上让学生在"人机互动"的过程中现场做题，让解题步骤清晰呈现在每个学生眼前，教师可以直接对学生的解题思路进行评析。同时，以往教师口述答案的过程中，学生只有根据教师的语气、语调来把握答案的核心，而"人机互动"的过程中教师可以通过重点标记、字体的大小颜色、音效等多种形式来突出教学重点，从而有利于学生对知识体系的区分和掌握。由此可见，从教学社会环境来说，"人机互动"模式探索的条件已经具备。

2．"补短"则需要"明短"

"人机互动"教学最大的困扰莫过于在互动中学生的注意力是否仍然能集中在知识学习上。互联网信息的良莠不齐，尤其是学生自制力普遍较低的情况下，"人机互动"教学在很大程度上面临着各种质疑。因此，"人机互动"进入互动式课堂教学尽管受到了很多学生的欢迎，要实现"人机互动"与教学目标的相融合并不容易，有效的"人机互动"学习监控形式仍需进一步探索和完善。

（二）从"人机互动"实施过程看，"人机互动"是否可行关键要看运行机制是否健全

"互动式教学模式"要发挥"人机互动"的优势，避免其可能带来的不良影响，要从以下几个方面着手。

1.要学会"照镜子"

教师可以通过学生运用多媒体在课堂直接总结知识体系或解题等形式,让其他学生观摩过程,既可以让学生看到自己的不足和思维的局限,又可以学习和借鉴思维敏捷学生的解题思路,这种对着镜子找不足的效果,是传统教学模式以及课后家庭作业所不能及的。只有每天"照镜子",才能在长期的潜移默化的教学中建立正确的解题思维,发挥"互动式教学模式"的优势,真正实现合作探究式学习。

2.要经常"装袋子"

教学资源库的建立是必需的,而这个资源库应当以教师的教学内容为核心,辅之以一定的社会资源。考前突击的模式已经不再适应当前的考试,那么就要一改从前考前划重点、学生突击背的学习方法。而课堂上老师的重难点有手写的、口述的、记忆的、理解的等,怎样让学生根据不同的需求来全面把握知识目标要求,这就需要教师和学生通过"人机互动"的方式构建一个资源库。教师可以借助 QQ 空间、微信群、微博、论坛等多种形式将自己备课的教学资源,如微课、典型例题、教学笔记等上传到资源库,供学生参考;学生也可以将自己的错题集、知识体系总结等材料以文字、图片等形式上传至平台,供其他同学借鉴。当这个"袋子"的内容越来越丰富时,每个学生就可以借助搜索引擎随时从这个"袋子"里调用自己需要的资料。

3.要倡导"唱对子"

通过互联网,教师可以要求学生在规定的时间内,通过互联网构建生生、师生交流的平台,学生可以借助这些平台,针对自己做题时遇到的困惑或是易错点做课后研讨,避免课下教师面前排长队,问题可能还没有得到有效解决,就要上下一节课了。同时,这也为教师提供教学反馈,这样既可以帮助学生之间形成生生互动,又可以让教师了解学生的实际情况,开启师生互动。

4.要善用"留影子"

我们在以往教学中对学生的评价大多是课上表扬,课下就过。教师能记住并善用的重大奖励,大多是大型活动中学校或者班级的奖励。而对于学生来说，每堂课的每一次表扬都可能成为他学习的动力。怎样让这些动力持久发挥作用？通过"人机互动"的平台，可以将上课学生总结的知识体系、做出的题目或是课下同学上传的资料，以更加具体的形式汇总，确保每一个人在"人机互动"的过程中都有迹可循，当这种痕迹形成有效的评价机制，就可以让学生清晰地看见自己的努力和进步，更方便考查教学的有效性和高效化，更有利于学生在学习过程中的健康成长。

总而言之，"人机互动"的过程对于教学资源的整合、教学效率的提高可以更全面、更有力。互联网是一把双刃剑，"人机互动"过程中，教师参与的目的不是图省事，流于形式的学习是实现不了教学目标的，而是多动脑去启发、去探索，最终全面提高学生的综合素养。

六、交互式电子白板在互动式教学模式中的应用[①]

当前，信息技术已然成为初中道德与法治教学的重要辅助手段，特别是交互式电子白板的出现，实现了教学方式的变革。以"人机互动"为基础的人人交互构建了师生、生生互动的合作学习模式，充分彰显了学生的主体性、主动性和创造性，为实施有效教学、打造高效课堂提供了技术支持。

信息技术对教育具有革命性的影响，要用信息化带动教育的现代化。我们可以利用信息技术来支持课前、课中、课后教与学活动的全面重组，对教育进行多方面的重塑和改革，实现以学生为中心，以学习为中心，以能力培养为中心，以过程评价为中心；实现以民主平等和谐的新型师生关系、生活化的教学情境与师生的生活经验为互动条件；实现人机互动、人本互动、师生互动、生生互动，转变教学方式；实现有效教学，打造高效课堂，培养21世纪需要的人才。

（一）交互式电子白板在初中道德与法治教学中的应用

交互式电子白板将声音、图片、动画、文本、视频集于一身，能创设引人入胜的情境，提供手动触摸式操作界面，操作性能强大，对于激发学生学

[①] 该部分内容的合作者为芜湖市"王为民名师工作室"研修成员、北京师范大学芜湖附属学校任太平老师,有改动。

习兴趣、开展有效活动、提高动手能力、增强互动效果等都有着积极的作用。

笔者利用这一平台开展了近五个学期的"人机互动"实践研究，并取得了良好的研究成效。如：2015—2016学年第一学期，笔者在九（1）班、九（4）班开展互动式教学研究，课题为"理智面对学习压力"。笔者采用电子白板融合学科教学的方法，课前播放音乐视频《我们的"毕业班生活"》，音乐让同学们感觉轻松，创造轻松愉快的课堂氛围。首先，白板展示表演要求，学生观看小品表演。其次，播放动画。面对升学考试，学生观看动画，讨论交流问题，让学生感受到生活中是有压力的，初步感受生活中的学习压力。再次，结合动画，让学生谈谈应该如何缓解学习压力，学生结合生活开展小组讨论，踊跃发言。再次，自然过渡，学习有压力必然与考试有关，播放动画《压力与考试》，感受小峰对考试的焦虑，组织小组交流：应对考试压力的方法及如何看待考试。最后，课堂练习，呈现旋风游戏，学生跃跃欲试，激发学习的热情。在音乐背景《茉莉花》中教师寄语，顺利结束本课学习，并布置作业设计。

而在九（2）班、九（3）班，笔者采用了传统教学方法和手段，学生选择的余地少了，被动接收的成分增多了。通过设计调查问卷，开展问卷调查，整理调查结果后分析得出：实验班学生和对照班学生在体验情感、端正态度、树立价值观、能力提升、知识掌握等方面存在一定的差距（如表5-1所示）。

表5-1　交互式电子白板问卷统计表

班级	人数	教学方式	本节课的兴趣很高（人数/百分比）	信息获得难度系数（人数/百分比）	参加互动（人数/百分比）	知识面获得广度（人数/百分比）	基础知识掌握（人数/百分比）	期盼电子白板教学方式（人数/百分比）
九（1）班	41人	电子白板教学	34人，82.92%	37人，90.24%	21人，51.21%	39人，95.12%	34人，82.92%	41人，100%

班级	人数	教学方式	本节课的兴趣很高(人数/百分比)	信息获得难度系数(人数/百分比)	参加互动(人数/百分比)	知识面获得广度(人数/百分比)	基础知识掌握(人数/百分比)	期盼电子白板教学方式(人数/百分比)
九(4)班	44人	电子白板教学	31人,70.45%	39人,88.63%	23人,52.27%	37人,88.63%	42人,95.45%	42人,95.45%
九(2)班	43人	教师讲授方式	12人,27.90%	16人,37.20%	10人,23.25%	23人,53.48%	22人,51.16%	43人,100%
九(3)班	46人	教师讲授方式	8人,17.39%	21人,45.65%	4人,8.6%	21人,45.65%	24人,52.17%	40人,86.95%

(二)利用交互式电子白板构建初中道德与法治高效课堂的若干思考

1.在"生活教育"中激发兴趣

"兴趣是最好的老师",如何让兴趣发挥作用,起到实效,借助交互式电子白板,在教授"感受生命的意义"一课时,教师利用软件制作视频,导入新课,导入视频从单个的动植物到人类与动物的和谐共处,最后是一幅生态美丽的图景呈现在学生眼前,这些既符合学生认知思维过程,又触动了学生纯真的自然情感。这时,教师让同学们用一句话进行概括,学生回答,此时巧妙地引出课题,大大激发了学生的学习欲望,从而使新课教学来得自然轻松。

教材源自生活,而运用理论指导生活是初中道德与法治教学的主要目的之一。生活对于学生,生活情境对于课堂教学,显得特别重要。课堂导入是课堂教学的关键起点,教师在此关键点上选用贴近学生生活的视频,营造生活情境,促使学生感知、体验与感悟,有利于课堂上教师自然而流畅地进行新课教学。

例如,在教授"我对谁负责,谁对我负责"一课时,首先播放视频《四十九中劳动者的一天》。视频以四十九中美丽的校园为背景,拍摄在不同岗位上忙碌的人们。9月的清晨，一些教师早早到校，了解班级情况，工人师傅们在填石子，接着视频画面切入学生食堂，食堂师傅在忙着摘菜、切菜，视频中的食堂师傅在学校中午放学时忙着盛菜与打饭。最后视频切换到傍晚放学时，保安和教师组织学生"一条线"有序上车，整个校园秩序井然。此情此景，学生体验到校园中的工作人员积极扮演好自己的角色，承担好自己的责任。随后，教师这样设问："如果教师迟到，如果工人砂石填充得不平，如果食堂人员工作不仔细，如果保安叔叔袖手旁观，那么，我们的校园还能井然有序吗？"同学们陷入了沉思。当教师请学生谈谈观感时，很多学生主动回答。接着，教师在积极评价后这样引导："是啊！他们在以自己的担当，承担着对我们的责任，那么我们应该对谁负责呢？今天我们一起学习'我对谁负责，谁对我负责'这一框题。"

教育家陶行知说，从生活和教育的关系上说，是生活决定教育；从效力上说，教育要通过生活才能发生力量而成为真正的教育。他曾明确指出，拿全部的生活去做教育的对象，然后教育的力量才能伟大，不至于狭隘。"互动式教学模式"倡导生活化的教学情境与师生的生活经验为互动条件，选用学生所熟悉的生活情境，接学生生活的地气，辅之以电子白板教学手段，学生非常容易入境动情，进而激发学生学习的兴趣，高效、精彩的课堂便如行云流水。

2.在互动探究中突破重难点

由于学生的认知水平、生活经验存在不足，有些内容在学生头脑中难以形成概念，搭建体系。对此，笔者在教学中借助电子白板寻找突破口，让学生的认知目标、能力提升和情感态度价值观三维目标发生正向迁移。

例如，在教授"生命可以永恒吗"时，由于学生对"生命是共生共存，息息相关"比较难于理解，教师利用无性克隆技术，"生长"成绿色的树林，让整个页面充满绿色，并请学生在白板上将树木、蝉、蛇、螳螂、黄雀、鹰等"生产者和消费者"进行连接，同时请同学口述这样连接的理由。随后，教师进行引导，并播放整个动画过程。该过程既形象又直观，有效地解决了这一教学难点：生命息息相关，我们要敬畏生命、尊重生命、关爱生命。

又如，在市级观摩课中，教师教授"挫折面前也从容"一课。由于学生对挫折不利的一面认识得非常清楚，对挫折积极的一面也有所认识，但对于面对挫折的态度要"愉快地接受"并不能理解、内化，于是教师通过电子白板"互动课堂工具包"呈现自己人生中在求学和就业过程所遇到的挫折，学生聚精会神地观看，感受到发生在教师身上的挫折。同时，教师结合自己高考失败事例，坚定信念，只要坚持努力一定会实现梦想，于是决定复读一年，通过一年的奋斗，不但磨炼了意志，激发了潜能，而且实现了目标，最终让挫折丰富了自己的人生。于是教师设问：这不是挫折给老师带来的精神财富吗？紧接着抓住机会——将其他挫折展示，并组织学生说说自己在遇到挫折时的心态和做法。通过学生的回答，引导学生认识到在青少年时期经历挫折是正常现象，是人生的一笔财富，要快乐接受并敢于挑战。通过白板的呈现功能，教师和学生的真情演绎，最终达到了升华情感、端正态度、引领价值观的目的。

3.在自主建构中升华情感

电子白板的互动性还体现在学生认知的基础上自主建构知识，升华情感。道德与法治是一门以引导和促进初中学生思想品德发展为根本目的的综合性课程，其思想性、人文性、实践性和综合性体现了学习是自主建构的过程。学生的品德发展既不能自然生成，也不能靠外部强制；教师既不能简单说教，也不能包办代替。它是青少年在社会道德环境的交互作用中逐渐发展起来的，其形成更加强调青少年的主动性。建构主义认为：知识是主动建构的过程。道德知识、道德能力、道德情感及道德行为的重点应放在让青少年主动建构的过程中。因此，在教学中，笔者积极引导学生参与丰富多样的活动，在认识、体验、践行中学习知识、提升能力、升华情感。教师要让学生在自主建构中掌握知识，把新的道德与法治知识融入已有的知识体系，不能再沿用传统的"教师讲条条，学生画条条，课前找条条，课后背条条"的教学方法。电子白板这一与时俱进的教学手段让课堂教学更加注重让学生体验，让学生感受，让学生践行，发挥了学生的主动性、主体性和主创性。

教师利用交互式电子白板可以把能用到的所有教学资源放到资源库中，

并根据课堂情况随时调用，提高课堂学习的资源互动性和生成性，让学生在课堂上自主建构，这是真实的互动过程，是动态生成过程。交互式电子白板以"人机互动"为基础，为师生互动、生生互动、人本互动提供了方便，为建立以学生学习为中心的课堂教学奠定了技术基础，切实尊重了学生的主体地位。

例如，在教授"理智面对学习压力"一课时，教师请学生完成旋风游戏，在进行简单的电子白板操作技术辅导后，要求学生分组再制作一个旋风游戏，让同学们去操作，学生很快就能设计出属于自己的旋风游戏。虽然有的组并没有完成任务，但学生自己去尝试探索，根据所学完成设计，这本身就是一个创新与实践能力提升、情感升华的过程。再如，教师让学生在学习后，自己调取、拖拽、移动、放大知识图片，再让学生利用电子笔进行连线，对有误的地方进行修改，从而形成一个完整的逻辑思维过程。同时，学生课堂练习的过程和最终的思维成果通过电子白板由教师和学生进行了及时评价，在较短时间内顺利完成这一训练任务。

交互式电子白板以丰富的文本、大量的图片、动听的音乐、真实的视频、精彩的动画创设了易于被学生接受的教学生活情境，符合青少年认知规律和心理成长的特点，有效地唤起了学生已有的经验，培养了学生学习的兴趣，激发了学习的热情，扩大了知识面，提高了课堂教学效率。同时，以"人机互动"为基础的人人交互构建了师生、生生互动的合作学习模式，它以动态生成的方式促进了教学，焕发了学生学习的生命活力和内在动力，达到了打造高效课堂的目的。

从社会学角度看，交互式电子白板给学生提供了一种选择的机会，其实多一种选择，就多一种尝试，而选择又常常和责任联系在一起。当学生有了自主选择权利的时候，他们才能感觉自己才是课堂的主人，才能全力以赴，在选择中确定方向。

新课程改革深入推进，在信息技术深刻影响教育未来发展方向的背景下，教师应该思考以什么态度、如何行动融入信息技术和新媒体的进程中。教师要将技术、学术和艺术三者高度融合，适应"互联网+"潮流，真正优化配置课堂教学资源,真正为学生减负、为课堂增效、为教育提质,真正转变教学方式、方法,打造高效、精彩课堂,在中学思想政治课教学实践中努力践行"互动式教学模式",做有扎实学识的好教师,在创新中让民族教育更加灿烂、辉煌。

七、基于"翻转课堂"的互动式教学初探——以一节市级公开课为例①

新课程改革倡导研究性学习方式,鼓励学生独立思考、合作探究,为学生提供足够的选择空间和交流机会,学生能够从各自的特长和关切出发,主动经历观察、操作、讨论、质疑、探究的过程,富有个性地发表自己的见解,从而培养求真务实的态度和创新精神。新课标的这一教学建议无疑是要求我们广大教育工作者要在教育教学实践的基础上不断创新教学模式,以适应新的教学形势。基于"翻转课堂"的互动式教学作为一种新的课堂教学探索,正在为越来越多的一线教师所接受并实践,也将有力推动当前基础教育课程教学改革。

"翻转课堂"是自2011年兴起于美国的一种新的教学理念,学生通过观看微课视频自主学习内容,发现问题,进而在课堂中通过小组互动和教师点拨解决问题。在利用微课进行翻转教学过程中,教师只是充当引导者的角色,学生真正成了课堂教学的主体,他们甚至可以通过移动终端随时解决发现的问题。这种教学理念与"互动式教学模式"紧密相连,实施"翻转课堂"本身就是一种互动式教学。为更有效地推动高中思想政治课教学,笔者在自己常态化的课堂教学中积极探索在"翻转课堂"中实施互动式教学。

(一)"翻转课堂"课例回放

笔者曾开设过一次市级公开课,为同行们展示了在"翻转课堂"中实施互动式教学的教研探索。

---

① 该部分内容的合作者为芜湖市"王为民名师工作室"研修成员、芜湖市田家炳实验中学马元刚老师,有改动。

表5-2 "翻转课堂"中实施互动式教学的活动安排

阶段	教师活动	学生活动
课前	确定本课时重难点并制作微课视频,上传至相关终端供学生自主学习。	
		通过现有终端进行自主学习。
	编写本课时的自主学习任务单供学生自主学习使用。	
		结合微课视频、课本内容完成自主学习任务单,并记录自己的疑惑,为小组互动做准备。
	根据班级学情,按照"组内异质、组间同质"的原则将班级学生分成若干个小组。	
		进行小组内互动,共同探讨疑惑,并将无法解答的疑惑整理好,形成小组疑问,便于课中与其他小组进行探讨。
	学生疑问较多,但各小组之间有相类似的问题或是突发奇想的问题,这些就可以进行归纳整理,剔除掉无效问题,保留有价值的问题,供大家在课堂上探究。	
课中		各小组代表将本小组疑问在课堂中提出,以便与其他小组共同探究,达到释疑解惑的目的。
	组织课堂教学,引导学生对相关问题进行探究,并点评各小组对疑问的解答,同时回归课本,让学生在探究中掌握课程核心知识。	
		完成进阶练习。
	当堂评价学生进阶练习情况(借助网络技术),并对错误率较高的练习进行评讲,以便进一步地释疑解惑,尽量将疑问解决掉。	
课后		利用已有的终端设备,随时发现问题,随时提问。
	随时解答学生提问,并将这些问题发布在公共资源中供其他同学参考。	

在本节公开课中,课前阶段,运用人机互动、师生互动、生生互动,实

现学生有效学习重难点知识，教师充分掌握学情，学生自主探究发现问题、归纳整理问题，为课堂教学做准备；课中阶段，运用生生互动、师生互动，实现生生之间的自主探究和师生之间良性互动解决问题，达到释疑解惑的目标；课后阶段，运用人机互动、师生互动，突破了主要在课堂上习得知识的传统教学模式，实现了学生随时解决学习过程中遇到的问题，随时习得知识。

（二）"互动式教学模式"反思

1.有益尝试的获得感

作为在"翻转课堂"中实施"互动式教学模式"的有益尝试，笔者觉得最大的收获在于课堂教学的互动性得到了增强，将"翻转课堂"的理念融入"互动式教学模式"当中去，提升了课堂教学效率。从整个教学流程看，学生课前利用终端观看微课视频进行自主学习，完成自主学习任务单并提出疑问，然后课堂上按小组进行探究，实现了小组合作、生生互动。从教师角度看，教师在课堂上有更多的时间与学生交谈，回答学生的问题，并能参与小组学习，对每个学生的学习进行个别指导。当教师更多地成为指导者而非内容的传递者时，才有机会观察到学生之间的互动，并进而实现师生互动。

2.改进不足的期待感

当然作为一次有益尝试，本节市级公开课也存在着很多问题，值得笔者深入反思，在今后的教育教学中引以为鉴。通过不断更新教学理念，跟进教学行为，期待在"翻转课堂"中实施"互动式教学模式"的教学能力与水平实现质的提升。

要切实转变教学理念。笔者认为自己仅仅处于在"翻转课堂"中实施"互动式教学模式"的探索阶段，远没有将自己的教学理念转变过来。鉴于此，在今后的教学中，教师的教学理念需要从原来的"以教师为中心的课堂"转变为"以学生为中心的学堂"。为此，教师需要通过制作微课视频、自主学习任务单等将本课时的教学重难点内容在课前让学生进行学习，从而做到"先学后教，以学定教"。课堂上，教师的主要任务就是要通过组织讨论、小组学习等互动方式来帮助学生加深对本课时内容的理解与运用。

要着力改进教学方法。教师需要将原来"以讲授为主"的方法改变为现在"以学生自主合作探究"为主的方法。传统的思想政治课堂基本上以教师的"灌输式"教学为主，即便有学生的参与，也很有限，更谈不上生生之间的良性互动。基于"翻转课堂"的互动式教学，教师通过在课堂上对学生进行自主合作探究的指导，营造了适合学生开展自主合作探究的环境，时刻牢记课堂应该是"以学生为中心"，使学生能够充分地唤醒自己的潜能，激活自己的记忆，开启自己的心智，最终实现知识的获得由被动灌输到主动探究。

要科学定位师生的教学地位。在"翻转课堂"中实施互动式教学，教师不再是原来的"知识的传播者"，而是课堂教学的引导者、合作者、推动者。本节课例尚未完全做到这点，教师角色的转变不到位，能够起到引导者的作用，但合作者、推动者的作用体现不足。笔者与学生之间虽然也有一些互动，但与互动式教学要求还有很大差距。在"翻转课堂"中实施互动式教学，需要学生更多地融入课堂互动中，实现生生互动、师生互动、人机互动、人本互动等多维互动。教师要将培养学生的合作互助精神融入教学中，最大限度地实现教学的互动交流，实现师生的互动参与，彰显出教师在教学中的主导作用和学生的教学主体性地位。

教师的综合素质有待于进一步提升。首先，微视频的制作需要教师掌握必要的计算机网络技术。当我们的视频枯燥乏味的时候，没有哪个学生愿意看下去，教学效果只会适得其反，甚至让学生厌恶这门课程。因此，这就要求教师能够掌握独立拍摄、录制、剪辑技术，制作画面简单、清晰的教学视频。其次，"翻转课堂"对教师课堂掌控能力提出了新的要求。基于国内目前普遍采取的大班制教学，学生普遍较为缺乏问题意识，必须要让学生敢于提问、乐于提问，引导学生将问题表达出来，才能形成良性的教学互动。就这节公开课来说，微视频制作技术有待于提升，课堂掌控能力也不是太强，这些都要求笔者要不断地提升自己的综合素质。

在"翻转课堂"中实施互动式教学作为当下课堂教学改革的方向，我们一线教师应积极开展探索研究，用自己的教学实践来践行这种新的教学方式，使它能为广大学生带来福音。

八、让"生生互动"点亮高中思想政治课堂①

高中思想政治新课程坚持"以学生为主体"的课程改革理念，要求课堂教学贯彻对学生"着眼于未来的创业生活，培养自主学习、选择、探究的能力"的培养目标。因此，促使学生自主学习、参与合作成为高中思想政治课教学的目标之一。"生生互动"强调和突出了学生在教学过程中的主体作用，通过营造学生多边互动的教学环境，在学生多边互动交流的过程中，让不同观点相互碰撞交融，旨在激发学生的学习兴趣，引导学生从被动学变为主动学，从机械地被动地听和记变为自觉地主动地探索与思考、参与与合作，让不同层次的学生都拥有共同参与和发展的机会。当前，高中思想政治课堂教学中，"生生互动"教学方式已被很多学校和教师所接受并在努力尝试，取得了很好的效果，但也存在着一些问题，需要我们继续探索和实践。

（一）"生生互动"教学方式在思想政治课教学中运用的意义

高中思想政治课不仅是向学生传授经济、政治、文化、哲学等社会科学知识，宣传马克思主义基本理论，更重要的是要培养学生学会运用马克思主义的基本观点和方法，与时俱进地观察问题、分析问题、解决问题；具备在现代社会中生活应有的自主、自立、自强的能力和态度；具有爱国主义、集体主义和社会主义思想，初步形成正确的世界观、人生观和价值观。在高中思想政治课中运用"生生互动"教学方法能够提高教育教学的效果，实现教育教学目标的达成。

1.有助于培养学生的创新精神和实践能力

传统思想政治课的教学注重对学生的理论灌输，课堂中师生互动少，几乎没有生生互动，如果说有，也只能停留在"教师问学生答"的层面，要求学生被动地听老师讲、被动地记，导致学生对教学内容理解少、质疑少，对教学内容的延伸拓展追寻少，对社会生活实际问题关注少，在很大程度上抑制了学生的个性发展和创造精神。"生生互动"教学方式以课堂教学问题或

---

① 该部分内容的合作者为芜湖市"王为民名师工作室"研修成员、安徽省繁昌一中黄金树老师，有改动。

学生实践课题为任务，采取课内或课外生生之间分工合作、相互配合、相互启迪、共同探究等形式来解决任务，既鼓励单个学生为既定任务独立思考，提出自己的见解和建议，更强调学生之间的团结合作，发挥集体的智慧和能力。

2.有助于调动学生学习的积极性和主动性

伟大的人民教育家陶行知在推行民众教育时提出"小先生制"，他曾说："小孩子是最好的先生，不是我，也不是你，是小孩子队伍里最进步的孩子！"他的话告诉我们：学生也可以做老师，每个学生都可以参与知识信息的交流。美国教育家、心理学家加德纳的多元智能理论告诉我们：人的智力是多元的。"生生互动"教学方式在于充分利用和调动每个学生的不同智能，相互合作、相互激荡、相互启迪、相互欣赏，调动学生学习的积极性和主动性。

3.有助于构建和谐的课堂氛围，激发学生学习的兴趣

在"生生互动"的教学课堂中，让学生们围绕某一特定教学任务，充分发挥每个学生的主观能动性，把他们的脑、嘴、手等全部机体器官运用起来，使他们相互对话、相互讨论、相互观摩、相互交流和相互促进，构建民主、自由、平等、和谐的课堂氛围，共同演奏出和谐的学习乐章。"生生互动"教学方式使每个学生的主体性得到凸显，每个学生的优点和专长得到有效发挥，激发学生学习的兴趣。

4.有助于真正促进学生的共同发展和进步

"生生互动"要求在一种民主、自由、平等、和谐的课堂氛围中进行，它充分尊重不同学生的主体地位，让每个学生都参与到教学中，都以各自的学习方式、学习行为、学习特点去影响其他同学，每个同学所取得的成绩、进步都能得到其他同学的肯定和关注，而每个学生也都期盼其他同学能肯定和关注自己的成绩和进步，这种肯定和关注能够催化学生的学习兴趣，催生每个学生新的发展，成为学生们共同发展和进步的动力和源泉。

（二）"生生互动"教学方式在思想政治课堂教学中运用的原则

根据课堂教学实践，"生生互动"教学方式可以遵循：以课程标准和教

材内容为互动依据，以学生心理需求需要为互动出发点，以问题或任务为互动动力三大原则。这三者之间相互联系、相互影响，最终实现高效课堂和有效教学。

1. 以课程标准和教材内容为依据

课程标准是编写教材、组织教学和进行评价的基本依据。我们所有的教科书在编写中既充分考虑注重发展学生自主学习能力，鼓励学生自主进行价值判断，克服说教式和成人化倾向的同时，又充分地体现思想道德和政治方向教育的要求，鲜明地为学生提供基本价值标准，有力地引导学生沿着正确的方向和轨道学习。

课堂教学中的"生生互动"，应该围绕高中教材中已呈现的探究问题或现实生活所出现的时事问题，抑或是教学过程中生成的问题来展开，通过学生对问题互动探讨，来达成"新版课标"所确立的课程目标（或教学目标）。"生生互动"只有以课程标准和教材内容（或延伸的内容）为依据，才能有明确的目标，才不至于游离出我们的课堂教学。

2. 以学生心理需要为出发点

心理学理论告诉我们：作为有鲜活生命和独立思维的个体，在群体活动中为了特定的任务都希望且有权利表达自己的思想，展现自己的能力，来获得群体其他成员的积极评价或褒扬。在"生生互动"的课堂中，问题的设置（或任务的确立）应充分考虑学生不同个体的心理需要，以此为出发点并能充分凸显出学生的主体地位，让学生主动"投入学习"，使学生在"问题"情境下与"问题"互动，通过内在对话与思考，与他人互动，来理解问题与解决问题。

3. 以问题或任务为互动动力

苏格拉底说过：问题是接生婆，它能帮助新思想的诞生。在"生生互动"的课堂教学中，教师应把事先设计好的，也可能是教学过程中即时出现的问题或任务，抛给学生学习小组，让学生学习小组围绕问题或任务开展讨论、交流等互动，因要解决问题或完成任务会使每个学习小组及小组内每个学生产生"压力"，这样自然而然地把学生引导到探究知识的"海洋"中，让学生运用既得的知识和经验，进行分工协作、相互配合来解决问题或完成任务。当然，问题或任务的确立应当符合课堂教学的实际情况，这点至关重要。问题或任务过于简单，则没有互动的必要；难度过大，超出学习小组的集体能力，则不仅耽误课堂教学时间，而且会打消学生互动探究的热情和信心，达不到问题或任务设置的原本之义。

（三）"生生互动"教学方式在思想政治课堂教学中运用的常见方法

1.问题讨论法

心理学研究认为，问题意识是个体思维的起点，是推动个体思维发展的动力。"生生互动"的课堂教学中，问题讨论法是最常见的也是最重要的方法之一，关键是问题的设置要科学合理，符合学生的心理和认知水平，这样才能充分调动学生的参与性和积极性，开启他们的思维想象、逻辑推理和实践创新能力，使学生真正在课堂教学中"互动起来"。

例如，在讲授《哲学与文化》的"用联系的观点看问题"内容时，教师根据教材"木桶与短板的对话"这一素材，要求学生讨论理解"整体与部分的关系"。教师首先根据学生的实际特点，将全班50位同学按照就近原则分成了五组；然后要求每组同学都要归纳出"整体与部分的关系"，并用实例来佐证本组的观点。经过2—3分钟的讨论，各组以各自收集的事例说明整体与部分在地位、作用或功能上既相互区别又相互联系。到此，这个问题似乎基本解决了，但突然有位同学提出了一个观点，即短板对木桶说"你能盛多少水，还得由我短板说了算"这说明"关键部分的功能及其变化对整体的功能起决定作用"不科学。由此，引发了各组同学相互争论：有的认为是正确的，而有的认为是不科学的。在支持"不科学"观点中，有同学直接做了一个有短板的纸桶，现场实验得出纸桶盛水的多少与短板的高度、需要盛水的量、盛水时桶的倾斜度等有关；更有甚者运用数学方法计算出木桶盛水多少与短板的高度存在着极限阈值，超过这个阈值，短板对木桶盛水的多少才起决定作用，反之，则不起决定作用。经过同学们的一番互动讨论，最后大家得出：关键部分的功能及其变化对整体的功能是"一定条件下"才起决定作用，所以，教材中使用了"甚至"一词是准确的。这种问题的讨论与追问，让学生充分互动，激发了学生思维，引导着学生自觉去"找食吃"，改变了教师过去的"填鸭式"教学。

2.情境模拟法

在教学中根据教学内容需要创设特定的教学情境，让学生在模拟情境中扮演一定的角色，通过角色的互动，让学生亲身体验、感知、理解、应用，能鼓励学生参与，点燃学生的学习热情，培养学生的语言表达能力、临场应变能力、团结协作等能力。

例如，在讲授"依法保护劳动者权益"这一内容时，围绕教材活动探究"小张的哪些合法权益受到了侵害？小张应该怎么办？"，教师设计了小张维权的模拟法庭情境，让同学们分别扮演法官、陪审员、原告（小张）、被告（厂长）和双方当事人各自的代理人，法官先要求原告（或其代理人）陈说原告哪些合法权益被侵害以及要求厂家给予怎样的补偿或赔偿，其次要被告（或其代理人）进行答辩，再次进入双方互辩，最后由法官带领陪审员进行合议并宣布审判结果。虽然在整个过程中同学们的表现还显得有点稚嫩，但可以看出所有同学都热情高涨，认真准备，积极参与。这种情境模拟，不仅引导同学们全过程参与课堂教学，在互动中解决了探究活动的问题，而且拓展了同学们学习《劳动法》《劳动合同法》的相关法律知识，培养了学生的参与意识和法治意识，帮助学生们形成正确的情感态度价值观。

3.时政切入法

国内外重要时事是思想政治课教学的必备素材，也是学生关心国计民生的重要载体。教师可以借助时效强的重大时政热点事件来吸引学生为了解背后动因而参与课堂教学，助力课堂教学。

如，在高三复习教学中，结合"绿色发展理念"和新时代加强生态文明建设这个重要的时政热点，课前教师将班级学生分成6组，分别确立6个任务：调查我国环境污染情况，说明为什么要提出"绿色发展理念"和加强生态文明建设；查阅资料，了解近年来我国制定或修改了哪些有关环境保护的法律法规，保障我国依法推进生态文明建设；从经济、政治、文化、哲学四个角度来说明，我国提出"绿色发展理念"的依据和应怎样加强生态文明建设。要求每组同学认领一个任务进行准备，上课时将本组"收获的成果"展示给全体同学。从课堂教学实际效果来看，每个小组展示的成果是惊人的，包括我国大气、水、噪音、固体废弃物等污染数据图表，雾霾的范围、天数和主要原因，我国治理环境污染所取得的成绩，国家领导人出席气候变化大会阐述的中国主张，修改法律法规……

这种方法容易触及学生学习的兴趣点，让枯燥的教材知识鲜活化、生活化，能把抽象的理论具体化、形象化，通过学生互动探究，让学生及时了解党和国家重大方针、政策，培养学生对信息收集、分析推理、归纳总结、实践创新能力等，彰显了"生生互动"教学方式的生命力和优越性。

当然，"生生互动"教学方法是不能固定和穷尽的，要因时因事而变，我们可以在教学实践中不断去尝试和创新。

（四）教师在"生生互动"教学方式中的作用

在"生生互动"的课堂中，教师绝不是一个旁观者或看客，而应是课堂教学的设计者、调控者、评价者。

1.教师要发挥好"生生互动"课堂教学的设计者作用

教师要根据每节课的教学目标和所要讲授的教学内容，以问题或任务为载体，把问题的解决和任务的实现作为目的，认真设计好"生生互动"的内容和环节。"问题或任务"应多以教材中知识的"重点、难点、疑点、易混点"，社会生活中容易造成学生在情感态度价值观方面混淆的现象和事件为主，并要切实考虑学生既有知识背景和社会生活阅历差异。学生互动小组的规模和人数要以"问题和任务"而定，确定小组构成人员要坚持"同组异质，异组同质"的原则，即同一小组内部构成人员应异质，不同小组的构成人员应同质；互动的形式和次数应为教学目标和内容服务，不能为了互动而互动。没有精当的设计，"生生互动"容易引起课堂秩序和教学节奏的混乱而无法实现教学目标。

2.教师要发挥好"生生互动"课堂教学的调控者作用

如果"生生互动"的课堂为一支高飞在空中的风筝，那么，教师则应该把风筝的线紧紧攥在手中，以保证"风筝"飞翔的高度；如果"生生互动"

的课堂是一艘航行在知识海洋中的轮船，那么，教师则应该是这艘轮船的舵手，以把握"轮船"航行的方向。在"生生互动"的课堂中，教师根据"生生互动"的内容、节奏、氛围，适时调控，缩放筝线，校正轮船航向，补齐互动的"短板"，让"生生互动"真正达到教学实效，而不是表面"轰轰烈烈"，实则"一无所获"。

3.教师要发挥好"生生互动"课堂教学的评价者作用

由于问题或任务的不同，学生知识构成、思维特点、社会生活等差异存在，在"生生互动"的教学课堂中，每个学生的表现（语言的表达、陈述的观点等）不尽相同，教师要善于捕捉每个同学表现中的"合理内核"加以肯定和褒奖，对于他们表现中的一些瑕疵要及时提醒并引导其他同学继续探讨深入。正确且恰当的评价对扬优纠偏，调动学生参与互动热情，提升互动课堂效率作用明显。

总之，"生生互动"对于转变课堂教学方式，构建高效课堂和实现有效教学意义重大。

九、情感元素在"互动式教学模式"中的运用[①]

在实施"互动式教学模式"过程中，情感激励作为精神纽带，发挥着非常重要的作用，更是互动式教学模式中的关键环节，充分运用情感元素，对推动"互动式教学模式"的实践具有非常高的运用价值。

（一）情感元素在"互动式教学模式"中的价值

心理学家罗杰斯指出，创造良好的教学气氛是保证进行有效教学的前提，而良好的气氛创造又是以良好的人际关系为基础和前提的。师生之间建构起民主、平等、和谐的师生关系，给学生营造出安全宽松的心理氛围，使学生在学习的过程中对教师"不设防"，从而能坦诚、全面、良性地互动交流与参与学习过程。教师在学生学习的过程中不能简单扮演知识的传递者，更应扮演学生学习活动过程中的参与者、讨论者、合作者。师生之间不应存

---

① 该部分内容的合作者为芜湖市"王为民名师工作室"研修成员、安徽师范大学附属外国语学校蔡峰老师，有改动。

在心理上的沟壑与距离，"零距离"的沟通才能使教育真正地发自内心，触动心灵，并触及人的灵魂。

1.促使学生"亲其师而信其道"，增强互动教学效果

我们可以假设，如果学生对教师存在一定的排斥和抵触情绪，那么，他们是很难接受教师所表达的观点和传递的知识。教师如果对学生也存在同样的心理距离，教师也很难做到在教学过程中以饱满的情绪和积极的心态投入。这样的教育最后只能沦落为教师机械地照本宣科，学生神游般坐在教室中等待下课。没有爱和情感，就没有触动心灵的沟通，就不会有教育真谛的诠释。打破这样的壁垒，首先需要教师做到"爱生"，爱他们的聪明机灵、爱他们的顽皮好动，理解他们，从他们的角度看待问题，包容他们的无心之过。教师不能将自己放在高高在上的"神龛"上，而应主动走进学生的心灵，把学生当作自己的孩子，把学生当作自己的朋友和伙伴。当学生能够"亲其师"，那么教师的教育才能具有穿透力和影响力，学生对教师的教育回应才会是积极的、主动的，学生才会"信其道"。

工作中，我最大的"兴趣爱好"就是找孩子聊天。我们聊天的范围不仅仅是学习，还包括孩子的生活、兴趣、爱好、情感、人际交往等各个方面。所有的孩子都是我的聊天对象，所以他们会开玩笑地说来我这里聊天是"喝茶"，而我则从"喝茶"一词中感受到了孩子们把我当作了伙伴和朋友。在我的工作记录本中，我会记录下每个孩子的生日，当孩子过生日的时候，我总会为他们准备一份小礼物，一支笔、一本笔记本、一张贺卡、一块美味的小蛋糕，当孩子从我手中接过这些礼物时，我从他们的眼中读到的是幸福、喜悦、感动和珍惜。正是在这样的点滴中，我和孩子们"越走越近"，他们会很重视我的建议，会很在意我的看法，会很认真对待我的要求，也更加愿意和我诉说他们的内心世界。这样的情感互动使我的教育活动在课堂与课后实现了无缝衔接，并能始终贯穿于孩子们的整个成长空间。

2.增强学生的存在感和归属感，营造互动教学氛围

教师是教学活动的主导，学生是教学活动中的主体，只有让学生真正地感受到自己的存在和归属，只有充分激发他们的课堂"主人翁"意识，他们才能更加有效地参与课堂教学活动。教师应给予每个学生充分的关注，为他们提供平等的互动参与机会和平台，使学生能在课堂中感受到自己的存在和归属，体验到成就和满足感。教师应发自内心关爱每个学生、亲近学生，使学生感受到教师对他们的期待与期望、鼓励与肯定，调动起他们内在的学习热情与渴望，使学生能真正把课堂中的互动参与视为自己的任务，体验收获的快乐和喜悦，而不是教师"强加"给自己的负担。

课堂中我非常关注孩子的细小变化、细微动作，当孩子因为紧张和担心说错而小声表达自己观点的时候，我会及时捕捉到这样的细节，并给予及时、积极和正面的回应，让孩子感受到他在课堂中是被关注的，课堂是真正属于他的舞台。在这样的过程中，孩子们参与学习的热情会更加高涨，也更勇于表达自己的观点和思想，也更加积极回应我的教学活动。当这样的氛围被营造出后，孩子们互动参与的专注力也随之不断提升，当某个孩子表达的观点和见解获得了我的肯定和赞扬时，他周围的同伴也会本能地对他投来钦佩的目光，会对他竖起大拇指。孩子们之间这样的举动在课堂中不断出现，孩子自己在收获教师肯定的同时，也收获了同伴间的钦佩。和谐的师生互动、生生互动不断交替，不断激发孩子内在的学习动力和热情，不断增强孩子在课堂中的存在感、归属感和幸福感。

（二）情感元素在"互动式教学模式"中的运用

渗透情感态度价值观教育是"互动式教学模式"的灵魂。思想政治（道德与法治）学科应帮助学生建构起正确的世界观、人生观和价值观，引导学生积极追求正确的价值取向，高扬主旋律，传播正能量。

1.在教学设计中预设学生的情感触动，激发学生情感互动

教师对整个教学过程进行设计，创设必要的教学情境，为学生有效学习创造良好的条件和基础。在情境创设中，教师应积极关注"情感元素"的环节设计，这不但是思想政治（道德与法治）学科的内在要求，更是"互动式教学模式"的有效践行。

案例：原人教版教材九年级第七课第三框《合理消费》的教学内容分为两目："消费观""合理消费"。我在教学设计中将教学内容进行了适度调整，

分为三目："消费观""学会理财""合理消费"。

在"消费观"的教学设计中，我引导学生从消费观的改变去思考为什么会发生改变，深入理解其根源在于社会经济的不断发展和祖国的繁荣昌盛，将学生的情感体验引导为对祖国的热爱和作为中华民族一分子的骄傲和自豪。

在"学会理财"的教学设计中，我从贴近学生的生活实际出发，探讨学生自己的消费计划和消费行为，再从学生消费的物质条件是父母给予的零用钱入手，感知父母为我们的成长所付出的辛劳和汗水，懂得感恩父母的养育之恩。

在"合理消费"的教学设计中，我借助芜湖高铁的开通和安徽的快速发展等素材，创设系列的教学情境，使学生感知到家乡的日益变化，进而激发学生对家乡的热爱之情。

在以上的教学环节中，我始终抓住"情感元素"这条线索，使之贯穿于整个教学过程中，用丰富的感性素材触发学生的情感体验，在落实情感态度价值观目标的同时，使学生内在的学习激情充分调动，激发起学生学习的主动性和参与性，并与教师的教学产生良好的互动和共鸣。

2.在课堂教学中有机融入教师的生活经验，促进学生情感体验

思想政治（道德与法治）学科的特殊性决定了，教师在教学过程中应高度关注对学生的人生观教育和引领，教师不仅是向学生传递知识，更应成为学生人生发展道路上的导师。教师必须以正确的价值取向，积极传播正能量，帮助学生践行社会主义核心价值观。在这一教育过程中，教师不能机械地照本宣科，更不能空洞说教，那样只会使学生失去参与学习的热情，失去了解和认知的渴望。教师应在教学中融入自身的生活体验和生活感悟，用更加直观和生动的呈现，帮助学生感知和领悟。教师的"教"与学生的"学"应是相向而行的，教师期待与学生在教学中产生互动与共鸣，那就必须倾注自己的情感，唯有情感才能打动情感，唯有心灵方能沟通心灵。我们期待学生通过学习获得情感的体验和感悟，教师自身就必须将自己的情感体验和感悟融入教学过程之中。

我在工作中会将自己的成长历程、家庭生活、学习心得、工作体验等融入教学之中。以自身的人生成长和感悟去告诉他们什么是责任、什么是执着、什么是感恩、什么是付出、什么是幸福，使学生在获取知识的同时，更能去思考人生的哲理和真谛。这样就打破了孩子们对教师的神秘感、距离感，使他们能更加直观地看到一名"立体"的老师，不再是用畏惧的眼神看老师，也更加愿意和老师平等地沟通交流，把老师当作自己的朋友和伙伴，分享自己的喜怒哀乐，营造出和谐、民主、平等、包容的互动氛围。

（三）情感元素在"互动式教学模式"中的意义

教师的"教"与学生的"学"是双向的互动交流，有了"高效地教"才会有"有效地学"，有了"有效地学"才能进一步提升"高效地教"，情感元素助推了课堂教学效能的升华。"互动式教学模式"是使学生懂得如何学习，更是要求教师要明白怎样去教。当教师与学生双方的情感互动与共鸣不断升华时，一种和谐的教学氛围和环境才能得以有效建构，一种师生双方相向而行的有效参与才能得以实现，学生在学习的过程中不仅收获的是知识，更是正确价值观的不断形成和建构，教师在这一过程中也同样收获了自身职业的幸福感和成就感，有效促进了教师自身的不断提升和发展。

1.情感元素有效推动了学生的学习和再学习

师生间的情感互动以及和谐师生关系的建立，为教学中的互动建构营造了良好的教学氛围，为学生创造了安全宽松的心理氛围、平等包容的民主氛围、畅所欲言的交流氛围、自主合作探究的学习氛围、反思批判质疑的思考氛围、跃跃欲试的活动氛围和以情育人的情感氛围。这些不仅赋予了学生丰富的情感体验和幸福的学习感受，使学生从中不断发现自己的价值存在和成就感，更是为学生再次高效学习奠定了良好的前提和基础，推动了学生学习不断迈向良性的循环轨道。

2.情感元素有效促进了教师的自身成长与发展

"互动式教学模式"中的情感倾注不仅赋予了学生高效参与学习的动力和热情，也同样使教师自身获得了职业发展中的幸福感和成就感，促使教师能以更为积极的状态投身于自己的教育教学活动中，使教师自身的主动性和创造性进一步激发，并与学生之间产生更为积极、高效的互动和交流，真正实现了教学相长，使教师自身得以不断地发展和成长。

实现"知识与能力、过程与方法、情感态度价值观"三维教学目标的有机统一，培育学生学科核心素养，是思想政治（道德与法治）学科实现有效教学和高效课堂的重要价值追求。"互动式教学模式"是在当下基础教育课堂教学实践中努力追求三维教学目标有机统一、培育学生学科核心素养的有益尝试和成功实践，多维立体的互动参与和交流赋予了教师和学生更为广阔的发展舞台。

十、"互动式教学模式"中"生生互动"的实践探析[①]

教育的本质是改变并帮助每一个学生成长。如何改变并帮助学生成长，中国古代的教育方法是以问答和辩论的方式展开的，从《论语》记载的内容可看出，伟大教育家孔子对弟子的教育就是采用这种方式，充分发挥了学生的积极性、主动性和参与度。现代西方教育采用小班制教学，教师是参与者、引导者，而主体是学生，学生自己去发现和解决问题。而中国目前的教育也是采用班级授课制，由于中国具体国情决定了我国的班级授课人数众多，一般在五十人左右，因此在日常教学过程中，多数采用传统的教学模式，教师讲学生听。在这种教学模式下，教师主宰了教学过程，学生往往处于被动地位，教学参与度不高，尽管最终是完成了教学任务，然而学生却并未真正掌握知识，即使掌握了也很难内化为能力，这样的教育很难培养出创新型人才。

为克服这种弊端，在不能改变客观条件的情况下，我们可以改变教学的方式方法，以发挥学生的主体作用，充分调动每个学生的积极性、主动性，提高学生的参与度。"互动式教学模式"不失为一种可行的选择，互动的方式有师生互动、生生互动、人本互动、人机互动，其中，生生互动是"互动式教学模式"最重要的互动方式。课堂教学过程中，很多教学任务需要学生相互配合、协作完成，才能实现资源共享、优势互补、相互启迪、集思广

[①] 该部分内容的合作者为芜湖市"王为民名师工作室"研修成员、安徽省无为中学鲁继松老师，有改动。

益，实现相互促进、共同发展。学生在互动中合作完成教学任务，因此，互动过程就是一种合作过程。生生互动可分为课外互动和课内互动两种。

（一）学生的课外互动

课外互动是指在课堂之外，学生可根据教师的任务安排，也可根据书本知识和自身的兴趣爱好，开展社会实践活动，在实践中巩固知识，并运用所学知识去分析、解决现实问题。课外"生生互动"形式有以下几种。

1.问卷调查

教师针对课本知识的某个知识点，把班级同学分成若干小组，设计调查问卷，开展社会调查活动，并就收回的问卷进行统计分析，得出结论，再将几个组的结论综合起来形成调查报告。例如，在高中思想政治原《必修Ⅰ·经济生活》中，针对"消费者的消费观念"设计调查问卷，进行社会调查。教师可将全班同学分成4个小组，每组12名同学，每个同学都有自己的任务，有的负责发放问卷，有的负责宣传讲解，有的负责回收问卷，有的负责统计分析。4个小组分别去不同的地点进行调查，最后交由班长和学习委员整合形成调查报告，总结出消费者的消费观念以及影响因素。小组的每个成员都有自己的任务，同时，每个小组是一个整体，通过这种形式可以培养学生的责任意识和合作意识，又可以通过学生亲身参与进行的社会调查，对知识会有更深的理解，达成了课堂教学中"过程与方法"的目标，可谓一举多得。

2.实地走访

学生就书本知识不能理解或理解不透的知识可自行组织起来，大家一起就共同关注的问题进行实地走访，通过与相关人员的直接对话，听取一线相关人员的观点和看法，从而帮助自己加深对知识的理解。例如，在学习供给、需求相关知识时，我班同学就大家关心的问题开展实地走访活动，分组进行，深入工厂、农贸市场、路边摊点，就大家关心和不解的问题与生产者、经营者、消费者进行直接对话，了解理论背后的实践知识，从而透彻理解书本的原理。我校高一年级上学期开展"求实杯"社会实践活动，主要就是针对供给、需求、商品等相关原理开展的，从以往各届的活动效果来看，达到了我们活动之前预想的目标，增进学生对知识的学习、理解和运用，锻炼和提高了学生的综合能力。

3.人物访谈

根据计划安排，教师将任务布置给全班同学，全班同学在班长和学习委员的组织下，就大家关注和易混淆的问题，进行归纳，列出问题提纲，联系相关专业人士，就大家的问题进行请教。例如，我们在学习高中思想政治原《必修Ⅱ·政治生活》关于人大和人大代表的内容时，要求学生课外组织采访我校人大代表骆宇虹主任，骆主任结合自身实际就人大的职权、人大代表的权利和义务、人大的结构、人大的组织活动程序等知识做了专门的介绍。在讲政协的知识点时，邀请了县政协副主席我校刘萍校长就政协的相关知识作了介绍。通过对专业人士的访谈，学生增强了对理论知识的理解。

（二）学生的课内互动

课内互动是日常教学工作更加常用的互动方式，也可以探索出多种形式。

1.学生互助解决问题

在每节新课之前，教师要求同学们自行预习新课内容，并完成课前预习学习任务，在预习的过程中，大家可将自己遇到的问题、困惑等记录下来，然后在课堂上提出来，由其他同学尝试解决。这种互助式的互动方式让学生在课前预习过程中深入研究课本知识，学生在课堂上围绕问题展开辩论，学生越辩越有激情，道理越辩越明晰，学生之间的互动交流加深了对知识的理解。互助式的互动方式适用范围较广，是一种行之有效的教学方法。

2.小型辩论赛

辩论赛可根据辩题将学生分为正反两方，围绕辩题要对双方人员进行合理的分工，明确各自的任务，为了达成任务，同学们既要钻研课本知识，同时还要查阅相关课外资料，以支撑自己的观点。辩论赛既可促进学生自主学习钻研，又可以通过辩论发现知识缺陷与漏洞，帮助学生完善知识体系。例如，我在教学货币的知识点时，利用课本提出"金钱是魔鬼还是天使？"的观点，指导学生开展辩论；再如，辨析"世界的本质是物质还是意识？"的哲学观点等。

在生生互动的过程中,离不开教师的参与。教师是课堂教学的主导,学生是主体,教师要做好策划、组织协调、引导等工作,这样才能使学生的互动活动不会偏离主题。课堂教学中,教师要充分发挥学生的主体作用,亲身参与课堂教学实践,这样学生才能真正掌握知识,提高能力,提升素质。

第二节 "互动式教学模式"的典型课例

"互动式教学模式"与"新版课标"倡导的综合性、活动型学科课程教学理念与要求高度契合。芜湖市"王为民名师工作室"的研修团队在课堂教学实践层面开设了大量的不同类型、不同风格的试验课、展示课、示范课等典型课例,进一步推深做实"互动式教学模式",为广大中学思政课教师学习研究、发展完善"互动式教学模式"提供很好的范例。

一、"情感互动"的典型课例教学

人教版七年级下册《道德与法治》第五课第二框
《在品味情感中成长》[①]

（一）教情分析

1.教材地位

情感生活是中学生青春成长的重要领域,与他们的道德修养、法治学习密切关联,丰富了他们的生命体验。但人的情感绝对不是自然成熟的,本课学习正是帮助中学生将生活中的情感体验与自身的生命成长相联系,感知生活中的美好,积极影响身边环境,传递情感正能量。

2.三维教学目标

情感态度价值观目标:感受生活中的美好情感,养成积极、乐观的生活态度,并能够主动传递情感正能量。

---

① 本节典型课例执教人为芜湖市"王为民名师工作室"研修成员、安徽师范大学附属外国语学校蔡峰老师,有改动。

能力目标：学会创造美好的情感体验，并通过传递美好情感影响身边环境，从而具备创造美好生活的能力。

知识目标：了解情感对于个人成长的价值，并知道情感是随着生活经历的不断发展逐步积累、逐渐丰富深刻的。

3.教学重难点

教学重点：传递情感正能量。

教学难点：体味美好的情感。

（二）学情分析

客观上，生活阅历的有限和学业负担的繁重，造成了很多学生对自身情感体验的忽视，对自身精神发展带来了一定消极影响。加之，很多学生在家庭中多为独生子女，家庭的成长环境也使得他们"享受"到了"过多"的爱，而缺失了自身对情感体验的深刻感悟，这对中学生的全面健康成长是不利的。

情感体验的感悟是每个人成长发展过程中不可缺失的重要领域，基于学生存在上述的学情，我准备以"情感"为媒介，着眼学生的生活实际，用"师生情""亲子情"为触手，以情动情、以情生情、以情感情，达成良好的教学效果。

（三）教学策略和安排

1.情境化教学

做到"教学内容情境化，教学情境内容化"，引领正确价值取向，充满正能量。

2.互动式教学

使学生在互动中构建知识、培养能力、形成正确的"三观"，并注重情感元素在教学过程中的运用。情感既是本课教学的核心，也是教学的策略和手段。

3.教学安排

课时安排：一课时。

教学手段：多媒体辅助教学。优化教学流程，合理配置教学资源，拓展教学时空。

（四）教学流程

【总体思路】"体味美好情感——获得美好情感——传递美好情感"。

【教学过程设计】：

1.创设情境：导入新课

以一本活页册作为导入的载体，请学生猜一猜这本活页册中有什么。在师生互动中激发学生的好奇心，调动起学生学习的积极性，进而导入新课学习。

2.创设情境：体味美好情感

【2.1】展示活页册中的内容，讲述"我与学生的故事"。

情境创设运用教师的生活经验，体味浓浓师生之情，感受到学生对教师的那份真挚爱戴与尊敬，更使我体会到了作为一名教师的幸福感和成就感，激发了我对教师这份职业的热爱，丰富了我的生命体验，促进了我的成长与发展。

【2.2】以情生情，师生互动，引导学生思考和体味。

让学生思索、体味自己所经历的美好情感体验，并感悟这些美好情感对自己成长的积极影响和价值。

【2.3】辨析明理，师生互动，使学生感悟到负面情感体验的价值。

结合学生的生活体验和情感体味，引导学生思考负面的情感体验对自己的影响，并使学生感悟到负面的情感体验未必是件坏事，也会丰富我们的人生阅历，对于自己的成长也有意义。

3.创设情境：获得美好情感

【3.1】借助学生的生活体验和活动参与，探究获得美好情感的途径。

情境创设借助学生的生活经验，以学生自己创作的手工艺术作品以及参与的各类活动为素材，引导学生结合自己的生活经历思考，如何创造和获得美好的情感体验。

【3.2】合作探究、借鉴学习，增强获得美好情感的能力。

引导学生合作探究，并整理学生的好方法、好途径，推而广之、互相借鉴,以增强学生获得美好情感体验的能力。

4.创设情境:传递美好情感

【4.1】以教师和学生的生活经验为素材创设情境,激发学生传递美好情感的践行意识。

情境创设运用教师的生活经验、学生的生活经验,以亲子间、师生间、生生间的美好情感传递为素材,进而感悟到这些美好的情感体验充盈了我们的精神世界,丰富了我们的生命体验,体验到生命中的美好与绚烂。

【4.2】知行合一、价值引领。

让学生尝试为父母、亲人、老师、同学、朋友创造一次美好的情感体验,在升华感悟的过程中,使学生落实行动,并指导自己的生活,懂得关爱他人,传递美好的情感,传递生命的正能量,创造美好生活。

5.课堂小结:师生合作,共同完成

6.课后作业:请学生将自己设计的"传递美好情感"的构思付诸行动

(五)教学板书设计

美好的情感促进我们成长

1.体味美好情感   积极转化负面的情感体验

2.获得美好情感   获得美好情感的途径

3.传递美好情感   创造我们美好的生活

(六)教学反思

第一,积极实施互动式课堂教学,引导学生互动参与。

第二,注重价值观的引领和教育,彰显出学科特色。

第三,注重师生间的情感互动,用情感推动"情感体验"的教学。

第四,注重从教师和学生的生活经验入手,创设生活化的教学情境。

二、"人本互动"的典型课例教学

原人教版必修三《文化生活》第二单元第四课第一框
《传统文化的继承》①

（一）教学理念

贯彻新课程改革的基本要求，以人本互动的方式，充分调动学生学习的积极性、主动性、创造性，引导学生解读文本资料，搜集身边的传统文化，开发校本资源和社会资源。精选教材文本中的思辨式议题，打造活动型学科课程。在教学整体设计中，突出以学生为本的理念，关注思想政治学科核心素养的培育，着眼于学生的真实生活与长远发展，使理论观点与学生生活经验有机结合，让学生在社会生活的历练中、在自主辨析的思考中感悟真理的力量，增强辨识能力，自觉认可优秀传统文化，增强文化自觉和文化自信。

（二）教材分析

1.地位与作用

本框题承接第三课，围绕文化继承与文化发展的关系，继续讲述文化传承的过程。我们今天享用的文化，是在世代传承和创新的基础上形成的，而继承是发展的必要前提，只有善于继承，吸取传统文化中的精华，才能更好地发展。所以，只有理解了对传统文化的继承，才能把握好文化的发展和创新。可以说这一框是学好下一框和下一课的铺垫，本框对整个单元甚至文化生活的学习都非常重要。

2.重点与难点

从课程标准的内容来看，学习要求既有显性的，又有隐性的。显性要求是"传统文化在现实生活中的作用"和"对待传统文化的正确态度"。这就要求学生知道传统文化的特点，区分传统文化的精华与糟粕，这是课程标准中的隐性要求。因此，本课的重难点是：文化的双重作用；辩证看待传统文

---

① 本节典型课例执教人为芜湖市"王为民名师工作室"研修成员、芜湖市第十二中学王华宝老师，有改动。

化；引导学生形成正确的文化继承观。

（三）学情分析

高二学生拥有一定的生活体验，初步具备一定的辨别能力和分析能力，他们关注文化生活，能够自主地分析现实生活中的一些文化现象，但在"韩流""日潮"等外来文化的冲击下，不少学生盲目崇尚外来文化，甚少关注我们的传统文化，忽视传统文化的价值，不了解该如何对待传统文化。我在教学时，发动学生搜集关于芜湖、安徽等本地传统文化的感性材料，让学生在查找、交流中感受传统文化的魅力，引导学生感受传统文化的继承，通过组织开展辩论赛，让学生在自主辨析中全面看待传统文化的作用，树立对待传统文化的正确态度，使其初步具有批判继承传统文化的能力。

（四）教学目标

1. 知识与能力

学生通过分享搜集的传统习俗、传统建筑、传统文艺、传统思想在现代社会生活各方面的延续及其影响等材料，让学生了解传统文化的继承性及其表现形式。

通过探究活动、课堂辩论，引导学生辩证地认识传统文化的双重作用，树立对待传统文化继承的正确态度，学会用全面的观点看问题。

2. 学科核心素养

公共参与：课前布置"搜集我们身边的芜湖传统文化"活动，学生通过参与活动，增强对传统文化的感性认识；同时关注生活，增强主人翁意识。课中组织实施"传统文化是财富还是包袱"的辩论赛，引导学生参与课堂，深入思考，辩论分析，从感性认识上升到理性认识，引导学生客观全面冷静看问题。

科学精神：在辩论分析中，促使学生运用马克思主义科学的世界观和方法论，对传统文化和中国的文化发展作出正确的价值判断和行为选择。

法治意识：充分尊重学生的表达权，在论述、辩驳、概括中，学生能感悟到继承和弘扬中华优秀传统文化是我们的使命担当，做权利和义务的坚实捍卫者。

政治认同：通过学生自主探究、共同赏析、相互交流，以学生的课堂参与活动为基础，让学生领悟中国传统文化的价值，激发学生热爱传统文化、学习传统文化、继承传统文化的热情，增强学生对中国特色社会主义文化的认同感、归属感和自豪感。

（五）教学设计思路

本课将以优美的古典音乐和学生搜集的传统文化图片为导入，开发校本、生本（生活和学生）资源，让参与活动的学生展示他们各自的探究成果，以推进传统文化的含义及表现的教学，实现情境与文本的深度融合，主要目标在于通过展示以及学生和老师的赞赏评价激发学生参与课堂的积极性和获得感。

教师引导学生分析传统文化的表现形式，认清并拓展传统文化的特点，关注并延展教材文本，拓宽思路。

在深度解读"新版课标"的基础上，精选"传统文化是财富还是包袱"这一思辨式议题，引导学生理解活化传统文化的含义、表现、特点以及作用等相关重难点知识，以达到"课程内容活动化、活动设计内容化"的目标，在"意义优先、兼顾形式"原则下的辨析式学习过程中，理性面对不同观点，以达到积极的价值引领目标。

在辩论赛之后，教师引领学生共同概括、升华，自然生成对待传统文化的正确态度。最后回顾教材文本，总结梳理，并以"设计家乡传统文化的展板"课后探究活动为终结，让课堂研讨深入生活，延伸文本，展现思想政治课堂的生命力。

（六）教学手段和方法

1.教学手段

运用多媒体辅助教学。

2.教学方法

具体表现为：探究学习法，即采用学生自主探究和小组合作探究相结合的方法，使组内成员互相启发和帮助，发挥团队的力量，培养合作精神。辩论学习法，即用文本中的观点辩论引导学生思维，学生自主探索、合作探究、思考辩论，活化了知识，活跃了课堂。情景教学法，即通过创设教学情境，从学生熟悉的生活案例出发，提高学习积极性。

（七）教学过程设计

教学环节	教学内容	教学活动	设计意图
【导入新课】	课前播放古典音乐,营造传统文化背景。同学们,在三月份我们开展了"发现身边的芜湖传统文化"的活动,大家非常踊跃,积极通过各种渠道,以图片、视频的方式搜集家乡的传统文化。接下来让我们一起来见证这些同学的成果。	师生共同欣赏音乐、观看照片,感受传统文化,欣赏活动参与者的成果。	以古典音乐和学生的照片素材导入,贴近学生,吸引学生的注意,激发学生的兴趣,增强课堂的引力。
环节一:寻——传统文化之身影	师:接下来请参与的同学展示他们的探究成果。生:四位同学结合他们所搜集到的图片,从传统习俗、传统建筑、传统文艺、传统思想等四个方面为同学们介绍传统文化的表现。	学生展示自主探究成果,介绍生活中的传统文化。	给予学生充分表现自我的机遇,展示学生的素材,增强学生参与课堂的意愿和被认可的幸福感,也深化了学生对传统文化的认知。
环节二:析——传统文化之特点	师:通过刚才四位同学的展示,我们可以看到,传统文化就是在长期历史发展中形成并保留在现实生活中的文化现象。同时,我们领略到,无论是传统习俗还是传统思想,抑或是其他形式,都对我们今天的文化发展产生了深刻的影响。这说明传统文化具有哪些特点呢?生:相对稳定性、鲜明的民族性。师:除了这些特点之外,你觉得传统文化还有哪些特点呢?(拓展)生:思考,回答。师:传统文化还具有继承性、区域性等其他方面的特征。	教师引导学生透过现象上升到理论,学生思考回答。	教师通过情境设问,问题引导,培养学生透过现象看本质的能力;通过对课本的延伸,拓展了课堂的外延,丰富了教材理论知识。

教学环节	教学内容	教学活动	设计意图
环节三：辩——传统文化之作用	师：传统文化就保留在我们现实生活中，我们不得不面对，那么，你认为传统文化对于我们今天的文化建设而言，究竟发挥着什么样的作用呢？是财富还是包袱呢？ 为此，同学们成立了辩论小组，他们对此有话说。接下来的时间交给我们的主持人和场上的各位同学。	学生成立正反两个辩论小组，开展辩论赛。	通过开展辩论赛，让学生在参与辩论中深度理解教材知识，对生活中的现象深化理解，面对不同价值冲突，在辩析中理解和升华。
环节四：谈——传统文化之态度	师：通过刚才同学们精彩的辩论，让我们看到传统文化中既有对于今天文化建设和社会发展的积极力量，但同时也会有消极因素的存在。 如果没有积极向上的因素，没有一种向前的推动力，它不可能在历经无数次内忧外患后仍然以极其强大的生命力生生不息地延续至今，传播世界；如果中国传统文化没有消极落后的因素，没有一种停滞的或向后的拖拽力，近代的中国便不可能在科技、文化、经济迅速崛起的西方世界之后踽踽而行。因此，数典忘祖、全盘否定传统文化的历史虚无主义、民族虚无主义是危险的；全盘肯定、盲目自大、敝帚自珍的国粹主义同样是有害的。 师：因此，我们对待传统文化的正确态度是什么呢？ 生：回答。 【课堂小结】（略） 【课后延伸】请以"我的家乡文化"为题，制作一个宣传家乡文化的展板。	师生共同分析，探究反思，回答。 布置课后延伸习题。	教师从学生的辩论中总结升华，引导学生利用历史唯物主义的观点看待人类文化的发展。 布置课后延伸习题，升华课堂，延伸课堂生态链，用知识指导行动，培养核心素养。
课后反思与总结			

三、"思维互动"典型课例教学

人教版必修四《哲学与文化》第三单元第七课第三框
《弘扬中华优秀传统文化与民族精神》①

教学理念与 教学思路		按照新课标要求,结合新教材、新课程,以议题式活动型教学和综合性教学方式展开教学,以立德树人为宗旨,以核心价值为引领,以核心素养为导向,以议题为统领,精选案例,丰富情境素材,设计序列化问题,开展互动性探究活动,生成知识,培养关键能力,涵养精神品质。
教学 分 析	教材 分析	本框题为必修四《哲学与文化》第三单元《文化传承与文化创新》中的第三框题,承接前两框的内容并进行升华和提出具体要求。在认识了文化的基本概念,掌握了中华优秀传统文化的内容、特点和当代价值之后,在本框题中,提出要弘扬中华优秀传统文化,推动中华优秀传统文化创造性转化和创新性发展,同时培育和弘扬中华民族精神。以"阅读与思考"为线索贯穿全文,从而引起学生对如何创造性转化与创新性发展中华优秀传统文化及弘扬民族精神等问题步步深入地思考。如何进行中华优秀传统文化的创造性转化与创新性发展(即文化创新)是一个社会热点,具有很强的思想理论性,也具有很强的探索实践性。第二目主要围绕中华民族精神这一主题,全面论述了其基本内涵、形成发展、时代性特征以及弘扬和培育中华民族精神的意义和主要途径。教材还辅以相关链接,以丰富拓展教学内容。
	教学 重难点	教学重点:1.中华优秀传统文化如何创造性转化与创新性发展。 2.中华民族精神的内涵、特征、价值和意义。 教学难点:如何弘扬中华民族精神。
	学情 分析	通过前面的学习,学生对中华优秀传统文化的当代价值有了一定的知识基础。我们都置身于一定的文化生活中,时时刻刻感受着文化的熏陶,有一定的生活经验,所以对于弘扬中华优秀传统文化这个问题我们并不陌生。加之现在国家大力提倡弘扬民族精神,进行文化建设,社会氛围浓厚,学生对民族精神也有一定的了解。但是我们的授课对象是高二的学生,其认知水平、知识结构不够完备。对于中华优秀传统文化的创造性转化和创新性发展这个热点话题的认识不够清晰,同时对于如何弘扬民族精神这个问题较难把握和理解。

---

① 本节典型课例执教人为芜湖市"王为民名师工作室"研修成员、安徽省南陵中学陈本俊老师,有改动。

教学目标（学科核心素养培养目标）	【必备知识】中华优秀传统文化创造性转化与创新性发展的举措；中华民族精神的内涵、特征、价值意义以及弘扬中华民族精神的要求。
	【关键能力】理论思维能力、价值判断力、社会参与能力。
	【核心素养】1.政治认同：增强对中华优秀传统文化和中华民族精神价值的理解和认同，进而弘扬中华优秀传统文化和民族精神，坚定文化自信，拥护党的领导，自觉践行社会主义核心价值观。 2.科学精神：对文化建设的实践，作出科学的解释、正确的判断和合理的选择；科学分析优秀传统文化与民族精神；以锐意进取的态度和负责任的行动弘扬中华优秀传统文化和民族精神。 3.公共参与：能为中华优秀传统文化创造性转化与创新性发展以及弘扬中华民族精神提出合理化建议；善于对话协商、沟通合作、表达诉求和解决问题，勇于承担社会责任。
	【核心价值】在中华优秀传统文化、中华民族精神、社会主义核心价值观方面进行价值引领，弘扬中国精神，增强文化自信。
教学方法	情境教学法、议题式活动型教学法、案例情境化的综合性教学法、"互动式教学模式"之"思维互动"教学方法。
教学手段	多媒体辅助教学
教学安排	1课时

教学过程

环节一：图片激趣，导入新课

【教学活动】多媒体展示图片：汉服热、大唐不夜城、AI技术+清明上河图。

【设计意图】通过图片展示，能让学生直观感受传统文化绽放的魅力，中华优秀传统文化在当今时代绽放出生机活力和强大生命力，增强文化自信，培养政治认同素养，同时能激发学生兴趣，为进行新课教学做好准备。

环节二：议题统领，案例探究

议题一：创造性转化与创新性发展的案例评析与建议

【案例式情境】播放诗词朗诵和歌曲《知否知否》。

案例一：《经典咏流传》对中华优秀古诗词文化的创造性转化

《经典咏流传》采用"和诗以歌"的形式，将诗词经典与现代流行音乐相结合，每首歌曲都融入时代元素，使古诗词打破"高冷"重回民间；每首歌曲的环节分为：专业朗诵、演唱经典、文学评析、鉴赏互动，能让人更加立体化全方位感受经典诗词之美；观众在情感共鸣中，重新发现了经典诗词在当下的价值和力量，从诗词中汲取心灵滋养，获得前行的动力，真正实现"让经典再流行"；观众认为："自从开始唱这些歌，背古诗可以事半功倍"，"音乐之美、人声之美和文本之美在这种松弛的状态下特别容易共振"。

【问题探究】(1)请结合材料,谈谈该节目对中华优秀古诗词文化创造性转化的成功之处。

(2)该节目对传统文化创造性转化有何启示?

【思维互动】学生围绕问题,进行自主分析、互动讨论、观点分享。

【教师点拨】该节目对中华优秀古诗词文化创造性转化的成功之处。形式新:采用"和诗以歌"的形式;时代性:融入时代元素,将诗词经典与现代流行音乐相结合,具有立体性、专业性、文学性、互动性、原创性,节目环节包括专业朗诵、演唱经典、文学评析、鉴赏互动,能让人更加立体化全方位感受经典诗词之美;情感性与大众化:观众体验到情感共鸣、心灵滋养、价值力量;审美性:音乐之美、人声之美和文本之美。该节目对传统文化创造性转化的启示,即对传统文化中陈旧的表达形式予以改造,转化为符合时代特点和要求的新的呈现形式。

【设计意图】通过案例探究与思维互动,引导学生掌握中华优秀古诗词文化创造性转化的途径,增强文化自信和政治认同。

案例二:对"孝"文化的创造性转化

【案例式情境】传统孝道主张孝亲敬老应当内心敬重与外在礼仪兼修;主张竭力养亲,克己奉亲,把"孝"与"养"统一起来;主张慰亲心、谏亲过;把自护自律与规劝长辈结合起来。

传统孝道把子女当成父母私产,无视子代权利,以"孝"的名义,可以剥夺儿女与生俱来生存权,"为母埋儿"受到赞美;"不孝有三,无后为大",则从根本上否定了女性生命的同等价值;传统孝道只讲子孝,不论父慈,主张愚孝,无论父母言行对错,子女必须服从;传统孝道以"葬"论"孝",开厚葬之风,普通民众则有条件要办,没有条件倾家荡产也要体面,三年丧假成为制度等。

孝道的全新的时代内涵:孝以敬为先,不以愚顺;孝以养为本,不以葬显;孝以护为要,不以守论;孝以正己为则,不贻亲羞;孝以及人之老,不独其亲。

【问题探究】(1)结合材料,谈谈对待"孝"文化应采取什么样的正确态度。

(2)上述探究对优秀传统文化进行创造性转化有何启示?

【思维互动】学生围绕问题,进行自主分析、互动讨论、观点分享。

【教师点拨】(1)对待"孝"文化应采取什么样的正确态度?①坚持扬弃原则,取其精华、去其糟粕、批判继承、古为今用。②推陈出新、革故鼎新,推动孝文化的创造性转化,赋予新的时代内涵。(2)上述探究对优秀传统文化进行创造性转化有何启示?对传统文化中有借鉴意义的内涵予以改造,转化为符合时代特点和要求的新内涵。(3)如何实现中华优秀传统文化的创造性转化?必须按照当今时代的特点和要求,对传统文化中有借鉴意义的内涵和陈旧的表达形式予以改造,转化为符合时代特点和要求的新内涵和新的呈现形式,使之与当代文化相适应、与现代社会相协调。

【设计意图】通过案例探究与思维互动,引导学生掌握中华优秀传统文化创造性转化的途径,增强文化自信和政治认同;培养理论思维能力和价值判断力,涵养科学精神。

续　表

案例三：人类命运共同体理念对中华优秀传统文化的创新性发展

【案例式情境】单边主义、霸凌主义、逆全球化、贸易保护主义、地区冲突、恐怖主义、发展鸿沟、各种传染性疾病、气候问题……面对时代之问，国际社会迫切需要创新治理理念，改革完善现有治理体系以适应新的国际格局和时代潮流。2017年1月18日，在联合国总部，习近平主席发出时代强音，提出"构建人类命运共同体"理念，为全球治理问题提供了中国智慧和中国方案。之后，这一理念被多次载入联合国多份不同层面的决议。

该理念的具体内涵：政治上互相尊重、平等协商，坚决摒弃冷战思维和强权政治；安全上坚持对话解决争端、以协商化解分歧，统筹应对传统和非传统安全威胁，反对一切形式的恐怖主义；经济上促进贸易和投资自由化便利化，推动经济全球化朝着更加开放、包容、普惠、平衡、共赢的方向发展；文化上尊重世界文明多样性，以文明交流超越文明隔阂、文明互鉴超越文明冲突、文明共存超越文明优越；生态上坚持环境友好，合作应对气候变化，保护地球家园。

人类命运共同体理念的思想文化根源是中华优秀传统文化中"天下大同""和合共生""协和万邦""天人合一""道法自然"等思想。

【问题探究】(1)人类命运共同体理念与时代的关系。

(2)人类命运共同体理念与中华优秀传统文化的关系。

(3)结合上述问题的探究，谈谈如何推动优秀传统文化创新性发展。

【思维互动】学生围绕问题，进行自主分析、互动讨论、观点分享。

【教师点拨】(1)人类命运共同体理念与时代的关系。当今时代，社会生活和社会实践的变化发展是人类命运共同体理念形成的现实条件，人类命运共同体理念是对时代问题的理论回答，是全球治理的理念创新，对改革完善现有治理体系和全球问题解决具有促进作用。

(2)人类命运共同体理念与中华优秀传统文化的关系。中华优秀传统文化是人类命运共同体理念形成的思想源泉；人类命运共同体理念对中华优秀传统文化的内涵进行了补充、拓展和完善，在继承的基础上进行了创新性发展。

(3)结合上述问题的探究，谈谈如何推动优秀传统文化创新性发展。按照当今时代社会生活和社会实践的进步和发展，对中华优秀传统文化的内涵进行补充、拓展和完善，使之成为适合当今时代实践和社会发展要求的文化形式。

【设计意图】通过案例探究与思维互动，引导学生掌握中华优秀传统文化创新性发展的途径，增强文化自信和政治认同；培养理论思维能力，涵养科学精神。

议题二:中华民族历经磨难而走向复兴依靠什么精神密码

案例一:中国航天彰显民族精神

【案例式情境】播放视频《航天成就》,并展示习近平总书记的贺信节选。

贺信1:"天问一号"探测器着陆火星,迈出了我国星际探测征程的重要一步,实现了从地月系到行星际的跨越,在火星上首次留下中国人的印迹,这是我国航天事业发展的又一里程碑。你们勇于挑战、追求卓越,使我国在行星探测领域进入世界先进行列,祖国和人民将永远铭记你们的卓越功勋! 希望你们再接再厉,精心组织实施好火星巡视科学探测,坚持科技自立自强,精心推进行星探测等航天重大工程,加快建设航天强国,为探索宇宙奥秘、促进人类和平与发展的崇高事业作出新的更大贡献!

贺信2:嫦娥五号返回器携带月球样品安全着陆,习近平总书记指出:希望你们大力弘扬追逐梦想、勇于探索、协同攻坚、合作共赢的探月精神,一步一个脚印开启星际探测新征程。

【问题探究】(1)结合视频、材料和教材,谈谈你对中华民族精神内涵的认识。

(2)结合材料,谈谈中国人民拥有什么精神品质。

【思维互动】学生围绕问题,进行自主分析、互动讨论、观点分享。

【教师点拨】我国形成了以爱国主义为核心,团结统一、爱好和平、勤劳勇敢、自强不息的中华民族精神。爱国主义是中华民族精神的核心,它贯穿民族精神的各个方面;团结统一、爱好和平、勤劳勇敢、自强不息的精神相辅相成,体现着爱国主义这个主题。爱国主义是动员和鼓舞中国人民团结奋斗的一面旗帜,是各族人民风雨同舟、自强不息的精神支柱。中国人民拥有伟大的创造、奋斗、团结精神。

【设计意图】通过案例探究与思维互动,引导学生掌握中华民族精神的科学内涵,增强文化自信和政治认同;培养理论思维能力,涵养科学精神。

案例二:民族精神是历史积淀还是时代造就?

【案例式情境】中华民族精神究竟是如何形成和发展的? 是历史积淀还是时代造就? 面对这一问题,同学们产生了一些争议。

观点一:中华民族精神是长期历史积淀的过程。

观点二:中华民族精神是随着时代变化而不断发展的。

【问题探究】(1)请选择自己赞同的观点,并阐明理由。

(2)中华民族精神为什么在不同时期有不同的表现。提示:选择观点一小组的同学,请从古诗词、历史典故等角度论证。选择观点二小组的同学,请从新民主主义革命、社会主义革命、改革开放和社会主义现代化建设的角度论证。

【思维互动】学生围绕问题,进行自主分析、互动讨论、观点分享。

【教师点拨】古诗词和历史典故中蕴含着丰富的民族精神,中华民族精神深深植根于优秀传统历史文化之中,民族精神作为民族文化的结晶,其形成与发展是长期历史积淀的过程。

【教师活动】播放视频《百年大党的精神谱系》。新民主主义革命时期,中国共产党人的革命精神成为中华民族精神的主体。社会主义革命时期、改革开放和社会主义现代化建设新时期,中国共产党继续弘扬中华民族精神,不断为中华民族精神增添新的时代内容。中国共产党在长期实践中不断结合时代和社会的发展要求,丰富发展着中华民族精神。中华民族精神是随着时代变化而不断丰富发展的过程,具有鲜明的时代性、民族性和先进性特征。综上所述,民族精神作为民族文化的结晶,其形成与发展是长期历史积淀的过程,也是随着时代变化而不断丰富发展的过程。

【设计意图】通过案例探究与思维互动,引导学生掌握中华民族精神的形成和发展是历史积淀与时代变化发展共同起作用的结果,培养学生理论思维能力和价值判断力,涵养科学精神。

案例三:伟大抗疫精神对民族精神的丰富发展

【案例式情境】播放视频《伟大抗疫精神》。

【问题探究】(1)抗疫精神的内涵是什么?

(2)伟大抗疫精神与中华民族精神是什么关系?

【思维互动】学生围绕问题,进行自主分析、互动讨论、观点分享。

【教师点拨】伟大抗疫精神的内涵是生命至上、举国同心、舍生忘死、尊重科学、命运与共。伟大抗疫精神同中华民族长期形成的特质禀赋和文化基因一脉相承,是爱国主义、集体主义、社会主义精神的传承和发展,是中国精神的生动诠释,丰富了民族精神和时代精神的内涵。

【情境】伟大载人航天精神,为建设科技强国、航天强国和现代化国家增添了强大精神力量,为人类和平发展和宇宙探索事业作出了中国贡献。

伟大抗疫精神彰显了中国共产党始终是中国人民和中华民族的主心骨,确证了"四个自信",促使中国人民更加自信地探索自己的文明发展道路,展现了中国人民有志气、有能力战胜各种艰难险阻,昭示了坚持人类命运共同体理念是人类社会发展的必然选择。

【问题探究】结合教材和材料,谈谈你对中华民族精神的价值理解。

【思维互动】学生围绕问题,进行自主分析、互动讨论、观点分享。

【教师点拨】弘扬伟大民族精神的价值意义:(1)为中国发展和人类文明进步提供了强大精神动力。(2)中华民族精神集中体现了中华民族的整体风貌和精神特征,体现了中华民族共同的价值追求,是中华民族永远的精神火炬。

【情境】钟南山院士说:"中华民族、中国人民总是压不垮,这是什么原因呢?首先要有一种精神,只要一个民族国家有这样的精神,永远压不垮。"

【问题探究】请同学们分别从国家、学校和班级角度,为弘扬民族精神提出合理化建议。

【思维互动】学生围绕问题,进行自主分析、互动讨论、观点分享。

【教师点拨】国家:要以培养担当民族复兴大任的时代新人为着眼点,强化教育引导、实践养成、制度保障,发挥社会主义核心价值观的引领作用,实现中华民族伟大复兴的中国梦。

	学校：演讲比赛、国旗下讲话、征文比赛、专题讲座、橱窗和电子屏宣传等。 班级：以民族精神为主题，开展系列主题班会、设计黑板报。 【设计意图】通过案例探究与思维互动，引导学生掌握伟大抗疫精神与民族精神的关系以及弘扬中华民族精神的途径；理解民族精神的价值，增强文化自信和政治认同；提高社会参与能力。
教学板书	
教学反思	

四、“行为互动”典型课例教学

人教版必修三《政治与法治》第三单元第八课第三框
《法治社会》①

	教学 理念	贯彻新课程改革理念，在教学活动中充分尊重学生的主体地位，发挥学生学习的主动性和积极性。教师承担领导者、组织者、指引者的角色。法律知识理论性、逻辑性强，学生学习起来有一定的难度，这要求教师要创设情境帮助学生理解法律知识，同时设置问题，引导学生思考、归纳关键知识，提高学生思考和解决问题的能力，落实学科核心素养。
教学分析	教材分析	第八课围绕怎样建设法治中国的问题，重在从宏观上说明建设法治中国的措施，提出了法治国家、法治政府、法治社会“三位一体”的奋斗目标。本框主要体现了课程标准“把握法治社会的内涵和特点，知道建设法治社会的意义，阐述建设法治社会的具体任务”的要求。

---

① 本节典型课例执教人为芜湖市“王为民名师工作室”研修成员、安徽省芜湖县一中强婧老师，指导教师王为民老师，有改动。

续　表

教学分析	教学重难点	理解法治社会的内涵和表现。
	学情分析	高一学生的思维和兴趣点停留在具体而形象的内容上,抽象和逻辑思维能力比较弱。学习理论性强的法律知识有一定的难度。虽然学生通过七年级下册"走进法治天地",八年级上册"做守法公民",八年级下册"坚持宪法至上、崇尚法治精神"等内容的学习,对我国法治建设有了不同程度的了解,但存在碎片化现象,缺乏实践性。 通过第七课和第八课前两框的学习,学生对依法治国、建设法治中国有了进一步的理解,为本框的学习奠定了良好的基础。
	学习需求	根据当前的社会现象发现社会问题,学习相关法律知识,尝试从不同角色运用法律解决社会问题,进而融入法治社会的需求。
教学目标(学科核心素养培养目标)		【政治认同】通过法治社会的表现和内涵学习,引导同学坚持以习近平法治思想为指导,自觉走中国特色社会主义法治道路。 【科学精神】理解法治社会的内涵和特征;建设法治中国是一项系统工程,既需要党和国家的统筹与规划,更需要公民和全社会的参与和推动。 【法治意识】自觉遵守法律,依法行使权利,依法履行义务,建设法治社会。 【公共参与】通过角色扮演"我是校园法律宣传员"活动的开展,引导学生为落实良法善治、建设法治国家贡献力量。
教学方法		综合性教学、议题式教学、"互动式教学模式"之"行为互动"教学方法。
教学手段		信息技术与教学的深度融合。
教学安排		1课时
教学思路		根据本框学科核心素养,确立教学议题;根据教学议题,精选教学案例,创设教学情境;从教学情境中引出教学问题,引领学生思维活动和开展教学活动;在活动中培养学生核心素养;最后在检测和评价中回归学科核心素养教学目标。

教学过程			
教学环节	教学活动	学生活动	设计意图
导入:议题"法治如何让生活更美好"。	视频:《法治社会宣传片》,引出本框教学议题"法治如何让生活更美好"。	学生观看视频。	让学生感受法治社会的美好,认同法治社会,激发学生对法治社会生活的向往。

续表

教学环节			教学活动	学生活动	设计意图
『理论学习篇』	1.法治社会的表现	①法治意识 ②法律实施 ③实施效果	议学情境： 视频：《货拉拉女孩跳车案》。 设计议学问题： 1.车莎莎、周某春、货拉拉公司各方是否有错，是什么？ 议学提示： 1.错选了维权方式。 2.未遵守行业规范，未履行义务。	1.学生观看视频了解事件缘由。 2.学生思考、讨论并回答议学问题：树立法治意识，依法维权；遵守行业规范，依法履行义务。	运用热点素材，调动学生的注意力，培养学生多角度分析的能力，引导学生认识到建设法治中国是一项系统工程，既需要党和国家的统筹与规划，更需要公民和全社会的参与和推动。引导学生认同我国的法治建设，增强建设法治社会、促进公平正义、建设和谐社会的信心。
			议学问题： 货拉拉女孩跳车事件已判决，这样判决的依据是什么？这样判决给我们什么启发？ 议学提示： 1.法律。 2.学法、守法、用法。	学生思考、讨论并回答议学问题： 1.依法解决纠纷，公平正义得到彰显。 2.社会和谐有序。	
	2.法治社会的内涵		议学小结： 1.树立法治意识，依法维权。 2.遵守行业规范，依法履行义务。 3.纠纷依法解决，公平正义得到彰显。	学生试着总结法治社会的内涵。	由特殊的实例总结归纳到一般法治观点，锻炼学生的归纳推理的能力，生成法治社会内涵的这一知识点。

『生活指导篇』	议学活动： 同学们思考生活中还有哪些不美好的社会现象？探究法治如何让我们的生活更美好？ 某社区召开会议,讨论目前养犬存在的问题,制订社区文明养犬公约,大家纷纷提出自己的意见。 角色扮演游戏。 角色：养犬者、老人、孩子、物业公司管理人员、保洁员。	学生思考,小组讨论,同学上台表演。	回归生活,学以致用。学生学习了相关的法律知识,运用法律知识解决生活问题,帮助学生树立法治意识,自觉守法、用法。
『实践行动篇』	角色扮演 "我是一名校园法治宣传员",请同学们开动脑筋设计校园法治宣传标语,为建设法治社会贡献自己的智慧吧！	学生设计校园法治宣传标语。	通过法治宣传员活动的开展,引导学生为落实良法善治、建设法治国家贡献力量。
课堂小结	只有全社会对法治的普遍信仰,人们才会尊法学法守法用法,人们才能依法行使权利,依法履行义务,依法维护自己的合法权益。只有公平正义得到切实维护,生活才能和谐有序。		
板书设计			
课后作业	同步练习		
教学反思	本节课是通过案例分析让学生理解法治社会的内涵,通过角色扮演引导学生"行为互动",让学生知道主动学习法律、自觉遵守法律、依法行使权利、依法履行义务,这就是建设法治社会的表现。"我是法治宣传员"的实践作业,达到学以致用的目的,但是这节课对书本理论知识强调不够,学生的角色扮演也只能让几位同学参与,所以学生的参与面小。可以把课堂时间合理调整一下,将"我是法治宣传员"的实践作业移到课堂上来完成,学生能积极参与其中,解决了参与度的问题。通过课后练习强化法治社会的理论知识。		

教学活动测评表

序号	评价维度	等级		
1	活动目标明确、恰当	明确恰当□	基本明确□	不太明确□
2	勇于表达自己的观点	勇于表达□	基本上勇于□	不太勇于□
3	善于倾听、尊重他人的观点	能做到□	基本能做到□	做不到□
4	与小组同学配合主动	主动配合□	基本上配合□	不太配合□
5	你发现、提出了几个问题？	3个以上	1—3个	没有
6	谁给你很大的帮助或启发？	姓名	理由	
7	本课给你印象最深的是什么？	回忆	描述	

五、"思想互动"典型课例教学

人教版必修四《哲学与文化》第一单元第三课第二框
《世界是永恒发展的》①

教学理念与教学思路	结合新课标"1.4描述世界是普遍联系、永恒运动的，领会全面地、发展地看问题的意义"要求，本课以议题式活动型教学和综合性教学方式展开教学活动，发挥教师的主导作用，精选综合性的案例情境，发挥思想政治课的价值引领作用；发挥学生的主体性，激发学生深度学习和综合性学习，学以致用，落实核心素养目标。
教材分析学情分析	教材分析：《世界是永恒发展的》是统编版高中思想政治必修四《哲学与文化》第三课第二框内容，讲述唯物辩证法的发展观。本课内容包括发展的普遍性、发展的实质、量变与质变的辩证关系及方法论要求、前进性与曲折性的辩证关系及方法论要求。唯物辩证法是马克思主义哲学的重要组成部分，发展观是唯物辩证法总特征之一，因此，第三课是第一单元的重要落脚点，在第二课论证世界的存在方式后，进一步描绘了世界的辩证图景，让学生领会发展地看问题的意义。 学情分析：本堂课授课对象为高二年级学生，有学习思想政治学科的基础知识，具备一定的学科思维能力，感性认识已达到一定的水平，判断、推理等理性认识正在形成中。本课运用综合性案例情境化教学，贴近学生生活实际，很能引起学生兴趣，所以课前安排学生自学和搜集相关资料，进行简单分析。但是，哲学理论比较抽象，学生在哲学学习上的思维方式方法还不明晰，所以教学中讲解需要深入浅出。

① 本节典型课例执教人为芜湖市"王为民名师工作室"研修成员、芜湖市火龙岗中学汤恩慧老师，有改动。

学科核心素养培养目标	【政治认同】 通过对四个博览展厅综合性情境资料的学习和讨论,牢固树立和坚持唯物辩证法的发展观,拥护中国共产党的领导,坚持和发展中国特色社会主义。 【科学精神】 坚持发展是量变和质变的统一;坚定新事物发展的前途是光明的,准备走曲折的路,运用唯物辩证法的发展观分析和解决问题,提高辩证思维能力。 【公共参与】 用发展的观点认识国家各个领域的建设和成果,学生能够在学习和生活实践中从点滴小事做起,积极地面对困难和挑战,立志为社会主义现代化强国作贡献。		
教学重难点	1.教学重点:发展的普遍性(特点);发展的实质;新事物的特点(优点);量变和质变的辩证关系原理和方法论;事物发展前进性和曲折性统一的原理和方法论。 2.教学难点:量变和质变的辩证关系原理和方法论;事物发展前进性和曲折性统一的原理和方法论。		
教学方法	案例情境化综合性教学,议题式活动型教学,"互动式教学模式"之"思想互动"教学方法。		
教学环节	教师活动	学生活动	设计意图
导入新课	【图片对比】 展示"两个辛丑年对比"。 世界是永恒发展的,一成不变的事物是不存在的,我们要用发展的观点看问题。	通过图片对比,感受中国不断发展强大,感性理解发展观。	利用历史和现实的资料展示,激发兴趣,导入新课。
推进新课 一、唯物辩证法的发展观	【展示议题】 议题一:唯物辩证法的发展观。 【议学情境1】 小小志愿者带领我们参观博物馆。 博览展厅一: "人祖觅踪 文明初现" 展示繁昌人字洞"金氏繁昌上猿化石"。 引导学生运用各学科知识理解"物质世界处于永恒运动、变化、发展的过程中"。	学生听着小小志愿者的介绍,参观博览展厅。 结合各个学科所学知识,描述世界是永恒发展的。	用参观的方式,利用芜湖乡土教学资源的综合情境,激发学生思考,综合阐述"物质世界是不断发展着的"。

(一)发展的普遍性	【议学情境2】 博览展厅二： "小小红船诞生伟大的政党" 播放视频《100秒一百年》 1921年，中共一大在嘉兴南湖召开，到会代表仅13人，代表全国党员57人。	学生参观博览展厅二。 学生观看视频。 小组合作讨论，理解新事物符合客观规律，具有强大的生命力和远大的发展前途。	学生在百年党史的情境中，感悟新事物是符合客观规律、具有强大的生命力和远大的发展前途的事物。
(二)发展的实质	议学问题：中国共产党从诞生之时力量弱小发展到今天的百年大党，她为什么具有远大的发展前途？ 议学提示：新事物符合客观规律，具有强大的生命力和远大的发展前途。 议学活动：辨析新事物和旧事物、运动与发展的关系。		
二、用发展的观点看问题	【展示议题】 议题二：用发展的观点看问题。 【议学情境3】 博览展厅三： 空天逐梦展厅 播放视频："羲和号"、神舟十三号载人飞船	学生在辨析中理解发展的实质，新、旧事物的判断标准，运动与发展的关系。 学生观看视频，直观感受我国航天领域的巨大成就。	通过议学活动，培养学生辩证思维能力，培育科学精神和学科素养。
(一)事物发展的状态：量变和质变	新中国建立之后，中国航天领域不断获得新的成就。中国航天从无到有、从有到强，离不开一代代航天人的积累和努力。我们每一次对太空的探索，都在不断积累和提升，最终汇集成中国航天事业历史性进步。	小组合作讨论，体悟中国航天从无到有、从有到强，离不开一代代航天人的积累和努力。总结归纳：事物发展的状态是量变与质变的统一及其方法论意义。	学生在"空天逐梦"的综合性情境中，感悟中国特色社会主义事业的伟大发展，厚植爱国主义情怀，归纳事物发展状态的哲理，培育科学精神和学科素养。

	议学问题:从唯物辩证法发展观的角度,中国航天从无到有、从有到强,一步步积累的过程,是如何体现事物发展的状态的? 【学以致用】 "请党放心 强国有我" 请运用量变与质变辩证关系的原理,谈一谈在实现伟大中国梦的过程中,我们高中生该如何有所作为?	学生运用量变与质量的辩证关系及方法论意义,去探讨青年人在实现中国梦中的行动。	将所学哲理运用到学生们的学习和生活实践中,立志为实现社会主义现代化强国作出贡献。
(二)事物发展的趋势:前进性与曲折性的统一	【议学情境4】 博览展厅四: 脱贫攻坚展厅 播放视频《80秒回顾8年脱贫攻坚战》。 展示实现全面建成小康社会的伟大征程中遇到的挑战和困难。 议学问题:从打赢脱贫攻坚战遇到的困难来看,全面实现小康社会的过程是不是一帆风顺的? 为什么?	学生观看视频,直观感受我国脱贫攻坚战过程中的艰辛和取得的历史性成果。小组合作讨论,体悟事物发展的趋势:前进性与曲折性的统一。	在"脱贫攻坚"的综合性情境中,感悟全面建成小康社会奋斗历程的艰辛,厚植爱国主义情怀,归纳事物发展趋势的哲理。
	【学以致用】 "请党放心 强国有我" 展示名人名言: "我们生活的世界充满希望,也充满挑战。我们不能因现实复杂而放弃梦想,不能因理想遥远而放弃追求。" ——习近平 提出问题:请运用发展前进性和曲折性的统一原理,思考在实现伟大中国梦的过程中,我们高中生该如何面对遇到的挫折?	学生感悟名言。小组合作讨论,运用事物发展前进性和曲折性统一的原理和方法论,思考自己在实现人生理想的过程中,如何面对挫折与考验。	利用十九大报告中的一段话,激励学生树立远大的人生理想,正确认识挫折,将前进性与曲折性相统一的哲理运用到生活实际中。

续　表

课堂小结	结束本节课的博览之旅。利用板书归纳总结本课知识点,鼓励学生们在生活中运用发展的观点看问题。	学生归纳总结本节课的收获并完成课堂学习成果的自主评价。	体现学生学习的主体性。
课后活动	【诗词中的哲学】我国古代哲人留下了许多富含哲理的名言警句。请同学们搜集体现唯物辩证法发展观点的经典诗词,体悟诗词之美的同时,感悟发展的伟大力量。	学生课后自主完成。	在诗词和哲学的综合性学习中,体悟诗词之美的同时,感悟发展观点哲理的伟大力量,提升学生综合能力。

板书设计:

课后反思

（该典型课例系芜湖市"王为民名师工作室"承担省级课题"高中思想政治综合性教学策略研究"教学研讨活动展示课）

六、"生生互动"典型课例教学

人教版必修二《经济与社会》第三单元第三课第二框 《建设现代化经济体系》①

（一）教情分析

1.教材地位

本课内容是部编版必修二《经济与社会》第三单元第三课第二框《建设现代化经济体系》。中国特色社会主义已经进入新时代,为了满足人民日益

---

① 本节典型课例执教人为合肥市肥东县众兴中学司晓卉老师,指导教师侯新旺老师、王为民老师,有改动。

增长的美好生活需要，必须解决发展不平衡不充分的问题。在前一框题，学生已经学习了以人民为中心的发展思想和新发展理念，本框承接上一框题的理论学习，从实践角度探讨如何以新发展理念为指导，建设现代化经济体系，推动经济高质量发展的问题，为社会进步、人民幸福奠定物质基础，从而引出下一课学习。这部分知识兼具理论性和实践性，对于缺乏经济生活常识理性认识的学生而言学习起来有一定难度。

2.学情分析

学生是教学活动的主体，也是教学活动的目的和归宿。从认识层面来说：初中阶段，学生对于经济社会已有初步认知；升入高中阶段，学生认识的能力、广度和深度也在不断变化发展着，飞速发展的科技也为学生提供了了解社会的多种渠道，高中阶段的政治学习，较初中阶段更深入、更系统，这是一个从感性认识走向理性认识的过程。从思维层面来说："00后"思维更加活跃，他们关注生活，关心社会，有较强的自我意识。从知识层面来说：学生对经济生活的了解更加深入，对经济现象有了初步的思考，但学生对这些知识点和现象背后蕴含的经济学原理还不清楚，对经济体系、实体经济抽象化的知识难以有具体认知。因此，在本课教学中，不管是案例的选取还是知识的讲解，要更加符合学生的认知特点，注重激发学生学习积极性，只有这样才能更好实现教学目标，完成教学任务。

3.教学目标

政治认同。建设现代化经济体系是党和国家从事业全局出发，着眼于实现"两个一百年"奋斗目标、顺应中国特色社会主义进入新时代的新要求作出的重大决策部署。通过本框学习，引导学生增强中国特色社会主义经济发展的道路自信、理论自信、制度自信、文化自信。

科学精神。阐明如何以新发展理念为指导，建设现代化经济体系，推动经济高质量发展，指导学生运用所学知识对经济发展中的问题作出正确的判断、科学的解释。

法治意识。"贯彻新发展理念"已写入我国宪法。新时代的社会主要矛盾已经转化为人民日益增长的美好生活需要和不平衡不充分的发展之间的矛盾，解决矛盾还是要靠更高质量、更有效率、更加公平、更可持续的发展。建设现代化经济体系是贯彻新发展理念、实现高质量发展的必然选择。

公共参与。通过课后实践活动，组织学生实地调查研究，评析经济发展中践行社会责任的实例，为学生将来走向社会投身"大众创业、万众创新"的时代洪流奠定基础。

4.教学重难点

教学重点：建设现代化经济体系的具体要求。

教学难点：现代化经济体系的内涵、构成和要求；建设现代化经济体系的原因。

5.教学方法

议题式教学法、情境教学法、案例分析法、小组"生生互动"探究法。

（二）设计思路

根据新课程标准，高中思想政治课程是落实立德树人根本任务的关键课程，以培育社会主义核心价值观为目的，是帮助学生确立正确的政治方向、提高思想政治学科核心素养、增强社会理解和参与能力的综合性、活动型学科课程。本节课以"如何建设现代化经济体系？"为议题，通过"现代化经济体系，为何要建？""现代化经济体系，如何理解？""现代化经济体系，从何建起？"三个分议题设置，从"为什么—是什么—怎么做"三个角度层层推进，引导学生深入学习现代化经济体系。在教学实施过程中，遵循"议题引领—情境设置—议学活动—议学成果"模式，从学生的生活实际入手，通过小组"生生互动"的方式自主学习合作探究，完成核心素养的培养。

（三）教学过程

教学环节	知识点位	教师活动	学生活动	设计意图
新课导入		2021年合肥正式官宣迈入万亿俱乐部，收官"十三五"。探究2001年至2021年，这二十年间合肥经济的变化发展。		以本土素材"合肥迈入万亿俱乐部"为切入点，引出本次学习课题：建设现代化经济体系。

教学环节	知识点位	教师活动	学生活动	设计意图
温故知新		以人民为中心的发展思想和新发展理念的知识点回顾。	回忆上节内容坚持新发展理念主干知识。	理念是行动的先导,帮助学生明确第三课两框内容之间的内在关系,注意知识体系的系统性与逻辑性。
议题展示		展示本节课的相关议题—— 总议题:如何建设现代化经济体系? 分议题一:现代化经济体系,为何要建? 分议题二:现代化经济体系,如何理解? 分议题三:现代化经济体系,从何建起?	明确本课教学议题,对本框教学内容有初步的思考和了解。	通过议题的设置,对课本主干知识起到提纲挈领的作用,以议题贯穿知识成一条线,围绕议题展开教学活动。
议学活动一	建设现代化经济体系的原因	分议题一:现代化经济体系,为何要建? 图片与文字材料展示二十年前合肥国内生产总值与经济发展相关数据。 提问:合肥经济的发展存在什么问题? 归纳学生的发言,得到二十年前合肥经济发展存在的问题涉及产业结构、市场体系、城乡发展、收入分配等领域,想要解决问题,必须要转变经济发展方式;二十年后的今天,中国特色社会主义进入新时代,新阶段经济发展出现新特点。 过渡:相对于传统经济体系而言,现代化经济体系是一种什么样的经济体系呢?	从给定的材料思考,同桌之间相互探讨,畅所欲言。	通过对材料的归纳总结,从而引出建设现代化经济体系的必要性和重要性。

续　表

教学环节	知识点位	教师活动	学生活动	设计意图
议学活动二	现代化经济体系的内涵	分议题二：现代化经济体系，如何理解？ 点明现代化经济体系的含义，指出现代化经济体系具有高效率、高质量、有助于实现平衡发展的特点。 提问：现代化经济体系由哪些要素构成？请同学们结合刚才的材料和手中的导学案从课本中找出答案。 与学生一起完成导学案中出现的两个判断题。	结合课本，自主探究，完成导学案中相关表格。 给出答案并说明原因。	本课理论性较强，在教学过程中为学生提前准备好问题、导学案等，引导学生自主完成基本理论、新理论的学习。 通过两个判断题的设置，提醒学生注意现代化经济体系每个要素的时代特征和建设要求。
议学活动三	建设现代化经济体系的措施	过渡：解决了"为什么"、"是什么"，再回到最开始的问题，合肥这二十年是如何围绕建设现代化经济体系主题实现了"黑马"逆袭？我们再通过一个小片段进一步探究合肥逆袭的原因，同时指出这也是这一节课要探究的重点问题。 分议题三：现代化经济体系，从何建起？ 以小组为单位，结合视频材料，自主阅读课本相关内容，完成导学案相应部分。 过渡：积极谋划高质量发展的战略布局，为吸引人才营造良好环境，这些都离不开政府的引导和支持，财政托底，招商引资，合肥的底气从何而来？结合课本相关内容后，我们通过一个微视频来简单了解一下。	观看视频材料，思考这一问题。	合肥的发展历程是近年来经济高质量发展的典型，结合现实案例，学生自己总结建设现代化经济体系建设的措施，充分发挥学生主体作用。 通过小组探究，共同讨论，提高学生的合作探究能力，有利于将所学知识内化。

教学环节	知识点位	教师活动	学生活动	设计意图
议学活动三	建设现代化经济体系的措施	过渡:既然实体经济这么重要,合肥是不是要大力发展实体经济? 难点点拨:实体经济和供给侧结构性改革。 提问:这节课理论性较强,但理论还需联系实际,你能从生活实际出发,说一说合肥建设现代化经济体系,推动经济高质量发展给我们的生活带来的变化和影响吗? 归纳总结:从合肥的发展历程来看,建设现代化经济体系,实现经济的高质量发展必须建设创新引领、协同发展的产业体系,建设彰显优势、协调联动的城乡区域发展体系,推动形成全面开放新格局。	小组讨论,积极思考,回答问题。思考问题,作出回答。	引出两个概念"实体经济"和"供给侧结构性改革"。通过微视频的导入,破解教学难点。从生活实际出发,在生活情境中升华所学知识。
议学成果		过渡:讲到这里,同学们还记得我们刚才提到的现代化经济体系的构成吗?(六个体系+一个体制),那为什么这里只提到了三个体系? 其实之前就已经有所涉及,第一课讲到了体现效率、促进公平的收入分配体系,后面第四课也会重点讲解;第二课和第一单元的综合探究主要讲了建设统一开放、竞争有序的市场体系和建设充分发挥市场作用、更好发挥政府作用的经济体制;第三课第一框和第二单元综合探究讲述了节约资源、环境友好的绿色发展体系,所以本框就没有过多赘述,但同学们学习起来还是要连带着掌握,注意知识的整体性和系统性。	思考问题,作出回答。	以"建设现代化经济体系"为主题,对《经济与社会》学习内容进行分析、整合、重组和开发,强调知识的整体性与系统性,将"大单元教学"在课堂上落实与呈现。

教学环节	知识点位	教师活动	学生活动	设计意图
议学成果		议学成果：完善经济制度，贯彻新发展理念，坚持供给侧结构性改革，建设现代化经济体系，推动经济高质量发展，为促进个人收入分配更合理有效、加强社会保障体系建设奠定坚实的物质基础。始终坚持以人民为中心，在发展中保障和改善民生，让改革发展的成果更多更公平惠及全体人民。	结合议学情境三和视频材料，归纳总结建设现代化经济体系该如何发力。	通过议题的设置、问题的引导，让学生在自主合作探究中总结和升华，得出议学成果，推动议学活动落地生根。
课堂小结		师生合作，共同完成		
学业质量检测		检测试题（略）	回答问题	巩固所学知识
课后任务		秉承"工业立市"的理念，合肥诞生很多知名企业，如海尔、科大讯飞、京东方等，利用研学"工业游"机会或者周末时间，深入企业和工厂，观看和研究企业高质量发展的举措，结合所学知识，撰写企业发展调查报告。		

（四）教学活动测评

序号	评价维度	等级
1	活动目标明确、恰当	明确恰当□　基本上明确□　不太明确□　不明确□
2	与小组同学配合主动	主动配合□　基本上主动□　不太主动□　不配合□
3	流利地表达小组观点并能为主要观点提供例证	表达流利□　基本上流利□　不太流利□　不流利□
4	这节课发现、提出了几个问题？	3个以上　　　　1—3个　　　　　　没有
5	这节课上最佩服谁？为什么？	姓名　　　　　理由
6	这节课上谁给你很大的帮助或启发？	姓名　　　　　理由
7	听完一节课，印象最深的是什么？	回忆　　　　　描述

（五）教学总结与反思

1.教学总结

本节课紧扣新课程标准，力求达到学科逻辑与实践逻辑相互结合，理论知识与生活关切相互契合的目标，通过本土素材的引入，结合学生生活实际，努力实现"课程内容活动化"和"活动内容课程化"，关注思想政治学科核心素养的培育。本节课采用的总议题与分议题相结合的议题教学法，能够使学生在课堂上将生活经验与书本知识有机结合，同时通过小组"生生互动"等探究活动，可以让学生在自主辨析、交流互鉴中感悟真理的力量，培养创新精神，积极发挥学生的主体性作用。

2.教学反思

本课信息量大且知识点多，由于课堂时间有限，部分知识点只能一带而过。本课另一个特点是理论性较强，如何结合经济社会热点问题，讲解背后蕴含的经济学原理，把学生的现实生活与课本知识紧密衔接起来，将晦涩的理论用最简洁的话语让学生快速掌握，这对思政课教师提出了更高的要求。在教学活动中要更加注意贴近现实生活，让学生走出课堂接触社会，使"封闭"的课堂、单一的教科书内容因为注入社会课堂的新鲜内容而显得更加生动鲜明。

思政课教学具有其自身特点，在立德树人层面承担独特使命，除了讲授专业知识，思政课教学还应该充分体现社会需要，强烈反映国家意志。信息化时代，"互联网+"便利生活的同时，大量良莠不齐的信息冲击着学生的认知，使得他们很容易出现思想偏差。在处理实体经济与虚拟经济知识点时，当下存在的不劳而获、投机取巧的价值取向，与社会主义提倡的劳动光荣、脚踏实地、诚信经营等主流价值观背道而驰。高中阶段正是青年学生三观塑造的关键时期，思政课教师更要帮助他们扣好人生第一颗扣子，对国家大事、社会现象进行思想引领，帮助他们作出正确的价值判断和选择。

（该典型课例荣获2022年安徽省高中优质课评比二等奖、2021年合肥市高中优质课评比一等奖）

教 师 篇
分享：让名师成长更给力

一个人的成长是需要榜样示范与专业引领的。"教师篇"着重分享人生经验，共享教育智慧，以三十年的教育行知路为未来名师成长提供经验借鉴与智慧启迪。一个人的成功既需要充分发挥主观能动性，也需要遵循客观规律。"教师篇"概括总结优秀教师必备的教育教学品质，揭示优秀教师成长机制，寄语未来名师，点亮并助力未来名师前行之路。

——题记

第六章 心路历程：三十年教育行知路

内容提要：回顾教育足迹，讲述教育生活，交流教育思想，分享教育智慧。本章从对待教育事业、教师职业和教科研专业的态度，对待人生发展机遇，对待家庭与事业的矛盾冲突，对待工作、生活、学习上的困难挫折，对待为人处世，对待学生的成长成人成才等六大方面总结出人生经验：机遇只偏爱有准备的人，幸福都是奋斗出来的。同时，本章还从为人师表、教书育人、教育科研三大方面概述了"秉承立德树人使命，践行教书育人责任"的教育智慧。

教师专业发展研究类型主要有调查研究、案例研究、教育口述史研究和教育生活史研究等。带有自传性质的教育生活史研究，以教师专业发展的个人经历和体验为基础，梳理出教师专业发展的路径，追寻教育生活的意义，从中得出一些具有启示性的结论和建议，为未来名师专业发展提供经验导航与智慧启迪。

第一节 分享人生经验

1991年7月，我走出校门，正式踏上教书育人工作岗位，迄今为止，已逾三十载。概括总结反思我的三十多年教育人生奋斗历程，除了辛酸苦辣之外，其中积淀蕴含着我对教育人生的心得体会与感悟思考，以供青年教师借鉴。

一、回眸历程，历数三十年专业发展足迹精粹

三十年教育人生弹指一挥间，既艰难曲折，又简单明了。回首往事，历历在目。我以时间为主线，撷取其中一些关键的教育人生主要轨迹，勾勒出我的专业发展路线图。

1991年，从芜湖师范专科学校政史系毕业分配至芜湖市第二十四中学工作。

1994年，荣获芜湖市中学政治优质课评比一等奖。

1995年，被芜湖市教育局聘任为芜湖市中学政治学科教研大组副组长。荣获1995年度芜湖市教育系统"优秀共产党员"荣誉称号。

1996年，教学设计荣获芜湖市一等奖、安徽省一等奖。教学论文荣获芜湖市一等奖、安徽省一等奖。调入安徽师范大学附属中学任教。

1997年，参与省级课题"中学政治课教学效果的质与量"研究，从课内和课外两个角度评价中学政治课堂教学效果，创新性地设计"中学政治课教学效果的质与量评价量表"。

1998年，考入安徽师范大学政治与思想教育专业本科学习。职称晋升中学一级教师。

1999年，1999届高三学生戴扬政治成绩名列芜湖市高考单科第一名。承担的省级课题"素质教育实施者的素质现状及培养"通过安徽省教育科学规划领导小组办公室评审结题，执笔课题研究成果报告荣获中国教育学会教育实验研究分会全国一等奖。

2000年，当选为芜湖市中学思想政治教学研究会第四届理事会常务理事。参加中国教育学会中学德育专业委员会组编的《思想政治教学设计》（初一分册）编写，并在全国推广使用。论文《中学思想政治课实施素质教育的创新性实践》获中国教育学会中学德育专业委员会一等奖，该文获安徽

省第六届中学思想政治课教学论文评选二等奖。

2001年，安徽师范大学政治与思想教育本科毕业。论文《我省江南片部分中学教师素质现状调查与分析》发表于《安庆师范学院学报》（社会科学版）2001年第2期。

2002年，担任安徽师范大学附属中学政治教研组组长。所带班级被芜湖市教育局、共青团芜湖市委授予"市级先进集体"。论文《建构模糊德育管理模式　提高中学德育工作实效》发表于《安徽教育科研》2002年第3期，该文同时获安徽省第七届思想政治课教学论文评选二等奖。

2003年，当选为芜湖市陶行知研究会第三届理事会理事。论文《思想政治课教学与信息技术整合存在的问题及应对策略》发表于教育部主管、北师大主办的全国中文核心期刊《思想政治课教学》2003年第11期。

2004年，考入安徽师范大学教育管理专业开始教育硕士研究生学习。论文《完善教师评价体系　建构教师培养机制　促进教师专业成长》发表于《安徽教育科研》2004年第3期。

2004年至2005年，在阜阳师范学院参加"安徽省中学骨干教师政治学科省级培训"。

2005年，荣获"芜湖市基础教育课程改革实验先进教师"荣誉称号。职称晋升中学政治高级教师。录像课获中国教育学会中学德育专业委员会全国一等奖。承担的省级课题"现代教育技术在中学学科课程整合中的运用"通过安徽省现代教育技术实验学校领导小组专家组评审结题，执笔课题研究成果报告获安徽省一等奖（第一名）。论文《深化基础教育课程改革，促进学校可持续发展》发表于《安徽教育论坛》2005年第6期。

2002年至2006年，作为学校政治组组长带领全组教师连续多年荣获市级"青年文明号"称号。

2006年，在浙江教育学院参加由教育部师范教育司组织的普通高中新课程实验省思想政治学科骨干培训者国家级研修培训。承担省级课题"构建促进教师不断提高的评价体系的研究"，完成该课题的结题报告。论文《校本教研的价值定位与实施策略》发表于中国人文社会科学学报核心期刊《安徽师范大学学报》（人文社会科学版）2006年第5期。

2007年，安徽师范大学教育管理专业教育硕士毕业，被授予教育硕士专业学位。参加安徽省中小学班主任培训教材《中小学班主任工作》（安徽人民出版社）编写，本人承担专题九《班级管理的艺术与智慧》写作。论文《新理念·新设计·新情境——新课程理念下中学思想品德课教学改革探微》发表于《安徽教育科研》2007年第1期。论文《高中思想政治新课程课堂教学的困惑与对策》获安徽省第八届中学思想政治课教学论文评比二等奖。

2007年至2008年，参加安徽省教育科学研究所组织编写的学生用书《高中研究性学习》（上海科技出版社），本人承担高二和高三各一个章节的写作任务。

2007年至2009年，作为课题组长，主持芜湖市教育科学研究所"优秀思想政治（品德）教师成长机制"市级课题研究，完成结题报告《解读教师成长个案 探究教师成长机制 促进教师科学发展》，顺利通过结题。

2008年，荣获芜湖市中小学教师第二轮继续教育优秀学员称号，被芜湖市教育局评定为"芜湖市骨干教师"。2008届高三学生戴月高考成绩名列芜湖市文科第一名。

2008年至2009年，被安徽师范大学附属中学聘请担任西藏山南地区第二高级中学来芜湖市挂职进修教师的指导教师。

2009年，参加芜湖市初中学业毕业考试思想品德学科命题。被安徽师范大学聘为教育硕士导师。受聘芜湖市教育局担任市中学政治学科教研大组组长。

2010年，入选安徽省、芜湖市教育科学规划课题鉴定专家库成员。担任安徽省第六届思想政治（品德）优质课评选的专家评委。完成芜湖市教育局承担经芜湖市社会科学界联合会批准立项的"未成年人思想道德建设状况与创新调查"市级课题的结题报告。参加安徽省2010年高考考试说明审定工作。论文《中学思想政治课实施"有效备课"的新思维》荣获安徽省第九届中学思想（品德）政治课教学论文评选二等奖，发表于《安徽教育科研》2010年第4期。

2010 年至 2012 年，被安徽省中小学教师教育网聘请为"国培计划"——安徽省农村初中骨干教师远程培训国家级团队辅导教师、"赢在课堂"远程培训项目省级辅导团队政治学科组长。

2011 年，在中国共产党建党九十周年之际，荣获中国教育学会中小学德育研究分会颁发的"全国优秀思想政治教师"荣誉称号。个人专著《生态·生活·生命——基础教育新课程人文价值的追求与建构》由华中师范大学出版社出版。参加芜湖市纪委和教育局组织的地方课程《廉洁文化教育读本》（中学版）编写，本人承担第五章《模范人物　风范长存》的写作。

2012 年，被芜湖市教育局评为"芜湖市中小学市级学科带头人"。参加安徽省 2012 年高考考试说明审定工作。参加全国普通高等学校招生统一考试（安徽卷）文科综合思想政治学科命题。被安徽省中小学教师教育网聘请为"安徽省高中教师远程培训学科辅导教师"。当选为安徽省教育学会中学政治专业委员会常务理事。承担全国教育科学"十一五"教育部规划课题"校本研究网络平台设计开发与应用研究"，经全国教育科学规划领导小组办公室审核准予结题，鉴定等级合格。论文《中学思想政治课学生有效参与的价值与策略》荣获安徽省第十届中学思想（品德）政治教学论文评比三等奖。

2013 年，入选安徽省教育评估省级专家。入选教育部、财政部国培计划专家库。入选安徽省中小学教师资格考试面试考官。荣获安徽省基础教育课程改革教育教学成果奖评选三等奖。专著《"学会学习"的有效策略》由安徽师范大学出版社出版。参加安徽省 2013 年高考考试说明编写工作。论文《学生有效参与教学的价值与策略探析》发表于教育部主管、陕西师范大学主办、全国中文核心期刊《中学政治教学参考》2013 年第 3 期。

2013 年至 2016 年，作为课题组长主持省级课题"中学思想政治（品德）高效课堂教学模式研究"通过省教育科学规划领导小组评审，顺利结题，课题成果被评为优秀等级。

2014 年，被芜湖市教育局命名为芜湖市第二批名师工作室主持人。被遴选为教育部 2014 年度"一师一优课"评审专家。

2015 年，荣获安徽省中小学幼儿教师奖励基金会、安徽省教育学会"江淮好学科名师"荣誉称号。受聘担任安徽省马鞍山市特级教师评选专家评委。参加安徽省 2015 年高考考试说明编写工作。论文《互动让课堂教学更精彩》发表于教育部主管、陕西师范大学主办、全国中文核心期刊《中学政治教学参考》2015 年第 11 期。论文《互动式教学模式探析》发表于教育部主管、北京师范大学主办、全国中文核心期刊《思想政治课教学》2015 年第 11 期。

2015 年至 2016 年，主编高中政治教材《必修 1·经济生活》《必修 2·政治生活》《必修 3·文化生活》《必修 4·生活与哲学》一套共计 4 本《安徽师范大学附属中学同步学案·高中思想政治》，由安徽师范大学出版社出版。

2016 年，被安徽省人民政府授予"安徽省特级教师"荣誉称号。入选安徽省首批中小学教师培训专家库。入选安徽省中小学学科评审专家库。入选安徽省中小学教师职称评审表彰评选绩效评估工作省级专家库。

2016 年至 2019 年，被聘为教育部、安徽省部级、省级"一师一优课"评审专家。

2017 年，被芜湖市教育局继续认定为芜湖市学科带头人。论文《"互动式课堂教学模式"下理性精神的培育》发表于教育部主管、北京师范大学主办、全国中文核心期刊《思想政治课教学》2017 年第 1 期，该文同时入选教育部主管、中国人民大学主办、中国人民大学书报资料中心《中学政治及其他各科教与学》2017 年第 5 期。论文《人本互动 打造高三复习高效课堂——以"经济坐标曲线专题复习课"为例》发表于教育部主管、北京师范大学主办、全国中文核心期刊《思想政治课教学》2017 年第 3 期。

2018 年，根据人力资源社会保障部专业技术人员管理司、教育部教师工作司《关于 2017 年安徽省中小学正高级教师评审结果备案的函》（人社专技司函〔2018〕106 号），安徽省人力资源与社会保障厅《关于张莉等 99 位同志具备中小学教师正高级专业技术资格的函》（皖人社函〔2018〕340 号）取得中小学教师正高级专业技术资格。被安徽师范大学聘为中小学正高级教师专业技术职务。参与安徽省教育科学研究院组织编写的《安徽省普通高中

2018级思想政治学科教学意见》研制工作。2018届学生唐璇高考成绩摘得芜湖市文科状元。荣获2018年芜湖市教学成果奖（基础教育类）一等奖，2018年安徽省基础教育教学成果奖二等奖。

2019年，参与安徽省教育科学研究院组织的《安徽省普通高中思想政治学科教学意见》（2020年颁布）研制工作。论文《议题式教学中的师生互动》发表于教育部主管、北京师范大学主办、全国中文核心期刊《思想政治课教学》2019年第4期。

2019年至2020年，受聘担任安徽省合肥市正高级教师评审专家评委。

2020年，论文《科学设计微课》发表于教育部主管、北京师范大学主办、全国中文核心期刊《思想政治课教学》2020年第1期。论文《以时政议题引领活动型教学》发表于教育部主管、陕西师范大学主办、全国中文核心期刊《中学政治教学参考》（上旬·高中）2020年第3期。论文《突出社会本位课程的备课转向》发表于浙江外国语学院主管主办、全国中文核心期刊《教学月刊》（中学版）2020年第C2期。论文《转轴拨弦三两声 未成曲调先有情——议题式活动型教学的实践与思考》发表于教育部主管，中国教育科学研究院、全国德育学术委员会会刊《中国德育》2020年第21期。

2020年至2021年，作为课题组长主持的课题"高中思想政治综合性教学策略研究"顺利通过省级课题研究立项。

2021年，被安徽省教育厅遴选为安徽省基础教育中学思想政治（道德与法治）学科教学专家指导组专家。被安徽省教育科学研究院遴选为安徽省基础教育"三评一赛"项目评审专家。被教育部基础教育司遴选为部级"基础教育精品课"评审专家。

2022年，被芜湖市教育局重新认定为芜湖市"卓越教师（芜湖市名师）"和芜湖市"卓越教师（学科带头人）"。入选"十四五"中小学幼儿园教师国家级培训计划专家资源库。被中国教科文卫体工会全国委员会聘请担任全国中小学青年教师教学竞赛决赛评委。被芜湖市教育局继续聘任为芜湖市中学思政教研大组组长。担任安徽省2022年基础教育教学成果奖专家评选工作。

二、总结反思，概述三十年教育人生经验精华

（一）简单的人生履历：人生定位于普通教师一个角色，努力追求做好做精做成一件事情

三十多年平凡的教育人生，我努力追求专注于做好做精做成中学思想政治课教育教学一项事业、一种职业、一个专业。简单的人生履历，可以用四个数字节点概括：担任芜湖市政治校际教研大组（副）组长27年，学校政治学科教研组长17年，教育硕士导师12年，班主任工作10年。从我的人生履历可以看出，工作岗位可能是平凡的，但是如果把平凡的常规的事情做精了，平凡之中也可以出彩。

（二）关键的人生转折：机会总是偏爱有准备的人，幸福都是奋斗出来的

1.从农村到城市：实现人生命运的转折

1991年7月，我从专科学校毕业，按照当时的分配政策，应该是从哪里来分回到哪里去，尤其是专科毕业，基本上都是要到农村去教书。由于在校两年学习期间，我的学习成绩、工作表现非常突出，在全校五百多名毕业生中，当时只有两人能够有机会留在芜湖市工作，我便是其中之一。从此，我的人生命运实现了重大转机。由此可见，正是不服输的进取精神和强烈的改变命运的意识成就了我。

2.从普通初中到省重点高中：实现专业发展平台的转变

1991年7月，我毕业分配到芜湖市第二十四中学任教，这是一所初级中学。我一边紧抓教学工作，一边做好班主任工作，一边努力做好教研工作，坚持做到"教学、班级管理、教育科研三条腿走路，三条腿走好"。年轻人精力充沛，在初中工作的五年中，教学上，我积极钻研教材，研究教法，备好课教好书，真抓实干出成绩，所带班级成绩一直位居年级前列；班级管理上，运用哲学智慧管理学生，建立"一日常规管理机制"，积极探索"模糊德育管理模式"，实现人文化民主化管理班级；教育科研上，积极参加校内

外的教研活动,敢于发表自己的教研心得,主动开设校级市级公开课,抓住省级市级优质课、论文评比机遇,在课堂教学评比中频频获奖,积极参与省级课题"中学政治课教学效果的质与量"研究,从课内和课外两个角度评价中学政治课堂教学效果,创新性地提出自己的研究智慧。1996年暑假,安徽师范大学附属中学需要一名政治教师,我不顾当时还是专科学历的现实,果断出击,主动推介,自信提出"要学历,我们就免谈;要能力,我上一堂课给你看。"经过充分精心的准备,我以专业优势战胜强大的竞争对手,脱颖而出,及时抓住难得发展机遇,顺利调入省重点中学安徽师范大学附属中学。这正是,只有不断自我加压,才能努力成就自我;认真,认真,再认真,奇迹就会出现。

3.从专科毕业到教育硕士导师:实现专业发展层次的转变

1996年,我调入安徽师范大学附属中学的时候还是专科学历,在这所安徽省重点高中,我深感学历短板会严重制约我的专业发展,提升学历成为当务之急。我拿出当年参加高考复习的劲头,工作之余,背书做题,总结反思,准备迎考。只有靠自己的真才实学,才能扬眉笑傲考场。1998年9月,我高分考入安徽师范大学政治与思想教育专业本科学习。2001年本科毕业后,在职攻读教育硕士专业学位开始兴起,为了在更高平台上实现我的专业发展,同时为了让我的思想政治课教学更加理性、更有思想,我决定将报考方向由思想政治学科教学专业调换成教育管理专业,以便在未来的教育教学中具备更多的教育理论作为指导。我继续秉持高效、严格的复习状态与复习计划,再接再厉,克服并战胜英语这一最大障碍,2004年9月,最终高分考入安徽师范大学教育管理专业,2007年12月毕业论文答辩优秀,顺利毕业。2019年12月,基于我在中学教育教学取得的突出成就和学生思想政治工作实际,我被安徽师范大学聘为学校心理健康专业教育硕士导师,这实现了我专业发展层次的重大提升。总之,只有做一个有心的人,深谋远虑,才能不断挑战自我,挑战成功!

4.从普通教师到江淮名师:实现专业发展地位的转变

从专科毕业踏上普通中学工作之初,我就清醒地告诫自己,不可能通过走捷径进入人生专业发展的快速通道，自己的命运掌握在自己手中，只能依靠自己的努力奋斗改变自己的命运。在平凡的教书育人工作岗位上，我努力认真做好每一件事。一方面，精心备课，认真上好每一节政治课，充分准备，仔细查阅资料，绝不放过任何一个疑点，严格做到科学严谨、细致条理、互动有趣，让学生对政治课学习充满兴趣感、获得感、回味感。在我所有教过的学生中，他们毕业后一直对我的政治课有两大挥之不去的感触，一是还想再听王老师上一节政治课；二是保留好王老师"纯手工制作"的政治笔记。另一方面，抓住机遇，从不轻易放过每一次专业发展机会。我积极主动参加校内外的教研活动，在教研活动中汲取他人的专业之长；不断反思研究课堂教学问题，概括总结教学经验并上升到理论高度，形成教学论文、课题成果和学术专著；等待时机成熟，积极申报各级各类专业项目、比赛，在名师成长之路上坚持不懈。"不忘初心，方得始终。"我个人认为，一个人追求进步不是坏事。我的一生就从事"教师"这么一种职业，总得做点事情，总得给自己留下一点回忆。2011年，在中国共产党成立九十周年之际，全国共评选一百名优秀思想政治教师，我有幸荣获中国教育学会中小学德育研究分会颁发的"全国优秀思想政治教师"荣誉称号。2015年安徽省评选首届"江淮好学科名师"20人，在全省60万中小学及幼儿园教师中，我脱颖而出。特级教师被称为"师德的表率、育人的模范、教学的专家"，2016年，我被安徽省人民政府授予"安徽省特级教师"荣誉称号。教育部与人力资源和社会保障部提出正高级教师职称评审要体现"培养教育家型教师"政策导向，2018年，我被安徽省人力资源与社会保障厅、教育厅评为"正高级教师"。

5.从自主发展到全家共同发展：铸就家庭荣耀，实现家庭梦想

"一花独放不是春，百花齐放春满园。"我在努力追求实现专业发展目标的过程中，始终保持着积极进取、为人热情、工作认真、对事负责、治学严谨、思想活跃、充满自信、待人坦诚、做事务实、勇担责任、办事高效的为人处世风格，逐渐形成执着的努力奋斗精神、强烈的责任担当意识，为人热忱坦诚，做事严谨细致，与人为善。这在不知不觉中积淀而成为我们的家庭文化、家风家教，潜移默化地浸润到每个家庭成员的心中。我的爱人刘丽萍老师在中等职业教育事业上不断追求进步，成长为教育硕士、中学高级讲师、芜湖市骨干教师、芜湖市"卓越教师（学科带头人）"、安徽省教坛之星、安徽省优秀教师、安徽省特级教师。我的孩子王哲在思想上"三观"纯正，学习上"高质高效"，身心上阳光健康，工作上认真负责，为人上热忱善良，现已成长为国内顶尖的"985""双一流"高校之一——浙江大学航空航天学院的硕士、博士。我的儿媳妇黄文涓老师工作认真负责，英语达到了专业八级水平，经严格遴选参加了G20杭州峰会志愿者服务活动。这些成绩的取得都得益于良好的家庭文化和家风家教的"润物无声"。

6. 从自我发展到团队协同发展：培养青年教师，成就未来名师

常言道："独行快，众行远。"我自2002年担任学校政治教研组组长以来，重视加强对本校年轻教师的专业培养，通过师徒结对、以老带新，开展以听课点评为主要形式的专业指导。2009年我担任芜湖市政治校际教研大组组长，对全市有主动发展意识与专业发展潜能的年轻教师在论文撰写、课堂教学以及课题研究等方面给予指导。

2014年12月，我被芜湖市教育局授予芜湖市名师工作室主持人，市教育局在全市范围内正式遴选、组建专门的研修团队开展有目的、有计划、有组织、有项目、有总结、有保障、有管理、有检查的系统培养。迄今为止，以三年一个培养周期，我的名师工作室已开展了两个批次共计20人的研修培训，围绕基础教育新课程改革、新版课程标准的教育教学理念与要求研修主题，聚焦课堂教学能力、教科研能力、命题能力等教师专业发展核心素养研修主线，通过"同课异构"课堂教学研讨、邀请专家专题讲座、课题研究任务驱动、教学论文优质课参赛、"合肥都市圈"区域交流研讨等"请进来"与"走出去"、"高大上"与"接地气"的培训形式，为青年教师成长为未来名师练就过硬本领，积淀过硬条件。经过我的名师工作室的精心培育和倾力打造，目前在专业荣誉方面，已有2人成为芜湖市名班主任工作室主持人，有3人成为芜湖市中小学学科带头人，有10人成为芜湖市骨干教师；在政治荣誉方面，有1人被授予"安徽省优秀教师"称号，有近10人被授予"芜湖市优秀教师"或"芜湖市优秀班主任"称号；在教学论文发表方面，国家级核心期刊发表论文近10篇（其中被中国人民大学书报资料中心《中学政治及其他各科教与学》全文收录1篇）、省级以上发表论文近20篇；在教学论文与优质课获奖方面，荣获省级一等奖3人次、市级一等奖20多人次；在课题研究方面，承担安徽省教育科学规划课题研究项目2个。在组织推动、名师带动、任务驱动、自主能动的名师工作室运行机制下，我实现了由个人自我发展向团队协同发展的跨越。经过科学谋划、精心培育和倾力指导，我的名师工作室培育未来名师成绩斐然，取得了丰硕成果。

（三）凝练的人生经验：责任、奋斗与哲学智慧

在三十多年的教育人生中，我常常把工作、学习、生活、为人处世中的一些深刻体会和感悟，概括总结反思凝练，用以自勉或与他人共勉。这些人生经验与人生智慧直击人的内心深处，能够起到一定的教育启迪或警醒作用。

1.在教育事业、教师职业和教科研专业的态度方面

"教育是事业，需要我们科学施教，有效教学；教师是职业，需要我们尽心尽力，尽职尽责；教育科研是专业，需要我们求是求真，精益求精。""努力做一名有爱心负责任学生喜爱的人文型教师，努力做一名反思研究与时俱进有一定教育思想的科研型老师。""消灭选择，做事专一，因为选择太多，我们会精力分散，甚至迷失方向；找准圈子，因为不同人际关系圈子，会影响你走上不同的人生道路；做自己人生的CEO，因为知识经济时代，知识才是人生真正拥有的最大财富。""人生价值实现方式是多样化的，人人努力，皆可成就专业发展梦想！""教师的研究状态就是做到在教学过程中研究，在研究状态下教学。""当好老师，做好教育科研工作，能让你进能攻、退能守。""我的课堂我做主，这是自己唯一能够掌控的事情。""有实力，才能有魅力。学真本事，做真学问。人们发自内心尊崇敬仰的一定是有真才实学、有人格魅力的人，而非徒有虚名的人。""对待知识，宁可不讲，但绝不能讲错。""主动担责，自我加压，任务驱动，自主发展。""写好文章需要多学习、多观察、多反思、多总结、多动笔。"

2. 在人生发展机遇方面

"莫言学历不高，屠呦呦没有海外留学经历，都获得了诺贝尔奖。这启示我们：英雄不问出身！破除论资排辈论，一切皆有可能！""科学定位自我，自我掌控命运。成长不可替代，发展必须主动。""追求进步不是坏事，要以充满自信的勇气和进取的精神，精准把握人生和专业发展难得的机遇。""机遇只偏爱有准备的人，一个关键机遇就是一个人生发展平台，人生的发展就在于几个关键机遇，一步失去，步步失去，谁能及时有效抓住，谁将走向成功。"

3. 在家庭、家风与家教方面

"家和万事兴。家庭关系和谐和睦和顺，做事效率效益效果倍增，成长成绩成功水到渠成。""家庭生活是一门艺术，家庭不是讲理的地方，夫妻没有输赢对错之分，欣赏各自的优点，包容各自的缺点，最高境界在于难得糊涂，最大幸福在于和谐安康。""强烈的责任感就是对自己的前途命运负责，就是对家庭的和谐稳定负责，就是对孩子成人成才成长负责。""孩子的成长成人成才是家庭幸福指数幸福感的根本。""父母和子女之间要多沟通、多交流、多鼓励，散步是最好的沟通方式，既能交流思想、增进感情，又能了解学习、化解思想和心理矛盾。""谁也挡不住回家烧饭的路，努力做好孩子上学的后勤保障和服务工作。""培养孩子学习兴趣，引导孩子坚持做自己喜欢做的事。只有做自己喜欢做的事情，事业才有可能成功，做自己不喜欢做的事情，事业很难取得成功。""陪伴是增进父母子女感情的最佳途径，这既培养了孩子，培育了亲情，又成就了自己。""培养良好的家风家教，父母的言传身教和榜样示范对孩子的健康成长起着不可替代的潜移默化的作用。""良好的品行要从小培育，孩子的缺点都是家长在其小的时候宠爱惯养出来的。""良好的习惯成就人的一生，着力培养孩子养成良好的生活习惯、行为习惯与学习习惯。"

4. 在面对工作、生活、学习上的困难挫折方面

"人生发展不可能是一帆风顺的，总会遭到一些人的'羡慕嫉妒恨'，总会遭遇到一些事'让人烦恼让人忧'，只要你不在乎这些人和事，这都不是事。""不要总是拿别人的错误来惩罚自己。""面对困难挫折，坚定专业发展方向不抛弃，不放弃，以进为退，以攻为守，不失为最佳策略。""只要自己不打败自己，别人是打不败你的。""思路决定出路，态度决定高度。""办法总比困难多，只为成功想办法，不为失败找理由。""人非圣贤，孰能无过？""你行，你能行！""事不顺，气要顺。""发展自我，宽容他人。""错误的反面就是成功，问题的反面就是策略。善于将别人的意见，转化为促进自己发展的策略。""一个人为了自己的前途命运奋斗，再苦再累也是无怨无悔的，也是心甘情愿的。""健康的一半是人的心理，疾病的一半也是人的心理。善于调整心态，健康才是最重要的。""时间可以证明一切，时间也可以消磨一切，人生的是非成败都可以在时光中得以验明。"

5. 在为人处世方面

"认真做事，坦诚做人。""以诚待人，踏实做事。""做事是不会累死人的，因为精神充实；但无所事事是会'闲'死人的，因为精神空虚。""做事要勤快、认真，有责任和担当。""认真、认真、再认真，坚持、坚持、再坚持，往往就能达到预期的目标。""人无远谋，必有近忧。做个有心人，做事要有前瞻性、预见性和计划性，才能做到有条不紊、严谨有序。""在这个世界上你能骗过很多人，但唯一骗不了你自己。""高调做事，低调做人。""认真做事，只有自己满意，别人才有可能满意；如果自己不满意，别人是不可能满意的。""一个人的前途命运只有由自己掌控，才能真正实现自主、自立、自强，如果一味寄托在别人身上，将会埋下不可预见的风险隐患。""与年长者交朋友，以他们的人生经验让自己少走弯路；与同龄人交朋友，大家可以相互促进、共同进步，分享喜悦；与年轻人交朋友，以自己的人生智慧关爱扶持泽被后人，积德行善。""学好用好人生哲学，培育践行智慧人生。""人既要学会创造生活，又要学会享受生活。"

6. 在成长成人成才方面

"智商、情商都重要，智商是先天遗传的，情商是后天培养的。""师长要和孩子多谈话、多沟通、多交流、多鼓励，走进孩子的生活世界，了解他们的所作所为；走进孩子的心理世界，了解他们的所思所想。""只有真正了解孩子的心理需求，教育才能具有针对性；只有触动孩子的思想灵魂，教育才能具有实效性。""只有激发孩子生活和学习的内生动力，才能真正自立于社会。""只有深刻地反思和主动承认错误，才有可能发自内心改正错误。""表扬的教育力量要大于批评的教育力量。""算好自己的人生账：是用前半生的快乐换得后半生的痛苦，还是用前半生的痛苦赢得后半生的幸福。""麻烦总是由自己造成的，最终的后果与责任也一定是由自己来承担。""教育的方式方法有多种多样，孩子可以理解和接受的方式与方法才是最重要最有效的。""心动不如行动，孩子既要能够想得到、听得进，还要能够做得到，思想教育才能够真正产生积极效果。""民主平等和谐的沟通与交流是了解孩子学习思想行为动态的最好方式，努力做孩子思想上的沟通与交流者、学习上的鼓励与陪伴者、心理上的疏导与调控者、生活上的服务与保障者。""再穷不能穷教育，再富不能富孩子。""学会尊重学生，学会欣赏学生，学会宽容学生，学会理解学生。"

7.在学习方面

"在做中学，在学中做。书本知识不是学习的唯一内容，学会在生活中学习人生存发展所需要的必备知识和关键技能。""学习要坚持每天和每门课见一面，从而达到学科平衡。""注重心理平衡，只有挑战自我，才能挑战高分。""专心就是把上课当作自己与老师的对话"。"刻苦不是方法的方法。""学问就是学会围着老师问、堵着老师问、追着老师问、盯着老师问，不把问题带回家，不把问题带进考场。""一日三清，做到知识清、问题清、任务清。""不求门门第一，但求总分第一。""要像爱护自己的眼睛一样，爱护良好的班风和学风。在良好的班风和学风里，想学坏都不可能，在不良的班风和学风里，想学好也同样不可能。""试题训练达到一定数量和难度，才能见多识广，站得高看得远。""学习只有过程丰满，才能结果圆满。""艺高人胆大，学习上的自信是建立在充分精心准备的基础上，这是克服学习上紧张情绪的最佳策略。""充分利用好闲暇学习时间，做到小时间，大用途；短时间，长效益。""作业一定要展现思维过程，自主评讲作业，只有讲得出来、讲得清楚，才能表明自己是真懂真会。""挖掘学习内在潜能，激发学习内生动力，学习才能真正做到自觉、自主、自律、自治。""科学合理的学习计划，就是在什么时间，学习复习什么内容，达到什么学习目标。""明确具体的学习目标才能让人产生强烈的学习动力。""只有学会概括、总结与反思，敢于批判与质疑，才能真正做到'学会学习'。""把高考视为自己的事情，学习才是人的真正饭碗。""把握命题思路、解题思路与复习思路，做到科学备考，有效复习。""在解题中学会解题，在考试中学会考试。题中自有命题道，题中自有命题人，题中自有解题法，题中自有复习路。"

第二节　共享教育智慧

"教书育人、立德树人"是思想政治课教师肩负的历史使命和崇高职责。从事思想政治教育三十多年来，立足工作岗位教书育人、立德树人，争做学生满意的崇德型、人文型和科研型教师是我的职业理想追求与人生价值追求，在本职工作中努力争创一流业绩，树立思想政治课教师良好形象。

一、为人师表：秉承立德树人使命，做有爱心负责任的崇德型老师

（一）播撒师爱：把握教育的原动力

"爱是教育的源泉，没有爱就没有教育。"对教育事业的热爱是搞好教育工作的基本前提，对学生的爱是教育的重要力量，对学科专业的爱是提高教育教学质量的重要条件。爱学生是教师的天职和高尚的道德情感，是师德的重要表现和基本要求，更是教师的基本素养。只有真爱学生，才能激发学生的学习热情，这是教师获得成功的基础，也是学生成长的需求。赞可夫说："当教师必不可少的，甚至几乎是最重要的品质就是热爱儿童。""亲其师而信其道"，深爱学生的老师，往往会对学生产生一种亲和力，进而达到事半功倍的效果。可见，教育是心灵的艺术，高尚纯洁的爱是师生心灵的通道，是启发学生心扉的钥匙，是引导学生成长的路标。教师只有发自内心真正爱学生，才能走进学生的内心世界，教师的教育才能起到有效作用。在教书育

人的过程中，我非常注重通过"爱"来建立亦师、亦友、亦知己的民主平等和谐的师生关系，从而取得良好的教育效果。爱一个学生容易，爱全体学生尤其是后进生不容易。爱要用心，爱要付出，爱要得法，爱要具体。我能够做到把师爱给予每一位学生，严爱相济，坚持做到以教育影响教育，以爱心唤醒良知，用人格塑造人格。我不仅关心学生的学习和生活，更关注学生的人格尊严、身心健康，努力做到尊重学生的人格、兴趣、爱好，努力走进学生的生活世界和心理世界，了解学生的行为习惯和为人处世的态度方式，帮助学生形成健康完美的人格。

（二）践行责任：坚守教育的生命线

我立足本职岗位，深入学习实践党的创新理论，坚持正确的政治方向，忠诚党的教育事业，自觉遵守国家法律和社会公德，认真履行教师法规定的职责和义务，热爱教师工作，为人师表，乐于奉献，自觉加强师德修养，不断提升自身政治理论水平，以良好的思想、道德、品质和人格魅力，给学生以潜移默化的影响。我对待工作和人生始终保持着积极进取的态度，自觉履行教师教学工作规程的要求，具有强烈的事业心和责任感，对本职工作恪尽职守，爱岗敬业，加强学习，不断提高自身政治觉悟和业务水平，努力做好教书育人和为人师表的工作。

中学思想政治课本身具有育人功能，我在教学中善于把思想政治教育融入学生的学习、工作和生活的各环节、各方面和全过程，在传授知识的同时，加强思想政治教育，培养和增强学生社会责任感、创新精神、实践能力，引导学生成长为对社会有用的"四有"人才。

二、教书育人：践行教书育人责任，做学生喜爱的人文型老师

（一）追求人文价值的教学工作真谛，努力做到"教好书"

我具有强烈的事业心和责任感，在教学中善于把思想政治教育与学生的学习、工作和生活有机融合、有序衔接，努力做到用自己的人格魅力与人文

精神感召学生，在润物细无声中加强学生思想政治教育工作。三十多年来，我承担高中思想政治课教学任务，教学内容丰富，教学效果突出，受到学生普遍欢迎，在教书育人的工作中体会到师生关系的和谐、思政课教学的乐趣和思想政治教育工作者的幸福。我在教学中既注重提高教育教学艺术和水平，又追求构建民主平等和谐的良好师生关系，工作勤奋，有奉献精神，教风严谨，教育教学成绩较为显著，得到了领导、同行和广大学生的赞誉，有良好的社会口碑，努力做学生、家长和社会满意的老师是我不懈的教学追求。我对平时每节课教学都会尽心尽力、尽职尽责，讲课内容力争做到条理性强，想方设法将一些深奥抽象的思想政治理论知识浅显化、通俗化、生活化、具体化，讲解全面、准确、细致、深刻；讲课风格幽默风趣，教学语言生动有趣，课堂教学气氛轻松、活泼、愉悦。我不仅教给学生知识、方法和能力，更是教会学生做人的道理；在课余热心给学生解答思想困惑、知识疑惑；对学生要求严格，理解和尊重学生，和学生平等相处，注重对学生进行心理疏导，力求在尊重、平等、和谐、宽松的氛围中交流思想，从不把自己的观点强加给学生，而是启迪学生在感悟中去理解、认可和接受。师生关系和谐，教学效果明显，每学期的学生评教满意率接近百分之百。我指导学生参加安徽省高中学业水平考试，成绩在全省同类学校中名列前茅；指导高三政治高考复习备考工作，努力做到"科学备考、有效复习"，按照高考要求将考点逐一讲深讲透讲到位，分析透彻，夯实基础知识，培养解题基本技能；精心梳理时政热点，科学把握命题方向。

（二）追求"亲其师而信其道"的育人工作境界，努力做到"育好人"

在"教好书"的同时，我努力做到"育好人"。

注重教学情感的亲和性。我在教学中注重运用丰富的教学情感、风趣幽默的语言、抑扬顿挫的语调、乐观豁达的心态、真情流露的体态以及对教育事业的热爱、对学生的真情，拉近与学生的心理距离，达到以情感人、以情动人、以情聚人、以情育人的教育功效。

注意思想教育的人文性。无论是在阐述教材中的观点，还是在化解学生思想深处的疑点，我总是力求"讲真话、表实情"，在朴实的言语中饱含深情,让学生信服,发自内心地理解、悦纳、践行思想政治课中蕴含的道理。

追求教学工作的艺术性。我努力提升语言、情感等教学素养,以自己人文化的语言表达方式,不断用真情追求和实现思想政治课教学的艺术性。

真诚对待学生,真实面对思想政治课教学的现实复杂问题,在学生心中树立起"老师、朋友"形象,努力做到将抽象的理论通俗化、生活化,枯燥的理论情感化、生动化,高深的理论浅显化、具体化。

三、教育科研:潜心教育科研前沿,做一名有思想的科研型老师

我是一个爱思考、肯钻研和做研究的人,坚持努力学习,做一名有思想的科研型老师,是我不懈的教育追求。

(一)反思研究,与时俱进,潜心打造个性化的教育教学教科研成果

三十多年来,我立足中学思想政治教育教学实践,坚持围绕"基础教育新课程改革研究、教育教学课题研究、思想政治课教学研究、考试命题与备考策略研究、班级管理研究、教师专业发展研究和学生学会学习研究"等研究主题和方向,积极参加校内外各项教育教学研究活动,主动关注教育改革前沿动态,不断更新教育理念,改革和创新意识较强,勤于概括总结和反思,在教育教学研究的道路上不断追求超越,努力形成具有自己特色的教育、教学、教科研新理念新观点新方法。除了"第一篇 课程篇"和"第二篇 教学篇"在基础教育新课程改革方面,重点阐述坚持课程人文价值取向研究,追求与建构"以人为本,回归生活,彰显生命"的新课程理念;在高中思想政治课程标准研究方面,提出了教学思路的"路线图"、教师的"课标意识"与教学理念要求的"新格局";在中学思想政治课堂教学方面,除提出构建"3446"型"互动式教学模式"之外,我在德育研究、教育科研工作、学生学习、指导青年教师专业发展、高考命题等方面也取得了较为丰硕的专业发展研究成果。

1.德育研究方面，坚持人文化与民主化的班级管理方式研究，提出了构建"模糊德育管理模式"

在从事班级管理过程中，围绕德育管理工作的针对性和实效性问题导向，坚持人文化与民主化的班级管理方式研究。在《建构模糊德育管理模式 提高中学德育工作实效》的论文中，我提出了构建"以情、点、悟、度为中心环节，感化、软化、造化学生，引导学生形成自觉、自省、自悟、自律的学习状态，达到学生自我教育、自我管理和自我发展的德育实效，即模糊德育管理模式"。基本策略是实施情感教育：沟通情感，激励进取，共创和谐的教育氛围，以情感人、以情动人、以情聚人、以情育人。点化教育：旁敲侧击，点到为止，起到"点睛""点石"之功效。注意点的基础与点的时机。悟性教育：心灵感悟，自觉自省，实现学生自我教育。注意、注重悟的时间与悟的空间。适度教育：要求适度，严而有度，掌握分寸与火候，实现学生的自我管理和自我发展。定位适度、要求适度、严而有度。这种德育管理模式突出了"以人为本"的教育管理思想，本质是人文化与民主化管理，突出了"人本管理"和"民主管理"的教育管理思想，发挥学生心理教育在德育工作中的能动作用，使受教育者在德育过程中做到自觉、自省、自悟、自律，充分调动学生在教育过程中的主动性、自觉性和能动性，克服被动说教，这样做既符合素质教育培养学生创新精神和实践能力的宗旨要求，也是切实提高学校德育工作针对性和实效性的有益探索和有效途径，是改革和创新德育管理手段和评价体系的一种有益尝试。"模糊德育管理模式"在我的班级管理实践中产生了较为积极的效果，所带的班级荣获"芜湖市先进班集体"称号。

此外，我参加了安徽省中小学班主任培训教材《中小学班主任工作》（安徽人民出版社）编写，承担了专题九《班级管理的艺术与智慧》的写作；完成了芜湖市教育局承担的经芜湖市社会科学界联合会批准立项的"未成年人思想道德建设状况与创新调查"市级课题的结题报告。

2.在教育科研工作方面，坚持以实践问题为导向开展科研课题研究，提出了"教师研究状态"

教师的教育科研意识从教学反思开始，在学习中萌发。我立足新课程教育教学实践，关注课堂，聚焦课堂，把课堂教学中生成的问题作为研究对象，以提高课堂教学效能为出发点，以促进师生科学发展为归宿，积极开展行动研究，做好教育科研工作。以学校为研究中心，以教师为研究者，以课堂为研究室，通过共同磨课、上课、听课、同课异构等路径，在实施新课改的课堂教学实践中发现问题，在实践问题中提炼出研究课题，在课题研究中获得解决新课改实践问题的经验与策略，指导新课程课堂教学，努力形成"在教学过程中研究，在研究状态下教学"的"教师研究状态"，这既是一种行动研究、实践研究，也是一种校本研究；既是一种不断追求超越自我的工作境界，也是一种精益求精、求真务实的学习品质；既是一种不断进取的精神状态，也是一种专业成长的心路历程。"教师研究状态"是教师的一种"挑战自我、任务驱动、挖掘潜能、主动发展"的工作状态、精神状态、学习状态和研究状态，有利于培养教师校本教研的兴趣、意识和能力，是优秀教师专业化成长的根本路径。在教育教学论文方面，我迄今为止已有40余篇论文在国家级省级发表、获奖；在课题研究方面，我承担或参与了10多项国家级、省级和地市级课题研究，涉及教师专业发展研究、学生思想道德研究、课堂教学研究、青少年科技创新研究等方面，完成了课题立项申请、开题报告、问卷调查、结题报告等研究任务。

3.在学生学习方面，较为系统阐述了"学会学习"的有效策略，提出"在生活中学会学习"的学习理念

基于我在多年的班主任工作和教学工作中指导学生学习的丰富经验，以及培养子女成人成才成长的深刻感悟体会，总结、提炼和升华成《"学会学习"的有效策略》专著。学生的学习是一个复杂的系统，宏观层面主要涉及学习心理、学习方式、学习方法、学习品质、学习状态、学习环境等综合因素，中观层面主要涉及学习态度、学习目标、学习计划、学习能力、学习习惯、学习效率、学习理想、学习信念、学习动机、学习兴趣、学习情绪情感

等，微观层面涉及因素更为错综复杂。本书主要从"学会学习"的背景与价值、基础教育新课程的学习观与学习的基本理论、学习心理与学习能力、学习方式与学习方法、学习品质与学习状态；"学会学习"的文化环境等多种因素和多种关系的视角，系统阐述基础教育新课程理念下指导学生"学会学习"的有效策略。

"穷人的孩子早当家。"秉持"在生活中学会学习"的学习理念，我着重阐述生活与学习的八大关系。一是生活增强学习动力：学习为了生活，生活倒逼学习。生活来源、生计生存成为学习的动力之源。生活会使你有着更加明确更加强烈的学习动机、学习目的、学习兴趣、学习方向、学习态度。为了自己的前途命运学习，再苦再累也是值得的。一个人对自己感兴趣的东西，总会千方百计、想方设法得到它。只有当学习真正成为一个人的兴趣，想学、愿学才能成为内生动力。二是生活历练学习品质：吃苦精神、不服输精神、内在的自觉性自主性、抵御外在诱惑的自制力自控力、磨炼意志与毅力、前瞻性预见性、克服惰性偷懒等。三是生活培养学习习惯：生活习惯与学习习惯一脉相承，章法规律、有序有益。生活中"吃一堑，长一智"，甚至"吃十堑，长一智"，会促使你意识到学习和做事一样，要养成全面性、完整性、精准性、彻底性、严谨性等良好习惯。四是生活铸就学习能力：生活中面对纷繁复杂的人和事需要统筹规划、协调安排，做到有条不紊，张弛有度。这也必然会迁移到学习上，学会合理分配时间、安排任务，学会规划人生。五是生活教会学习方法：凡事都是在做中学，在学中做，真正培养一个人就是要其在生活中学会做事。在生活中学会学习，学会掌握运用系统优化的方法；在生活成功与失败中汲取丰富的生活经验，学会概括总结反思。六是生活滋养学习情感：爱生活爱学习。书到用时方恨少。在生活中付出的代价、在生活中交的"学费"，教会你深刻感悟学习的重要性，感受到知识的价值与魅力。七是在生活中获取学习内容。生活是最好的老师，我们既能够在生活中习得生存发展所需的生活经验，又能够在生活实践中应用所学知识理论。八是生活成就学习梦想：艰难困苦玉汝于成。学习搭建更高平台，就是为了让人生活得更美好。

4.在指导青年教师专业发展方面，提出人文素养是优秀教师专业发展的价值追求

充分发挥"名师工作室"促进教师专业发展的愿景、动力与路径的功能。作为芜湖市"名师工作室主持人"，我努力发挥学术专业的引领者、资源平台的共享者、师德人格的影响者、专业发展的规划者等作用，指导研修人员通过组织推动、名师带动、任务驱动、自主能动，尽心尽力、尽职尽责定期举办各种研修活动，丰富研修内容，创新研修形式，努力将工作室打造成一个教师专业发展的教研共同体、学习共同体和命运共同体，教育教学交流研讨的精神乐园，培养青年教师专业发展，引导研修人员树立应有的教研态度、工作态度、生活态度和人生态度，着力形成"在教学过程中研究，在研究状态下教学"的良好状态，进一步增强青年教师参与研修学习的自觉性和自我发展的主动性。

发挥市级学科教研大组出思想、出人才、出经验的功能。作为"芜湖市校际政治学科教研大组组长"，我着力将市级学科教研大组打造成为"一二三四教师专业发展共同体"："一个平台"即教师专业发展载体，"两大主题"即贴近时代教育主题、贴近教师教研心理需求，"三大功能"即发现人、锻炼人、培养人，"四大过程"即有组织、有计划、有活动、有报道。"出思想"就是立足教育教学实践，总结提炼学科教育教学新的方式方法；"出人才"就是在各级各类教研活动中培养发现学科教学人才；"出经验"就是在开展学科教研活动中学会创新活动方式方法，不断追求更高质量的教研活动。

5.在高考政治复习备考方面，把握"命题思路、解题思路、复习思路"，做到"科学备考，有效复习"

（1）教师指导学生"科学备考"

"科学备考"就是要引导学生努力做到"在高考中学会高考，在解题中学会解题"，增强高考备考的针对性和实效性。我通过连续多年不断追踪研究高考真题，透视高考政治试题的"玄机"——题中自有命题道，题中自有出题人，题中自有解题法，题中自有复习路。高考政治试题贯穿一条主线：

核心素养立意,集中表现为命题思想、解题思路、答题思维。教师要明晰三大思路:命题思路、解题思路、复习思路。学生存在四个不足:基础不牢、指向不明、思路不清、能力不强。高考政治复习备考要做到两个要求:科学备考,有效复习。

全国新课标卷政治高考"难"是因为高考考查并见证学科核心素养。首先,情境材料蕴含答题信息:显性信息的精准解读能力,做到答全、答准,隐性信息的合理引申能力,做到答深;甄别试题情境材料,精选提取有效答题信息;整合结构层次,材料归纳整合形成一定的答题层次或条理能力,一个层次或条理对应一个答案。其次,设问解读:分解要素,把握指向,明确答题思路。再次,知识应用:概括总结、精准阐述的知识综合能力及灵活运用、拓展引申的知识创新能力。最后,分析解决回答问题:思路的严谨性、逻辑性、规范性和创新性。通过研究高考试题,我们发现高考命题有规律,解题有思路,因此要增强高考必胜勇气和高考自信。

从命题思路到解题思路。解读全国新课标卷试题情境、设问、探究及答案的命制特点,从中把握解题思路与复习思路。

首先,情境材料要归纳整合结构层次,当中蕴含答题信息。情境材料的呈现方式:多样化表达呈现,命题具有较高的艺术性。情境材料的来源:一是国内外重大时事政治,尤其是习近平新时代中国特色社会主义思想。二是重要的社会生产生活问题。此外,还有历史史实、人文素养(古语、古诗、成语、典故、名人名言)等试题。国内外重大时政主要用于创设试题情境,少量重大时政结论用于选项或答案。试题情境的创设具有"小角度切入,命题立意较高"特点。微观视角切入,能够较好规避猜题押题倾向。试题立意较高,彰显时代特色。试题情境的结构即层次性主要通过标点来划分层次,预示答案的点数。试题情境材料的价值在于坚持正确的价值导向即政治认同或核心价值,同时蕴含考点知识即必备知识。考生在全新的试题情境中应用知识分析和解决问题,既突出了学科核心素养立意考核目标,也彰显了高考追求公平的价值取向。

其次,设问指向凸显思维品质,注重思维能力考查。设问的价值在于指明解题思路和方向，聚焦能力素养考核。选择题的各种逻辑判断推理题突出考查思维判断能力，需要考生基于情境材料精准解读，结合设问指向，从而作出正确判断与选择。问答题设问一般包括四个要素：知识范围或限定、材料阅读指向、题型、分值。考生要努力做到分解要素，把握指向，精准答题，切忌答非所问、粗放式答题。非选择题设问类型、特点及其解题思路：有的试题侧重于考查考生概括总结思维能力即思维概括性，需要考生概括总结出隐含在材料信息当中的答案；有的试题侧重于考查考生的辩证思维能力即思维辩证性，需要考生运用辩证思维评析观点与阐释理由；有的试题侧重于考查考生的灵活变通思维能力即思维灵活性，需要考生思维变通、迁移、转换地分析解答问题；有的试题侧重于考查考生的思维广度即思维发散性，需要考生从不同层次、不同角度、不同方面、不同特点、不同主体、不同环节等分析、解决问题；有的试题侧重于考查考生的思维深度即思维聚合性，需要考生从不同的层次即"总—分""分—总""总—分—总"深层拓展、梯度延伸分析解决问题；有的试题侧重于考查考生的思维创新性，需要考生根据显性与隐性材料和已学知识，科学合理拓展引申，富有创见性作答。探究性试题具有一定的开放性与灵活性，凸显新课程改革的理念，突出考查考生思维的开放性与灵活性。

总之，高考选择题的解题思路要遵循"四个依据"。依据材料：材料当中隐含答案；依据设问：设问指明解题的思路和方向；依据选项组合搭配；依据知识性质：观点正确且蕴含信息材料。"四个依据"中渗透着对考生思维判断能力的考核。问答题解题思路要遵循"四个思路"。设问思路：设问指明解题的思路和方向。第一步，分解要素：知识范围（或知识限定）、材料指向、题型（材料写法）、分值（联系知识与材料层次，可综合判断答案点数）。第二步，把握指向：形成答题总体的一般性思路。第三步，理清思维方法：概括性（概括）、辩证性（辩证）、灵活性（转换）、广阔性（广度）、深刻性（深度）、创新性（引申）等。知识思路：知识体系（纵向、横向）；重大时政结论。情境思路：审清材料逻辑结构，形成答题层次条理。情境材料的价值：材料当中隐含答案。通过标点符号对材料结构进行归纳整合，形成答题的条理性与层次性。知识思路与情境思路构成答题的具体思路。答案组织思路：分点论述。观点与材料相结合，观点是考纲规定的，材料的写法应根据题型，将观点具体化。在"四个思路"中渗透着对考生思维能力、思维方法与思维品质的考核。

（2）教师指导学生"有效复习"

"有效复习"就是要引导学生意识到"高考是自己的事情"，增强高考复习的内生动力。教师在高考复习上一定要牢固树立"高考是学生的高考"意识，才能从根本改变"一言堂"的教学行为，走出"教师讲得越多，学生考得越好"的认识误区，积极主动引导学生开展"四个自主"复习活动，即自主反思：构建知识体系和思维导图，概括相似相近、易混易错知识，总结一类试题的解题思路与方法，收集整理典型错题等。自主练习：展现解题思维过程。自主讲评：只有自己将解题思路、方法和过程娓娓道来，分析得头头是道，才能验证真会、真懂。自主命题：强化知识与生活的联系，学以致用，活学活用知识。"四个自主"复习活动增强了学生高考复习备考的内生动力、自主性和能动性，真正将教师的思路方法转化为学生的解题能力，进而避免教师代替学生复习备考，好心办坏事，克服"教师讲了多少遍，学生还是不懂不会"的怪圈与魔咒，真正取得高考复习备考的实效。

此外，时政热点复习要以分散和集中两种方式合理安排。分散即在平时考点复习中有机渗透相关的时政热点，集中即在时政专题复习阶段重点突破。但要注意适度原则，做到内容适度、对象适度，这就考验教师的能力与智慧。

综合以上所述，从教三十多年来，我在基础教育课程改革、思想政治课程标准、班级管理、课堂教学、教研活动、学生学习、青年教师培养等七大方面的实践探索，努力践行科学施教、有效教学、学会学习的理念，始终追求提升人文素养，培育人文精神，实现人文价值取向。

教学无止境，育人恒久远。在从事中学思想政治课教学的三十多年里，我努力追求做一名有爱心、负责任的崇德型教师，做一名学生喜爱的人文型教师，做一名有教育思想的科研型教师，这也必将会成为我今后教书育人道路上的职业理想追求和人生价值追求。

（二）教育、教学、教科研新理念新观点新方法呈现的特点

1.实践化

本轮新课程改革和新版课程标准提出了新理念新观点新方法，关键在于能够将之应用到新课程教育教学实践中，努力将新课程理论实践化，在新课程教育教学实践中将其不断转化为教师的教育教学行为，形成可操作化的实施策略。唯有此，才能将新课程改革的新理念、新观点、新方法在课堂教学实践层面落地生根、落实到位。我在教育、教学、教科研方面的一些思考，就是新课程新课标教学理念和要求在课堂教学实践中的探索，目的是以教师的教育教学改革实践诠释教育教学新变化和新走向，为新课程教育教学注入新的生机和活力，最终实现新课改的价值和功能。

2.常态化

基础教育新课程改革理念与要求不仅需要教师在专业发展的公开课、考评课、展示课等特定场景中应用，更需要教师在原生态的日常课堂教学中广泛而真实地开展常态化应用。唯有此，基础教育新课程理念与要求才能真正成为教师自觉主动的教学思想与行为，新课程改革才能最终走向成功。我在教育、教学、教科研方面提出的新理念新观点新方法，既能够适合高端高层次课型，也适合原汁原味的原生态课型，均可以贯彻落实新课程新课标教学理念与要求。

3.个性化

常言道"课堂教学不可复制"，因为课堂教学展示的是教师个性化的教学风格。从事中学思想政治课教学工作已逾三十载，我在教育、教学、教科研方面提出的新理念新观点新方法，凝聚并见证着三十多年教学经验积淀而来的个性化教学风格、特色化教学思想、体系化的教学模式。"不忘初心，方得始终。"我的一生只从事"教师"这么一个职业，总觉得要有点想法，做点事情，总得给自己也给他人留下一点回忆。正是基于此"初心"，我将三十多年在教育、教学、教科研方面探索实践出的新理念新观点新方法概括总结出来，尽管还有瑕疵，也不完美，奉献给诸位同行和未来的名师们，以

期交流探讨，为基础教育新课程改革尽到我的绵薄之力。

4.系列化

21世纪以来，我始终前行在基础教育新课程改革的第一线，既是新课改的实践者，又是新课改的探究者，因此，铸就了以"基础教育新课程教与学"为研究主题的"新课改三部曲"——《生态·生活·生命——基础教育新课程人文价值的追求与建构》（2011年7月由华中师范大学出版社出版），较为全面揭示了"基础教育新课程如何改"的教育命题；《"学会学习"的有效策略》（2013年8月由安徽师范大学出版社出版），较为深刻阐释了"基础教育新课程理念下如何学"的教育命题；本次即将出版的《互动与分享：王为民谈思政教育》从课程、教学、教师三大视角，较为全面阐述我的思想政治课教育教学观点，较为系统论述"基础教育新课程理念下如何教"的教育命题。"新课改三部曲"客观真实反映了一个来自新课改一线教师的心路历程，真诚记录了来自新课改一线教师的探索足迹，凝聚了我对于本轮新课程改革的过程追踪与反思，凝结了我关于本轮新课程改革在课堂教学和教师专业发展等微观领域的沉思与智慧。

5.创新化

从事基础教育教学工作三十多年来，我一直聚焦"基础教育新课程改革课堂教学实践研究"主题，注重总结教学经验，不断反思教学实践，尤其是围绕新时代基础教育课程改革，取得了一定的教育科研成果。这些在教育、教学、教科研方面提出的新理念新观点新方法，具有原创性，凝结着我对基础教育的深刻思考，集中体现了我的教育思考。

（三）交流教学思想，分享教育智慧

我在教育教学教研实践探索过程中，一方面，通过概括总结反思，努力形成自己的教育教学思想，另一方面，通过各种学术性社会兼职，在不同层面和不同范围，借助一定的交流共享形式，不断传播辐射教育教学理念，培训、培养教师，促进教师的专业成长，产生了较为广泛而积极的社会影响。

1.在芜湖市思想政治学科教研层面的交流与共享

自2001年9月芜湖市基础教育实施新课改以来，作为芜湖市中学思想政

治学科校际教研大组组长、芜湖市"名师工作室主持人"、市级学科带头人、市级骨干教师，我将自己的研究成果广泛应用于思想政治学科教学实践，取得了较为积极的成效。

在原生态课堂教学中的应用。我的教育科研成果基于课堂、为了课堂，应用于当前原生态的课堂教学，切实转变教师的课堂教学理念与行为，在不过多增加教师负担的前提下，也能上出新课程的风采与韵味，让新课程更接地气、更好实践，走出了在一般意义上的原生态课堂教学无法实施新课改的误区。

在教师培训中的应用。在市级思想政治学科教研活动中，我能够积极发挥教研骨干和专业引领作用，通过开展课堂教学研讨、专题讲座等同伴互助式的行动研究、校本研究，宣传宣讲新课改人文价值理念，推广推行新课改实践策略在课堂教学与教师专业成长实践中的应用，不断加深教师对新课程理念的理解和内化，加快新课改策略的传播和应用，对切实转变教师的课堂教学理念和教学行为产生了较为积极的影响。

在课题研究中的应用。近年来，我作为课题组长之一，在中学思想政治课教学方面，承担了市级课题"优秀思想政治（品德）教师成长机制研究"和省级课题"中学思想政治高效课堂教学模式研究""高中思想政治综合性教学策略研究"等，课题研究成果较好地解决了新课改实践中较为深层次的矛盾，推动了以课堂教学改革为突破口的新课改实践发展。

2.在教育硕士高层次人才培养层面的实践与应用

作为安徽师范大学教育科学学院教育硕士专业学位兼职导师，我积极主动将自己的研究成果应用于教育硕士的高层次人才培养实践，通过承担一定的教育硕士研究生培养任务，加强对研究生基础教育新课程研究方向的指导，提升研究生实施基础教育新课程的研究与实践能力，培养符合基础教育新课程理念的专业人才，取得了较为良好的成效。

3.在"国培计划"和省级高中教师继续教育层面的传播与辐射

作为教育部"国培计划"专家库成员，我积极将自己的研究成果应用于安徽省农村骨干教师培训和高中教师培训，多次参加"国培计划"中西部项目教师培训，取得了较为广泛的成效。通过专题讲座、在线答疑、网上辅导等线上集中培训和线下实践研修的形式，宣传宣讲新课改人文价值理念，推广推行新课改实践策略在课堂教学与教师专业成长实践中的应用，不断加深教师对新课程理念的理解和内化，加快新课改策略的传播和应用，对切实转变教师的课堂教学理念和教学行为以及教师的专业成长产生了较为广泛的影响。

此外，多年来，我还积极承担了安徽省教育科学研究院、东北师范大学、安徽师范大学、合肥市教育科学研究院、芜湖市教育科学研究所等举办的各种基础教育新课程改革理念与要求解读、高中思想政治课程标准（2017年版2020年修订）理念要求与教学指导研究、"互动式教学模式"内涵特征与实施策略、班主任班级管理的智慧与艺术、高考命题与复习策略研究、教师专业发展研究、学生"学会学习"策略研究等方面教师培训专题讲座。通过在不同层次和不同范围的交流与共享，不断传递和辐射我的教育教学思想，一方面，新课程"以人为本，回归生活，彰显生命"的人文价值理念得到较为广泛的认同与实践，广大教师"在教学过程中研究，在研究状态下教学"在不断解决新课改的实践问题中，较好地提升了教师的反思研究能力，较为有效地促进了教师的专业成长；另一方面，坚持做到教师的"有效教学"与学生的"学会学习"有机统一，"新课程文化"与"考试文化"的有机统一，较好地确立了学生教学主体地位，做到"学会学习"，有效促进了学生的科学发展。

第七章　培根铸魂：未来名师伴你行

内容提要：新课程理念下优秀教师科学发展应在师德修养、教学思想、教学智慧与艺术、教学责任感、教学素养、教学情感与情境、教学能力、教学效果、教学风格和教学环境等方面追求更加卓越的专业发展。透视优秀教师成长个案，可从打造学习型教师、树立全新教育理念，热爱教育事业、热爱学生、热爱本专业，营造和谐、宽松的学校教科研氛围，争做科研型教师，锤炼教师内在的优秀品质，专家引领与同伴互助，智慧化与艺术化的课堂教学执教能力，常态化的教学反思等八个方面探究优秀教师成长机制。本章从专业发展的职业理想、基本路径、价值取向等方面寄语未来的名师，争做新时代最美思政课教师。

正如习近平总书记所说：一个人遇到好老师是人生的幸运，一个学校拥有好老师是学校的光荣，一个民族源源不断涌现出一批又一批好老师则是民族的希望。我们应该努力成为习近平总书记倡导的"好老师"。优秀教师应该具备优秀的教育教学品质，其成长应该遵循一定的机制和规律。透视优秀教师群体共性，研究优秀教师典型个案，揭示优秀教师成长成功的"密码"，为培育更多的未来名师擘画美好蓝图，指明前行的方向。

第一节　优秀教师的教育教学品质

教师的素养状况是实施基础教育新课程改革的关键，培养一大批优秀教师是顺利推进新课程改革的师资保障，新课改的深入推进反过来又能促进优秀教师的成长，进而实现优秀教师科学发展与新课改深入推进的互利共赢。新课程理念下优秀教师成长的过程是教师自身魅力人格的完善、专业素养的提升、师生共同和谐发展的过程。优秀教师是"立足课堂，带动全校，影响一方，辐射省内外"的崇德型、学习型、创新型、智慧型、人文型和科研型的教师，是具有高尚的思想政治素养、师德修养、文化素养、人文素养、教育教学素养等综合素养的教师。在我主持的"优秀思想政治（品德）教师成长机制"[①]课题研究成果中可以得到进一步的印证。

一、师德修养

教师职业是一个道德性很强的职业。教师上课"讲什么、讲多少、怎么讲"是一门学问，是一门艺术，更能体现职业道德修养。可见，高尚的师德修养是一个优秀教师成长必备的首要因素，是所有从事教师职业的人应予追求的最高精神境界。在众多的师德构成要素中，教学中的教学行为规范化、道德责任感、学生在教师心中的地位和分量，是最重要的三个要素。通过调查研究发现，学生对此的认可度分别是：规范化从教占比96.54%，爱岗敬业占比95.28%，关注学生成长占比92.45%。可见，一个优秀教师在师德方面必须做到高标准严要求，一个在思想道德方面有欠缺的教师是不可能成长为优秀教师的。

二、教学思想

思想性是一个优秀教师成长的必备因素，可分为教育思想和专业思想两大方面。

---

① 本课题的合作者为芜湖市教育科学研究所俞宏胜老师。

教育思想。教育思想指导和影响教师的教学行为。只有在科学的教育思想指导下，教师的教学行为才能遵循教育教学科学规律。尤其是在新一轮基础教育课程改革的教育背景下，教师的教育思想对于教学行为的影响更为明显，也更为重要。能否在教师的教学行为中真正贯彻新课程理念，关键看教师是否学习、理解、树立和贯彻新课程教育思想。否则，教师的教学过程中不可避免地产生"穿新鞋走老路"的现象。一个优秀教师的成长必然在教育教学思想上是与时俱进的。为此，教师的教育思想是否先进、科学，我们着重考察其新课程理念的掌握程度、学科核心素养教学目标的实施程度、教学设计的贯彻程度。问卷调查中，学生对此的认可度分别为：新课程理念的掌握程度占比93.08%，学科核心素养教学目标的实施程度占比81.76%，教学设计的贯彻程度占比89.62%。可见，学生不喜欢教育思想保守陈旧的老师，而是表现出对教育思想与时俱进的老师的认可和喜爱。

专业思想。对于一个优秀教师而言，其思想性还突出表现在专业思想的坚定性和稳固性。调查中学生还给出了一个很重要的建议：优秀教师要具有较强的政治素养，宣传党的创新理论和路线方针政策；有良好的思想道德和文化修养，品德端正，行为规范，举止文明，严于律己，以身作则，为学生树立榜样和典范，起表率作用；思想应紧跟时代的步伐，与时俱进，开放灵活，具有国际视野，符合时代要求，引导学生了解国情，引导学生树立正确的世界观、人生观和价值观；有深厚的文化底蕴，知识储备充足，学识渊博，精通古今中外的学科知识，对所教学科要有自己独到的见解。这也弥补了调查中的不足，给了我们有益的启示。

三、教学智慧与艺术

优秀教师成长的一个重要方面是教学上应具有独特的艺术性，这是学生评价一个教师最为直观的因素，也是教师留给学生多年以后最为难忘的记忆。教学智慧中彰显艺术，教学艺术中蕴含智慧。智慧出名师，智慧显艺术。一个优秀教师在课堂教学中必然通过自己主观能动性的发挥，不断在教学内容的组织、课程资源的开发、教学方法的选择、教学手段的使用和教学过程的优化等方面有所建树。其结果是学生对于优秀教师的课表现出浓厚兴趣、积极参与，从而留下难以忘怀的印象。而对于疲于应付、平淡无味的教学，尤其是对于学科教学中理论化、抽象化的教学内容，如果不注重教学的艺术性，很有可能让学生感到枯燥无味。学生一旦表现出对这门课的无趣、厌烦，良好的教学效果就不可能实现。解决这个问题的关键在于教师面对相同的教学内容"上什么、为什么上和怎么上"，这就会"仁者见仁，智者见智"，对教师提出严峻的挑战。只有让学生对于授课教师表现出浓厚的兴趣，才能让学生对于这门课教学表现出浓厚的兴趣。要想突破困境，必然要求教师要不断发掘自身潜能，开动脑筋，努力使自己的教学充满智慧和艺术，争做一个学生喜爱、社会满意的人文型、智慧型和科研型教师。课堂教学的艺术性主要表现在：教学内容的组织、课程资源的开发、教学方法的选择、教学手段的使用和教学过程的优化等方面。在问卷调查中，学生对这些方面的认可度分别为：教学内容的组织占比88.05%，课程资源的开发占比94.03%，教学方法的选择占比77.67%，教学手段的使用占比80.5%，教学过程的优化占比90.25%。可见，"独特的教学智慧和艺术"是优秀教师成长必须具备的内在因素和关注的重要指标。

四、教学责任感

强烈的教学责任感是一个优秀教师成长应有的教学品质。唯有在强烈的责任感和使命感的驱动下，教师才能全身心投入教学，才能有追求真理的求真务实精神；才能表现出对学生的爱心、耐心、细心、信心，真正做到"以生为本"，促进学生全面发展；才能使学生成长和发展，实现"言教、身教和心教"的合一，从而成为学生成长道路上的引路人。对于一名思政课教师而言，尤其应该具备教学责任感，这是思政学科的思想性特点决定的。一名优秀教师应该坚决摒弃"自己教学是一套，言行又是一套"，把"教学与育人"人为地相分离，"只顾教书，忽略育人"，其实质是人格的分离，是一种极不负责任的表现，也从根本上背离了教育的宗旨。强烈的教学责任感主要表现在教学态度、治学精神、工作作风和人本发展理念等方面。问卷调查结果显示，学生对此的认可度分别为：教学态度占比 95.28%，治学精神占比 92.13%，工作作风占比 88.68%，人本发展理念占比 92.45%。可见，一个优秀教师必须切实担负起对本学科教学的责任感和对学生成长的责任感，这也是学生对教师的期待。

五、教学素养

扎实稳健的教学素养是一名优秀教师成长必备的内在因素，包括基本职业素养、专业理论素养和教育教学理论素养三个方面。

基本职业素养。基本职业素养是从事教师职业应有的基本要求，如教态自然，语言语音语速规范标准适中，教学情感丰富，板书规范，现代教育技术熟练掌握等。

专业理论素养。教师应该具备扎实的本学科基础理论知识素养，同时，还要不断学习充实更新自己的专业知识，完善优化知识结构，努力掌握本专业本学科领域最新发展的前沿性和前瞻性的知识，奠定扎实的专业知识基础。只有文化底蕴丰厚，知识储备充足，学识渊博，精通古今中外的学科知识，以精深的专业理论功底为支撑，才能融会贯通，提出独特的有价值的见解，才能在教学中游刃有余，从而保障教学的科学性。

教育理论素养。教师运用所学的教育教学理论指导认识和解决教育教学实践中的现象和问题，从而实现教育教学工作的自觉性和科学性。

教师教学素养的三个方面，学生的认可度分别为：基本职业素养占比 91.2%，专业理论素养占比 87.74%，教育理论素养占比 89.94%。可见，一个优秀教师的成长必然要以扎实稳健的教学素养为支撑，厚积而薄发，积淀综合素养成就教学名师。

六、教学情感与情境

教学情感是纽带，教学情境是载体，是实现"有效教学"的重要途径，是优秀教师成长必须关注的重要因素。

教师的教学情感。优秀教师应该充满激情，从而使课堂充满快乐。他们津津乐道地品味发现的快感和学生天生的好奇心。他们对学习感到兴奋，并且将这种兴奋传递给学生。在幽默的课堂环境中，学生的学习效率一贯很高，幽默的谈话可以避免尴尬场面的出现。这种幽默并不是来自很多笑话，而是来自学生间的谈话和讨论。有调查表明：教师的专业知识不如教师上课时呈现的精力和激情重要。好教师不仅要爱护学生，还要对所教科目充满激情。从教师上课时是否有激情，学生可以立即判断出教师是否热爱教学。教师通过自身的情绪情感实施积极的教学评价，从而引导学生以饱满的激情积极主动思考并回答问题，参与教学活动，将自己的思想精力和注意力全身心融入教学过程中。这有利于活跃课堂教学气氛，愉悦学生身心，增强学生学习的主体性。这样的课堂学生既能掌握知识，提高能力，又能培养情感态度价值观，真正提高课堂教学效果。

课堂的教学情境。在教学过程中，要积极创设情境，努力做到"教学内容情境化，教学情境内容化"。在情境教学中，要有机整合师生的生活经验，引导学生自主合作探究学习，指导学生学会学习，提高学习能力。在新时代和新课程的教育背景下，只有那些具有丰富教学情感并借助有效教学情境的教师，才能走进学生的思想和情感世界，为学生所认可和接纳，"亲其师而信其道"，只有学生真正参与的教学，只有触及学生思想深处的教学，才能真正称得上"有效教学"。问卷调查中，学生对此的认可度分别为：教师的情绪情感占比89.3%，课堂的教学情境占比85.53%。可见，具有丰富的教学情感和创设有效的教学情境是所有优秀教师成长的共识。

七、教学能力

具备较强的教学能力或执教能力是成长为一名优秀教师最起码和最基本的要素，也是成长为一名优秀教师的根本途径。传统的教学能力仅仅是指课堂教学组织能力，随着时代的发展和新课程的实施，教师教学能力的内涵在不断丰富和发展，只有同时具备较强的课堂教学组织能力、指导学生学习能力、可持续发展能力、教科研能力、命题能力、自我心理调适能力、信息获取和处理能力等，才能成长为一名优秀的教师。

课堂教学组织能力。新课程课堂教学组织中，一名优秀教师的角色要定位于规划设计者、组织协调者、鼓励促进者、平等对话者、合作学习者和意义建构引导者，积极引导学生成为学习的主体、话语的主体、活动的主体、思维的主体，让学生真正成为课堂的主人，尊重学生的主体地位，从而正确处理好学生的主体地位和教师的主导作用。

指导学生学会学习能力。在教学过程中积极创设情境，努力做到"教学内容情境化，教学情境内容化"；积极开展活动，努力做到"课程内容活动化，活动内容课程化"。在情境教学和综合性活动型学科课程教学中有机整合师生的生活经验，引导学生自主合作探究学习，指导学生学会学习，提高学习能力。

可持续发展能力。教师要善于学习，终身学习，通过平时的自主学习、学历进修学习，提升学历层次；参加不同类型和层次的职业培训学习，自觉适应知识更新飞速的时代，实现自身的可持续发展。

教科研能力。教师要想从普通的"教书匠"成长为科研型的优秀教师，一个根本途径就是在教好书的同时，要能够积极参与教学的理论研究和实践研究，通过积极撰写教育教学论文、课例分析、教育叙事、教学反思、行动研究报告、课题研究报告、学术专著等，对教学实践有所感悟和反思，进而概括总结反思形成自己有一定独特见解的教育教学思想。

命题能力。命题能力是检验一个优秀教师对所教学科的课程标准的领悟程度、新课改理念的贯彻程度、学科教材的理解程度、学生水平的把握程度和命题要求与技术的掌握程度的综合体现，是优秀教师必备的基本能力之一。通过研究高考和中考考试命题的特点和思路，教师可以把握命题的基本走向，建立自己的题库和素材库，加强试题的创制和改编能力。

自我心理调适能力。心理素质是当代人必备的重要素质，面对竞争日益激烈的教学环境，教师要想灵活自如应对，就必须增强自我心理调适能力，以良好的心理状态，积极应对复杂多变的社会环境。

获取、加工和处理信息能力。课程资源的内容是十分丰富的。树立"生活即课程"的大教材观，以生活为源头活水的课程资源观是对课程资源的全新思考。新课程教材提供的课程资源总是具有有限性、普适性和时效性的，需要教师根据时代和社会的最新发展现实，与时俱进，不断融入最新的课程资源。课程资源可以是当前社会生活中的新闻时事、逸闻趣事，也可以是当地社区、学校和家庭中所发生的事。尤其要关注网络资源，其具有透明度高、信息量大、时效性高、覆盖面广等特点，要提高获取、分析、加工、处理信息的能力。

同时具备上述七大教学能力（执教能力）是一件很不容易的事情，但却是成长为一名优秀教师所必需的专业能力。问卷调查中，学生对此的认可度分别为：课堂教学组织能力占比90.88%，指导学生学习能力占比87.74%，可持续发展能力占比82.7%，教科研能力占比85.22%，命题能力占比87.2%，自我心理调适能力占比84.91%，信息获取和处理能力占比91.82%。可见，成长为一名优秀的教师根本途径是要在教育教学实践中不断提升自己的综合执教能力。

八、教学效果

诚然，一名优秀教师的成长不仅要追求自身更高层次的综合教学素养、更高标准的综合执教能力，同时更要追求良好的教学效果。可以说，良好的教学效果是成长为一名优秀教师的最终评价指标。良好的教学效果可以从两个方面生成：

即期效果生成。"即期效果生成"即按照预先的教学设计已经生成的教学效果：教学成绩检测效果、教学思维互动效果等。

远期效果生成。"远期效果生成"即课堂教学过程中有些教育要素能够影响人的未来发展甚至是人的一生，如情感态度价值观、终身受用的必备知识、终身发展所需的关键能力等。

普通教师更看重的是眼前"即期效果生成"，优秀教师不仅看重眼前的"即期效果生成"，更加追求长远的"远期效果生成"。问卷调查中，学生的认可度分别为："即期效果生成"中教学成绩检测效果占比78.3%，教学思维互动效果占比91.51%；"远期效果生成"占比85.85%。可见，要想成为一名优秀教师，就要追求良好的教学效果，这是成为优秀教师的关键所在。

九、教学风格

个性化教学风格构成一名优秀教师的特殊表征，也是一名教师走向成熟的重要表现。个性化教学风格是相对于常规教学而言，在教学过程中彰显教师个性化心理特征和教师尊重学生个性差异，展现学生技能特长，赋予教学整体活力，实现有效教学的整体教学风貌及其教学方式。个性化教学风格是教师教育思想、教育能力、教育素养、教育风格和教育智慧等方面素养的综合反映，是教师在长期的教育实践过程中不断探索创新教学方式和积淀教学经验的结晶。教师个性化教学风格主要体现在以下两个方面。

教学人文化。在师生成长方面：尊重个性差异、塑造健康人格、关注生命成长，教学的过程是师生生命和谐体验和共享的过程；具有批判、质疑、反思、创新精神，做到活学活用，学以致用。

教学特色化。在教学整体风貌上表现为：教师精湛、娴熟、巧妙、显效并带有鲜明个性化特点的教学风格；学生技能特长和谐发展，学习潜能得到发挥，能够自主合作探究学习，竞争意识强。教学过程是充满智慧和特色的过程。

问卷调查中，学生对此的认可度分别为：尊重学生个性差异占比86.48%，批判质疑精神占比83.65%。可见，一个优秀教师的成长过程必须伴随着自己的个性化教学风格的形成。

十、教学环境

一个优秀教师的成长还应主动创设人文化的教学环境，营造有利于自身成长的外部条件。人文化的教学环境主要包括：

和谐师生关系。教师能够真诚倾听学生发言，善于激励学生，尊重学生的人格和主体性，师生之间形成民主、平等、和谐的师生关系。

和谐同事关系。教师要有一定的人际交往能力，同事之间要善于相互学习，取长补短。孤立的环境是无法成就一名优秀教师的。

问卷调查中，学生对此的认可度分别为：和谐师生关系占比92.45%，和谐同事关系占比88.68%。可见，一名优秀教师的成长离不开良好的外部条件，要能够善于创设人文化的和谐教学环境。

综上所述，从问卷调查中所列的十项一级评价指标和三十三项二级指标的调查结果分析，绝大多数同学对这些评价指标持赞同态度，持不同意和说不清的态度比例很小。这说明，在新时代实施新课程改革的背景下，学生对优秀教师怀有较高期待，提出较高要求。尤其是新课程在课程的功能、结构、内容和评价、管理等方面都有所改革创新和突破，这对教师的专业素养、思想观念、教育方式、教学行为提出了新的要求，也为教师专业成长赋予了新的内涵。

第二节　优秀教师的成长机制

伴随着基础教育新课程改革的历史进程，涌现出许多优秀教师。透视这些优秀教师成长的典型个案，展现了他们成长的心路历程，见证了他们的成长都经历了这样的一个过程：从初次从教时的不知所措，到不懈奋斗、追求卓越、超越自我，努力做最好的自己，天道酬勤，成就名师。优秀教师成长的过程是教师自身人格魅力的完善、专业素养的提升、师生共同和谐发展的过程。研究这些优秀教师成长个案，不仅印证了学生问卷调研的结论，还可以从他们的成长轨迹折射出优秀教师成长的一般规律和应具有的优秀品质。

一、打造学习型教师，树立全新教育理念

优秀教师的成长历程有个共同的心声：学习最美丽，工作最快乐。思想指导行动，要想做一名优秀教师，一定要不断学习，学习先进的教育理念，学习新课程理论，在自主学习中完善知识结构，收获学习带来的愉悦。

（一）与书结伴，追求更高的教育品位

优秀教师的成长之路是用书籍铺就而成的。知识经济时代，知识更新和信息传播的速度快，要求教师做到"学无止境，终身学习"。他们强烈地意

识到"知识改变命运，教育成就人生"，读书是教师专业成长的必由之路，学习、学习、再学习，这是教师专业成长的重要途径。正如陶行知先生所言："要想学生好学，必须先生好学，唯有学而不厌的先生，才能教出学而不厌的学生。"一个优秀教师善于向书本学习，向同行学习，向学生学习，向实践学习，学习本体性知识（专业知识）、条件性知识（教育教学理论知识）、实践性知识（经验性知识）等。学习时做到："新"即与时俱进，把握本学科在当代最前沿的知识；"宽"即拓宽知识面，最大限度满足教学需求的其他方面知识；"专"即加强专业知识学习，夯实理论功底，做到居高临下；"思"即带着问题读书，认真反思，用心品味，在反思中成长；"记"即做读书笔记，写下随想录，形成自己独特的思想；"用"即加强理论知识在教育教学实践中的运用，增强所学知识的实用性。只有通过不断学习，教师才能在教学中把大量的相关课外知识与教材知识相融合，从而激发学生的学习兴趣，使教学内容新颖、紧跟时代步伐，增强教学效果，进而潜移默化影响学生；才能具有丰厚的文化底蕴和专业素养，使教学思想与教育改革始终保持一致，更新观念，适应时代发展和教学改革的需要。在学习中，优秀教师提升自身内在的文化修养和品位，强化了人格魅力，完善了知识结构，赢得了学生的信任和尊重。

优秀教师都非常注重学历进修，在职攻读教育硕士、教育博士是优秀教师成长过程中较为普遍的现象。这既是教师再学习、提升教育层次的过程，也使教师站得更高，看得更远，开阔教育视野，提升研究能力。

（二）珍惜教育培训机会，更新教育思想

一名优秀教师的成长必然在教育思想上是与时俱进的，他们对于校内外的各种教育培训从来不以消极抵触情绪对待，而是以积极主动态度应对，珍惜这些来之不易的学习机会，接受专家们的教育新思维，领略名师们高超的教学艺术，开阔视野，发现弥补自身不足。在培训之余，他们还积极撰写培训心得以及读书笔记，及时进行实践和感悟。通过参加各种教育培训，主动理解、接纳、内化新的教育理念，并在自己的教育教学实践中付诸行动，思想和行动上的领先一步，让他们尝试到成功的快感。在"学习—实践—科研—学习"的专业成长道路上，他们欣喜地发现：学习，能使自己不断地进步；行动，能使自己快乐地体验；反思，能生长出智慧；收获，能让自己享受充实的教育人生。

优秀教师伴随着新课改的步伐成长，通过不懈努力学习，完成教育理念的更新，自觉树立现代教育观、课程观、教学观、评价观、教师观、学习观、学生观等，深切体会到当代教育要贯彻落实"以学生发展为本"的教育思想。

二、热爱教育事业、热爱本专业、热爱学生

优秀教师的成长历程充分证明，对教育事业的热爱是搞好教育工作的前提，对学生的爱是一种重要的教育力量，对学科专业的爱是提高教育教学质量的重要条件。

热爱教育事业。优秀教师对所从事的教育事业充满热爱，让自己的教育人生永远是激情燃烧的岁月，永不停息地追求进步和卓越。优秀教师把立志为教育事业服务定位为自己的人生目标，即使在艰苦的环境下，他们不抛弃、不放弃，"艰难困苦，玉汝于成"，对教育事业有着坚定的理想信念和执着的理想追求，从而在平凡的工作岗位上做出了不平凡的业绩。

热爱本专业。优秀教师对所从事的专业充满热爱，引发出深入钻研教材的浓厚兴趣和传授知识的丰富情感，从而激发学生的兴趣和相应的情感体验，使学生更好地感知和理解知识。当教师满腔热情、情绪激昂地开展教学时，学生才会情绪饱满、饶有兴趣地悦纳教师传授的知识，才会更加热爱这门学科。

热爱学生。优秀教师真正做到了爱学生，爱全体学生，尤其是关爱"两有生"（即学习有困难、品行有障碍的学生）。他们把爱学生看作是师德的重要表现和基本要求，更是教师的基本素养。师生关系是师德需要调节的最主要的人际关系，教育是师生的双边交往活动，要想取得良好的教育效果，必然需要通过"爱"来建立和谐的师生关系。学生是有血有肉、有情感的鲜活

的生命，理应得到尊重和关爱。一些教师在功利思想的诱导下，高压和"错爱"虽然可能获得眼前利益，但却忽视学生的内心感受和真实需求，进而造成对学生个性的泯灭和生命的摧残，牺牲了教育的长远利益。只有真爱学生，才能激发学生的学习热情，这是教师获得成功的基础，也是学生成长的需求。爱一个学生容易，爱全体学生，尤其是后进生，更不容易。"爱是教育的源泉，没有爱就没有教育"，以教育影响教育，以爱心唤醒良知，用人格塑造人格，爱学生不仅要关注学生的学习，更要关心学生的人格尊严、身体和心理健康。"亲其师而信其道"，深受学生欢迎和喜爱的老师，往往对学生产生一种亲和力，进而使教育产生事半功倍的效果。亦师亦友亦知己，润物细无声，倾注爱心是教师教育教学的一大特色。爱学生需要教师尊重学生的人格、兴趣、爱好，了解学生的行为习惯和为人处世的态度、方式，帮助学生形成健康完美的人格。赞可夫说："当教师必不可少的，甚至几乎是最重要的品质就是热爱儿童。"教师只有发自内心真正爱学生，才能走进学生的内心世界，教师的教育才能起到有效作用。可见，教育是心灵的艺术，学生对于某个学科课程的兴趣程度，一般而言，受到从事这门课教学的老师的影响，对这门课的老师感兴趣，往往会产生对这门课的兴趣。高尚纯洁的爱是师生心灵的通道，是启发学生心扉的钥匙，是引导学生成长的路标。此外，优秀教师的人格示范也是一种重要的教育力量和资源，是其他方式无法替代的。爱要用心，爱要付出，爱要得法，爱要具体。

三、营造和谐、宽松的学校教科研氛围

任何一位优秀教师都是在良好的学校环境中成长起来的，尤其是学校人际关系的软环境。

新老结对。这是绝大多数优秀教师成长的共同感受。师德高尚、经验丰富和业务精良的教师对年轻教师悉心指导，积极鼓励，无私传递教学经验，从而让年轻教师成长少走弯路，有利于缩短年轻教师的成长周期。

同伴互助。这是优秀教师成长的自觉选择。在轻松、愉悦、开放、和谐的人文环境中，同学科同年级的教师相互接纳开门听课及评课，共同探究新

课程教学问题，达到取长补短、资源共享、教学研讨、专业成长的目的。共同磨课，共享教育智慧，这是促进优秀教师成长的有效途径。通过集体备课、相互听课、集中评课和共同磨课等同伴互动方式，相互研讨和探究新课程教育教学变革，交流经验，研讨心得，出谋划策，相互启迪，集思广益，共享教育智慧，共同提高教学素养。

此外，学校营造的宽松和谐的教科研环境、教师团队的合作精神、教育行政主管部门和学校的政策倾斜和导向激励等，都是优秀教师成长的重要的外在条件。

四、争做科研型教师

优秀教师在全力抓好课堂教学、完成繁重的课堂教学任务的同时，关注课堂，聚焦课堂，把课堂教学中生成的问题作为研究对象，以提高课堂教学绩效为出发点，以促进师生发展为目的归宿，积极开展行动研究，做好教育科研工作。以学校为研究中心，以教师为研究者，以课堂为研究室，优秀教师通过共同磨课、上课、听课、同课异构等不断发掘课堂教学过程中存在的问题，对问题加以提炼形成研究课题，再以课题研究成果指导课堂教学，这就是行动研究，从而培养教师校本教研兴趣、意识和能力，这是优秀教师专业化成长的根本途径。

优秀教师的教育科研意识在学习中萌发，从教学反思开始。在实施新课程的教育背景下，新课程在教材的基本理念、教育功能、课程结构、教材特点、设计意图、教材内容的呈现方式上作出了重大调整和改革探索，实现了教学观、理论基础、教材功能、教材任务和教材形态等方面的根本性转变。教师在课堂教学中必然会遇到各种各样的新挑战和新问题，根本出路在于面对现实，正视问题，如实记录课堂教学中出现的问题，及时总结反思自己在课堂教学过程中解决问题的成功经验与失败教训，然后在新课程理论指导下形成研究课题和论文，上升到理论高度，最后以自己研究的成果指导课堂教学实践。优秀教师成长总是伴随着教育科研从必然选择走向自由发展，没有教育科研能力的支撑，成就不了名师。积累原始的教育教学资料、反思总结教育教学经验教训、积极撰写论文和开展课题研究，是所有优秀教师成长的必由之路。只有在教育教学实践中保持勤于思考、勤于动笔的良好习惯，养成教师"在教学过程中研究，在研究状态下教学"的教学研究状态，才能永葆教学的青春活力。

五、教师内在的优秀品质

所有优秀教师成长既需要良好的外部环境，更需苦练内功。他们坚信，只有自己才能掌握和改变自己的命运，因此，他们在教学工作上追求卓越，科研上追求跨越，育人上追求超越。正是追求这些优秀品质，从而铸就了一名优秀的教师。

（一）心理品质

永不自满是优秀教师成长的原动力和关键因素。优秀教师具有强烈的事业心和责任感，不断自我加压，压力产生动力，从而走向成功；自我觉醒意识和自我反思意识强烈，在觉醒和反思中寻找解决问题的办法和出路；具有敏锐的洞察力、预见性、较强的人生规划能力和可持续发展能力，决策果断，行动迅速，善于把握专业成长的各种机遇；自信、自律、自强、自省，自我调控能力强，善于把握好自我发展方向；具有很强的承受挫折能力，有坚定的信念，意志坚强，以顽强精神、百折不挠的毅力，战胜挫折困难，"艰难困苦，玉汝于成"，有信心和决心克服成长过程中遇到的各种难以想象的困难，不断挑战自我，成就一番事业；宽容的心态，宽容自己和学生的失误，以平常心理面对荣辱成败与名利得失；用人格魅力塑造学生灵魂，性格随和，平易近人，情感丰富，坚持真理、原则和标准，做到原则性和灵活性相统一等。

（二）精神品质

1.团队协作精神

能够尊重他人，平等对待他人，有良好的合作能力，与同事相互取长补短，做到平等竞争，发扬集体主义精神，合作共享，在合作中竞争，在竞争中合作。

2.敬业奉献精神

爱岗敬业，积极进取，能够全身心投入本职工作，为教育事业奉献青春，"一切为了学生，为了学生的一切，为了一切学生"。

3.创新精神

教师创新是学校的发展根基。一个教师如果停止创新，就意味着他的教育教学活动的终结；一个教师团队如果停止创新，就意味着学校发展的终结。优秀教师不断追求教学方式与方法的创新，创造性使用教材，努力追求最大化的课堂教学效益、效果、效率，实现有效教学和学生科学发展。

4.艰苦奋斗精神

优秀教师的成长是需要付出代价的，他们的成功来自长期、艰苦和扎实的教育教学实践，经历了一个"挫折—反思—实践—成功"的过程。

（三）道德品质

诚信为本，善待学生和同事，对学生具有高度责任感，对本职工作具有极强的事业心、进取心和责任心等。

总之，对于一名优秀教师而言，最重要的是具有"不断进取、吃苦耐劳、不断思索、及时总结"的高贵品质。

六、专家引领与同伴互助

引领和影响优秀教师成长最重要的外部因素是来自各级教学研究机构的专家引领和各种学科教科研组织的同伴互助。

各级教学研究机构的专家引领。各级教学研究机构的学科教研员和名师工作室的主持人在教研活动中起着示范、引领、带动、辐射和激励作用，这是引领优秀教师快速成长的重要途径。在教学研究机构和名师工作室的专家引领下，通过开展多元化的教学研究活动，在优质课、论文、课题、听课、评课、研讨课、示范课、集体备课和磨课等形式的教科研活动中，优秀教师一方面提高自己的教科研水平，另一方面发挥骨干作用，增强组织协调能力，在组织开展基础教育新课改的教育科研活动中，引领教师的专业成长。在教师专业成长过程中，贯彻落实新课程理念，进而实现了在活动中培养人、发现人、锻炼人和塑造人的教科研功能，实现了为优秀教师成长"立足课改、搭建平台、服务教师、提升水平"的教科研宗旨。

各种学科教研组织的同伴互助。建立健全区域性的跨学校的学科校际教研大组（中心组）等教研组织，有利于为优秀教师的快速成长提供锻炼机会和同伴互助平台。这些校际教研组织在相对集中的时间，有计划、有组织、有目的、有主题地围绕基础教育新课改课堂教学过程中出现的问题和困惑，开展同伴互助式的探讨和研究活动。由于这里没有行政领导的指示命令，没有学术权威的高屋建瓴，只有来自课改一线教师之间的互动、交流和研讨，在相对宽松、活泼的教研氛围中，大家敞开心扉、相互启迪、集思广益、分享经验，共同寻求课改的对策，这才是真正意义上的原生态式的行动研究，也是最有效的校本研究。

七、智慧化与艺术化的课堂教学执教能力

实施有效备课。"备学生、备学材、备学法"，"备好学生课，备好时代课"。教师应从学生的成长特点和需要出发，走进学生生活世界，关注学生生活经验，引导学生体验生活，力求在教学设计中突出学生的主体性。

丰富教学情感。苏联教育家苏霍姆林斯基说，要进行教育，首先是关切地、深思熟虑地、谨慎小心地触及青年人的心灵。只有感知学生的心灵才能唤醒学生的情感，只有用自己的情感才能唤醒学生的情感。也只有这样，才能和学生形成情感上的共鸣，更好地实现课程目标。教师精神饱满地出现在课堂上，抑扬顿挫的语调、铿锵有力的语音、挥洒自如的举止等，无形中给学生带来有力的情感渲染，学生的情绪高涨，学习的积极性和主动性随之增强，能够增强教学效果。当然，激情是优秀教师用爱心和责任心培育出来的。

教学智慧中彰显艺术性。打破教材知识的编排体例，创造性使用教材；大胆创新教学手段，积极运用现代化的艺术化的人文化的教学方式和方法，

引导学生积极主动参与教学，形成师生之间的良性互动；鼓励学生用多元化的思维思考问题，感悟和自主建构知识；面对突发事件，运用教学机智，善于化被动为主动，突破常规，抓住教育契机。

突出"以生为本"的教学方式。课堂教学中，优秀教师善于创设引导学生主动参与的课堂教学环境，通过问题情境、活动情境和生活情境等开展情境教学，真正实现教学方式的转变。教师主导作用定位于：设计规划者、组织协调者、平等对话者、鼓励促进者、合作学习者和意义建构引导者；学生主体性定位于：话语主体、活动主体、学习主体、思维主体。学生的个性和灵性得到充分的张扬，尊重学生的个性差异，充分把课堂交还给学生，真正做到尊重学生主体性。

实施积极的教学评价。把微笑带进课堂，把尊重带进课堂，把激励带进课堂，把浓浓的人文关怀带进课堂。优秀教师善于发现并肯定每个学生的每个细节的优点、长处和闪光点，点燃学生进步的希望。

八、常态化的教学反思

学会反思教学是教师专业成长的重要标志。著名教育家叶澜曾说，一个教师写一辈子教案不一定成为名师，如果一个教师坚持写三年教学反思可能成为名师。美国教育家波斯纳总结教师成功的公式：经验+反思=成功。可见，坚持教学反思是一个教师走向成熟和优秀的重要途径。优秀教师的成长之路的共性在于他们坚持写教学反思，每节课后写反思，每个学期写经验总结。反思改变了自我，促进教师不断发展、成长和完善。课前反思，有效备课；课中反思，有效教学；课后反思，科学发展。通过教学反思，有利于教师提高自我反思意识和自我调控能力，增强自我发展能力，完善教学艺术，实现教师的自我价值；有利于解决各种新的教学问题，培养自己的教学机智，发展自己的专业水平；有利于捕捉教学灵感，吐故纳新，升华成教学经验和理论；有利于超越自我，显示更强的教学生命力。在自我反思中提升综合素质，享受教科研成果带来的幸福，这是所有优秀教师成长的共识。

九、结语

一名优秀教师的成长是一个长期的丰富内涵与积淀素养的过程。

高规格的教育培训。参加国家级、省级、市级骨干教师培训学习，支持和鼓励教师在职攻读教育硕士、教育博士，提高教师的学历层次，适应知识经济时代对高层次人才的需要。

高水平的教学比赛。参加国家级中小学教师教学竞赛、省市级"教坛新星""学科带头人""骨干教师"以及优质课、论文等评选活动，培养优秀的名师，以"名师效应"带动"名校效应"。

高质量的教学研究。树立"科研兴校、教研兴教"的教科研理念，通过高质量的课题研究、教学研讨等活动，培养科研型和专家型教师。

高层次的教育影响。名师的培养和形成过程是以自身扎实稳健、高超精湛的教学素养为基础，以富有前瞻性、创新性的教育科研素养为支撑，以高尚的师德素养为根本，以培养青年教师和支持薄弱学校发展体现其影响力，以传播先进教育教学思想体现其辐射力。

总之，新课程理念下，优秀教师成长可以遵循"一二三四五六"机制，"立足一个平台"，即站稳三尺讲台；"提高两大修养"，即提升教师的师德修养和学术修养；"发展三种能力"，即发展教师的课堂执教能力、教育科研能力、命题评价能力；"培养四种意识"，即培养教师的责任意识、竞争意识、反思意识和创新意识；"协调五种关系"，即协调好生生关系、师生关系、同伴关系、人本关系和人机关系；"做好六大研究"，即做好课堂教学实践研究、科研课题研究、命题评价研究、课程改革研究、教师专业发展研究和班级教育管理研究。教师应努力成为"立足课堂、带动本校、影响一方、辐射社会"的崇德型、学习型、创新型、智慧型、人文型和科研型的教师，成为具有高尚的思想政治素养、师德修养、文化素养、人文素养、教育教学素养等综合素养的教师。我们要锻造一支适应基础教育新课程改革需要的最可靠最稳定的名师队伍，坚定不移地推进基础教育新课程改革深入持久发展。

第三节　筑梦未来：寄语未来的名师

一、牢记总书记殷殷嘱托，做新时代最美思政课教师

新时代的思政课教师要有更高政治站位，深入学习领悟践行习近平总书记2019年3月18日在学校思想政治理论课教师座谈会上的重要讲话精神，用习近平新时代中国特色社会主义思想铸魂育人，贯彻党的教育方针，落实立德树人根本任务，以自己的初心使命和责任担当回答好"培养什么人、怎样培养人、为谁培养人"这个时代之问。

办好思政课，最根本的是要全面贯彻党的教育方针，解决好"培养什么人、怎样培养人、为谁培养人"这个根本问题。习近平总书记重要讲话精神科学定位了思政课的根本使命，指明了思政课教师应该努力的方向。

思政课是落实立德树人根本任务的关键课程。思政课作用不可替代，思政课教师责任重大。习近平总书记重要讲话精神明确界定了思政课的重要地位，我们思政课教师深感使命光荣，责任重大。

思政课教师要给学生心灵埋下真善美的种子，引导学生扣好人生第一粒扣子，做到"六要"：第一，政治要强；第二，情怀要深；第三，思维要新；第四，视野要广；第五，自律要严；第六，人格要正。习近平总书记重要讲话精神对思政课教师提出的鲜明要求，是我们当好新时代思政课教师的根本遵循。

思政课要不断增强思想性、理论性、亲和力和针对性，改革创新要坚持"八个统一"：要坚持政治性和学理性相统一，要坚持价值性和知识性相统一，要坚持建设性和批判性相统一，要坚持理论性和实践性相统一，要坚持统一性和多样性相统一，要坚持主导性和主体性相统一，要坚持灌输性和启发性相统一，要坚持显性教育和隐性教育相统一。习近平总书记重要讲话精神深刻阐述了思政课改革创新的重要举措，坚定了我们教好思政课的信心决心。

此外，2014年第30个教师节前夕，习近平总书记考察北京师范大学时勉励广大教师做有理想信念、有道德情操、有扎实学识、有仁爱之心的"四有"好老师。做"四有""六要"好教师，是新时代每一位思政课教师的最高价值标准与价值追求。

二、在对立统一中认识和实践"大中小学思政课一体化建设"

习近平总书记在学校思想政治理论课教师座谈会上将"思政课"的重要地位和重要作用定位为："落实立德树人根本任务的关键课程"，"作用不可替代"；将"思政课教师"的重要地位和重要作用定位为："办好思想政治理论课关键"，"要给学生心灵埋下真善美的种子，引导学生扣好人生第一粒扣子"。习近平总书记强调，思政课教师要做到"六要"，思想政治理论课改革创新要坚持"八个统一"，这些为新时代当好思政课教师、上好思政课提供了根本遵循。习近平总书记同时强调，要把统筹推进大中小学思政课一体化建设作为一项重要工程，推动思政课建设内涵式发展。这是新时代赋予思政课教师的使命担当，为重塑思想政治教育新格局提供了理论指导。

（一）在对立统一中深刻认识当前"大中小学思政课一体化建设"存在的主要问题与解决路径

"大中小学思政课一体化建设"存在的主要问题。我国的教育体制机制导致思想政治教育"条块分割、力量分散"。从纵向的"条"来看，大中小学学段"各自为政"，这必然带来学生思想政治教育时段脱节；从横向的"块"来看，学校内部的思政课堂、德育部门等思想政治教育渠道各有一套，各行其是，这必然使学生思想政治教育被人为割裂。长期以来，一些学校思政课一直坚持"灌输式的线性教学"，思想政治教育缺少科学性与人文性、针对性和实效性。"灌输式的线性教学"就是老师讲、学生背、刷题练、反复考。这种教学方式既缺乏科学性：灌输进去的只可能是知识，不可能培养能力和形成正确情感态度价值观，在根本上违背了教育规律与人的认知规律，最终影响课堂教学效果；也淡化"人文性"：目中无人、心中无人，没有以学生为中心，泯灭了学生学习的主体性，不能做到立德树人，不能真正促进人的全面发展。这种方式下的思政课教学效果缺少"针对性和实效性"：思想政治教育既不能真正走进学生的生活世界与心理世界，不能及时关注、了解、捕捉、把握到学生的所思所想、所作所为，不能精准贴近学生的心理需求，缺少针对性；也不能触及学生的思想灵魂，培育学生正确的"三观"，缺少实效性。

"大中小学思政课一体化建设"是解决当前思想政治教育问题的根本路径。推进新时代"大中小学思政课一体化建设"，是全面贯彻党的教育方针，落实立德树人根本任务，遵循人的成长规律、思想政治教育规律的根本解决路径。"大中小学思政课一体化建设"要站在党和国家全局高度，顶层设计"培养什么人、怎样培养人、为谁培养人"这个根本问题，统筹规划"人的成长要求一体化、课程设置一体化"，科学界定不同学段的学科核心素养、课程结构和内容、实施策略等，实现思政课育人的全过程、各环节有序衔接、畅通循环。

（二）在对立统一中探索实践"大中小学思政课一体化建设"的基本思路与策略

在"大中小学思政课一体化建设"过程中，我们要秉持"想做什么、能做什么、做成什么"的基本思路，立足实际，科学定位与精准施策。基本策略就是，在统一中把握对立——在一体化总体布局中，科学定位各学段思政课教学；在对立中把握统一——针对各学段教学实际问题，系统规划思政课教学、研训，上下游走向融合发展。

学术研究共同体。各有所长，扬己之长，做到理论研究与实践研究一体化协同融通、合力推进，如研究项目内容、研究人员结构等理论与实践一体化。

课程实施共同体。智慧分享，资源共享，搭建课程资源开发、整合与分享，课程建设指导与实施的交流与研讨一体化。

专业发展共同体。高端培训与接地气培训相互促进，做到基础教育教研力量与高校马克思主义学院研究力量的研修学习、教研培训一体化。

人才培养共同体。凝聚力量，有机整合，基础教育正高级教师、特级教师等名师与思政专业本硕博各层次人才培养一体化。

组织机构共同体。专设机构，搭建平台，以大学为主，兼顾各学段教研人员，统筹规划、组织实施一体化各种项目活动，做到"内引外联、上下联动"，让一体化常态化，落地生根。

三、新时代教师专业发展的职业理想、基本路径与价值取向

（一）坚定当好一名优秀教师的职业理想

1.争当"两型"教师可以成为一名优秀教师的座右铭

只有志向远大的人，才能走得更高更远。一名优秀教师必定是一个胸怀大志的人，在为人师表、教书育人、立德树人的道路上努力追求做一名有爱心、负责任、学生喜爱的人文型老师，努力追求做一名与时俱进、反思研究、有一定教育教学思想的科研型老师。追求"人文型老师"和"科研型老师"的职业理想和人生价值需要我们着力增强思想政治教育的责任感与情感，努力走进学生的生活世界与心理世界，提升思想政治教育的针对性与实效性。

2.明确"五要"要求可以成为一名优秀教师的经验导航

（1）心要明

我们要做政治上的明白人，在大是大非面前不糊涂。中小学教育是为学生人生发展起奠基作用的基础教育，中小学教师在未成年人成长过程中处于主导地位，起着关键作用。我国在中小学基础教育阶段设置思想政治理论课，其根本任务就是对学生进行马克思主义科学的世界观、人生观、价值观教育，是我国国家性质和国家意志的突出体现。思政课教师不仅是知识的传播者，更是学生思想道德品质的塑造者和引领者。思政课教师是真理的化身，是党和国家大政方针的代言人，要向学生传递正能量，弘扬主旋律。这

是教书育人的"方向盘"！

（2）德要正

"德主内，法主外。"德高才能身正行稳。教书育人是一个良心活，"官、名、利"是拷问教师道德良知的三大利器。教师要懂得感恩，懂得珍惜，心存敬畏，什么该做什么不该做，什么能说什么不能说，守住底线，不碰红线，切勿抱侥幸心理、急功近利，偏离人生发展正常轨迹。这是人生发展的"定盘星"！

（3）才要硬

教师职业是专业技术，专业要讲科学性，技术要讲艺术性。新时代基于新课程教师专业发展的基本素养，要聚焦一个核心：基础教育新课程基本理念与要求；具备四大硬核实力：教学能力、科研能力、命题能力与管理能力；做到"五好"："备好课""上好课""教好研""命好题""育好人"。有实力才有魅力，教师要怀有一份责任感，保持一颗进取心，树立一种不服输的精神，在教师职业与教育事业上不断超越自我，追求卓越。切勿安于现状、随波逐流，无所事事，无所追求。这是专业发展的"原动力"！

（4）人要实

学校是个微型社会，教师需要合作团队。我们从大学毕业入职教师行业，智商不成问题，情商却因人而异，这也成为后天发展差异的重要因素。过于精明，人们会疏远于你；自我封闭，你将自绝于社会。为人处世之道在于为人热忱，做事坦诚，富有团队合作精神，切勿以自我为中心，偏离同事朋友圈。这是为人处世的"润滑剂"！

（5）气要顺

要保持良好心态。在专业发展道路上，每一次成果的产生，每一次成功的获得都不可能是一帆风顺的。我们所面临的社会竞争日趋激烈，社会舆论也是错综复杂的。故而"事不顺"是常态，健康才是最重要的"1"，只要努力就不后悔。以一颗平常心正确对待教师切身利益，既不要贪得无厌，什么名利都想沾；也不要消极厌世，什么机会都与世无争。这是身心健康的"安全阀"！

（二）新时代教师专业发展的基本路径：立足实践研究，努力形成"教师研究状态"

基于教师职业性质定位于专业技术人员，教师劳动具有科学性、艺术性等特点，因此，教师专业发展必须建立在"教师研究状态"的基础上，实现从"站上讲台""站稳讲台"到"站好讲台"，追求"科学施教、有效教学"的价值取向。

1.教师研究状态

教师要以问题为导向，坚持以学校为研究中心、以教师为研究者、以课堂为研究室，开展科研课题研究。在实施新课改的课堂教学实践中发现问题，在问题中提炼出研究课题，在课题研究中获得解决新课改实践问题的经验与策略，指导新课程课堂教学，努力形成"在教学过程中研究，在研究状态下教学"的"教师研究状态"，这是教师的一种"挑战自我、任务驱动、挖掘潜能、主动发展"的工作状态、精神状态、学习状态和研究状态。

2.实践研究的路径选择

第一，聚焦与沉思课堂是实现专业成长的根本路径。

在上课环节要做到，课前预设、课中生成、课后反思；在听课环节要做到，取长补短、资源共享、教学研讨、专业成长。

第二，经常参加教研活动是实现专业成长的基本路径。

教师为什么要教研？这是基于课堂，源于课堂，为了课堂。教师怎样搞教研？需要做到"在教学过程中研究，在研究状态下教学"。教师教研有何价值？可以发现人、培养人、锻炼人、塑造人。有些教师一遇到教研活动就会唉声叹气，寻找各种理由借口逃避教研活动，但一听到别人在各种教育教学比赛中获奖就会投以羡慕的眼光，发出赞叹之声。其实，从"唉声叹气"到"赞叹之声"，你逃避的是每一次的教研活动，失去的却是一次次专业发展的机会。

第三，积极撰写文章是实现专业成长的重要路径。

写好文章是成为教学名师最起码的要求和最基本的条件，需要我们熟知和掌握撰写教育教学论文的基本流程与策略。

为什么要撰写学科教育教学论文？是为了科学施教，有效教学。《中华人民共和国教师法》对教师概念进行了全面、科学的界定：教师是履行教育教学职责的专业人员，承担教书育人，培养社会主义事业接班人、提高民族素质的使命。因此，我们要尽职尽责、尽心尽力。教师劳动具有科学性、艺术性等特点。唐代韩愈在《师说》中说："师者，所以传道授业解惑也。"传道授业解惑是一门艺术，需要我们积极探索教育教学规律，做到科学施教，有效教学。从教一生，教师应努力追求形成具有一定特色的教育教学思想，切忌急功近利、粉饰门面，否则教科研能力不可持续发展。

怎么撰写学科教育教学论文？

首先，学科教育教学论文选题要做到主题鲜明，立意新颖。一是选题来源：源于课堂，基于课堂，为了课堂。立足课堂教学实践，聚焦课堂，沉思课堂，"在教学过程中研究，在研究状态下教学"，努力形成"教师研究状态"，在教育教学实践中发现问题，将问题提炼成研究课题，以课题研究成果指导并解决教育教学实践问题。课堂教学实践问题经过教学全要素诊断研究，教师方面，主要集中在：师德修养、教学理念、教学设计、教学目标、教学行为、教学情境（问题、活动）、教学方式与方法、教学手段、教学评价、教学资源、教学素养、教学研究等方面，教师要实施有效教学，打造高效课堂；在学生方面，主要集中在学习行为、学习方法、学习方式、学习思维、学习习惯、学习心理、学习品质、学习环境（班级、课堂、家庭）等方面，学生应增强学习能动性，教师要指导学生"学会学习"。二是立意要求：主题鲜明，立意新颖。论文主旨要贯彻落实基础教育新课程改革的理念与要求，更新教育教学思想，改进教育教学行为。三是研究价值：回答时代之问，解决实践之需。学科教育教学研究有理论研究与实践研究，中小学教师主要从事实践研究。从理论价值来看，能够丰富发展一定的教育教学理论；从实践价值来看，对指导解决教育教学实践问题具有一定的借鉴指导意义。四是论文标题：学科教育教学论文的选题要主题鲜明、立意新颖，内涵体现在论文的标题中。可见，论文标题就是文章的"文眼"，透过标题就能让读者瞬间抓住文章所要表达的核心思想。五是选题策略：现象是入门的向导，在上课、听课的过程中，教师要多观察、多反思、多总结、多动笔，积累好大量的鲜活的第一手素材。教师应积极动脑，勤于动手，发挥主观能动性，去粗取精，去伪存真，由此及彼，由表及里，透过现象认识本质，才能凝练出需要研究的主题。

其次，学科教育教学论文撰写要注意谋篇布局、遣词造句。第一步，导入：开篇导入力争做到意想不到、情理之中，直奔主题，简洁明了。主要形式有：问题导入、案例导入、价值导入、事实导入等。第二步，结构：匠心独运，智慧构造。构思框架结构，系统谋篇布局。整体系统设计文章框架结构（一级至四级标题），一条主线贯穿始终，做到条理清晰，结构完整，文脉顺畅，一气呵成。第三步，论述：引经据典，有理有据，奇思妙想，激发灵感。学习、积累、反思、创新，具有自己独特的思想观点，切忌人云亦云、抄袭剽窃。通过看书，养成摘录的读书习惯，准确引用专家学者的观点，以此支撑文章的观点。案例要具有典型性、教育性，让论证有理有据，具有说服力。第四步，表达：遣词造句，表述规范。摘要与关键词要凝练；表述要运用书面语，切忌口语化；表达要规范化，层次分明；行文要流畅、简洁，切忌啰唆；引文出处标识清楚、完整、规范。

再次，学科教育教学论文的修改完善要精雕细刻。论文撰写必然要有一个反复研磨、不断完善的艰苦过程。要字斟句酌，表达精练，观点阐述论证充分，论据有力，努力做到论述精准。不求数量，但求质量。将论文初稿保留一段时间，冷静、理性审视文章，再实践，再思考，进一步丰富完善文章内容，努力打造精品。

最后，学科教育教学论文的日常积淀要做到思维开阔，激发灵感。一要多学习：丰富理论素养，站在一定的理论高度审视教育教学问题，注重平时教育教学理论知识的储备，不断学习，提升理论修养，提高人文素养。二要多积累：丰富生活体验，注重积淀生活经验。人的生活经验是认识的元认知，要不断丰富生活实践的体验。三要多反思：发现教育教学问题症结，找准研究选题的切入点。四要多总结：深入探求教育教学问题的产生背景与原因、现实价值与意义、解决策略与路径等。五要多研讨：与志同道合的同事多进行思维碰撞，集思广益。六要多动笔：精准选题、谋篇布局，遣词造句，规范表达，形成具有自己特色的写作思路。

第四，承担课题研究是实现专业发展的有效路径。

承担或参与各级课题研究任务是名师成长的必备条件，课题研究成果是衡量名师教育教学水平的标志性指标。课题研究过程需要教师团队合作、分工协作、立足实践、创新成果，进而达成"留下一片痕迹，锻造一支队伍，物化一批成果"的目标。

我们需要了解开展课题研究的一般流程与基本策略。一是课题申请。课题研究的主题一定要源于课堂、基于课堂、为了课堂，解答教育教学时代之问，解决教育教学实践之需。二是课题立项。当前，课题立项从地市级到国家级，数量严控、资源有限，课题申请立项竞争激烈、机遇难得。这要求我们从课题立项申请开始就要精心选题、严谨论证、统筹规划、顶层设计，力争一次成功。三是课题研究。课题申请一经批准立项，就要着手科学合理规划研究过程。首先，要召开课题开题报告会，通过专家论证，集中研究团队智慧，科学明确提出课题研究的"时间表""任务书""路线图"；其次，要严格按照开题报告提出的研究进程，认真扎实推进课题研究，在规定的时间节点完成每一阶段的预设任务。最后，还要注意做好过程性材料收集整理归档的留痕工作，用以证明研究过程完备、资料翔实。课题研究的整个过程要达到"锻炼一支队伍，留下一串痕迹，物化一批成果"的研究目的。四是课题结题。课题主持人要严格按照各级课题结题的流程、方式、要求，按期申报课题结题，主要是做好对课题研究过程和研究成果的全面总结，形成一个完整翔实的结题报告，还可以将收集整理的课题研究过程性材料和理论与实践成果汇编成册，形成成果鉴定的支撑性材料。五是课题成果注重实践应用，延长价值链。课题顺利结题并不意味着课题研究的终结，要将课题研究成果推广应用于教育教学实践，一方面，指导教育教学实践，产生一定的经济社会效益等；另一方面，课题研究成果也需要在教育教学实践中不断接受检验和丰富发展。课题研究的整个过程和后续过程可以总结提炼申报参评各级教学成果奖。

第五，出版专著是系统总结教育教学思想的最高路径。

如果说撰写论文就像一名演员演好一个角色，是个人才能的展示；出版专著就像一名导演拍摄一部影视剧，是宏观调控能力的检视。从内容来说，专著是具有原创性教育教学思想的集中阐述与凝练表达；从结构来说，专著的谋篇布局是有一定内在逻辑关系的，是自成体系的；从价值来说，专著成果对他人和社会具有一定借鉴启发和教育意义的。

此外，有机会参加大规模命题、教辅材料的编写等都是教师从事实践研究、实现专业成长的有益路径。这不仅考验教师对教材知识的理解和掌握程度，对命题技术的运用程度，还检验教师对信息技术的应用程度。

3.实践研究的要求

用心做好教育科研，做有情怀的教育科研。

第一，做真的教科研。

教育科研要遵循教育教学规律和学生发展规律，问题真实、过程真实、数据真实、结论真实，教科研的过程和成果经得起实践检验和时间检验，切忌弄虚作假，有损自己的名声。

第二，做情的教科研。

教师对教育科研要充满热情、感情和情怀，积极主动，热情参与，真情投入，真情付出，对教科研成就自己专业发展充满期待与感激之情，不是急功近利、敷衍了事，不是为了教研而教研。

第三，做慢的教科研。

教科研思想观念的积淀需要有一个从萌发到形成的过程，教科研成果的产出需要有一个从总结到凝练的过程。在这个充满艰辛和挑战的过程中，教师需要小火慢煨，慢工出细活，才能创作出教科研精品。切忌只追求速度与速成，过程却破绽与漏洞百出。

第四，做质的教科研。

有质量的教科研成果才能科学回答时代之问和解决教育教学实践之需，才能有效指导教育教学实践，产生实践成效。切忌只讲数量，不讲质量，粗制滥造，浪费资源。

4.实践研究的心得：做个有心人、明白人，任务驱动，自我加压，自主发展，成就自我

第一，紧抓机遇意识。机遇就是平台，机遇面前人人平等，抓住了，你将会跃上一个更高更大更新的平台；失去了，你将会一步失去步步失去，很难再有翻身的机会。

第二，任务驱动意识。人难免会有惰性，有的时候需要有外在的任务驱动，给自我施加一点压力，逼一逼自己，调动内在的主观能动性，充分挖掘内在潜能，可能就会产生教科研成果了。

第三，概括总结反思与研究意识。教师的教科研成果具有很强的理论性、实践性、原创性等特征，教师要"在教学过程中研究，在研究状态下教学"，形成"教师的研究状态"，不能仅仅停留在教育教学的表面，要善于概括总结反思教育教学过程中的个性与共性问题、产生的背景与原因、探究解决的策略方式与方法等，潜心沉心醉心于教育科研，虽累在其中，但也乐在其中。

第四，时间意识。教育科学研究是有时效性的。教师一旦有关于某个教育教学现象的灵感火花与奇思妙想，一定要及时捕捉，及时研究，及时形成文字，待时机成熟，及时对外公开发表或参评。否则，再好的问题、文章、课题一旦过了时效期，对实践的指导作用就会越来淡化，就会失去发表的机会。

第五，责任意识与专业发展意识。从事教师这份神圣的职业，切不可碌碌无为、无所事事。本着对自己、对职业、对学生负责任的精神，我们需要树立不服输的进取意识与精神，对所从事的教育教学事业有所思考、有所作为、有所追求、有所建树。

第六，心态宽容意识。走在专业发展的道路上，很多时候教师要能够甘坐冷板凳，耐得住寂寞，经得住诱惑，有时可能不被人理解，但需要保持坚定的理想信念，保持专业发展的定力，保持良好的心态，以自己的专业发展成果回馈职业发展艰辛历程。

第七，团队合作意识。有的时候教育科研需要团队协作才能共同完成，

教师需要有人际关系协调能力、语言沟通表达能力、团队分工协作能力等。只有大家分工协作、群策群力、齐心合力、凝心聚力，才能以团队的整体力量共同完成复杂的教科研成果。

第八，前瞻性与预见性意识。教育科学研究是有周期性的。"凡事预则立，不预则废。"无论是论文发表，还是课题评审，都要经历一个比较长的周期，不是教师自己主观意志可以控制的。因此，这要求我们树立前瞻性与预见性意识，可以采用问题倒逼、施工任务倒排机制，提前谋划好"时间表""任务书""路线图"，严格按照时间节点，对标对表完成每一阶段具体研究任务，在规定时间内实现"动态清零"，达成预定研究目标。

（三）新时代教师专业发展的价值取向：人文素养的追求与建构

1.以人为本：人文主义、人文素养、人文精神与人文价值

在中国文化中，从西周以来就奠定了"以人为本"的文化精神和文化品格，而西方在公元以后奠定的是"以神为本"的文化，直至欧洲启蒙运动时期才高举起人本主义的旗帜，启发人不要做神的奴隶，要做人自己。可见，人文价值是以人为对象、以人为中心的精神——人的内在品质，核心内容是对人类生存意义和价值的关怀。其社会价值取向倾向于对人的关怀，注重强调维护人格尊严。个人人文素养的提高是个人健康发展的结果，社会人文素养的积淀是一个社会汲取历史经验教训、积累文明成果的结果，是衡量社会文明的尺子，也是社会文明的标志之一。

2.人文素养：新时代优秀教师的人文价值追求

批判继承与吸收古今中外人文主义思想。当代中国倡导"以人为本""以人民为中心""人民至上"思想，教师的人文素养就是要关注教师、关爱学生，目中有人、心中有人、立德树人，以学生可以接受的方式科学施教，促进教师的职业生命与学生的学习生命在课堂教学中得以和谐发展，促进人的全面发展。提升人文素养，培育人文精神，实现人文价值取向，应该成为教师专业发展努力追求的最高价值取向。

参考文献

著作类

[1] 中华人民共和国教育部.普通高中思想政治课程标准（2017年版2020年修订）［M］.北京：人民教育出版社，2020.

[2] 教育部考试中心.中国高考评价体系［M］.北京：人民教育出版社，2019.

[3] 王为民.生态·生活·生命——基础教育新课程人文价值的追求与建构［M］.武汉：华中师范大学出版社，2011.

[4] 王为民，刘丽萍."学会学习"的有效策略［M］.芜湖：安徽师范大学出版社，2013.

论文类

[1] 陈本俊，王为民.以时政议题引领活动型教学［J］.中学政治教学参考，2020（7）.

[2] 王华宝，蔡峰.课堂教学情感互动的路径——以"在品味情感中成长"为例［J］.中学政治教学参考，2018（35）.

［3］王华宝，王为民.互动式课堂教学中的理性精神培育［J］.思想政治课教学，2017（1）.

［4］王华宝，王为民.议题式教学中的师生互动［J］.思想政治课教学，2019（4）.

［5］王华宝."人本互动"的活动型学科课程实践反思［J］.思想政治课教学，2018（7）.

［6］王为民，俞宏胜.互动式教学模式探析［J］.思想政治课教学，2015（11）.

［7］王为民.校本教研的价值定位与实施策略［J］.安徽师范大学学报（人文社会科学版），2006（5）.

［8］王为民.学生有效参与教学的价值与策略探析［J］.中学政治教学参考，2013（9）.

［9］郜立群，王为民.人本互动打造高三复习高效课堂——以"经济坐标曲线专题复习课"为例［J］.思想政治课教学，2017（3）.

后　记

　　弹指一挥间，我从事中学思想政治课教育教学已逾三十年，这是基础教育发生巨大变化的三十年。当前，从宏观战略层面来看，促进人的全面发展的教育方针、立德树人的根本任务以及国家教育政策的价值取向等向世人昭示，我国基础教育已经进入高质量发展的新时代。但是，在微观实践层面，应试教育的弊端依然存在，顺应基础教育高质量发展的素质教育体制机制尚需进一步完善。

　　基础教育新课程改革和新课程标准倡导"以人为本、回归生活、彰显生命"的价值理念与追求，既能解放教师，也能解放学生，能够真正培养出符合社会需要的时代新人。我坚信："我的课堂我做主！""我改变不了别人，但我可以改变自己，可以改变自己的课堂教育教学生态环境。"于是，在这三十多年中，我立足中学思想政治课教育教学实践，不断反思研究、与时俱进，一切教育科研活动皆聚焦于探索如何在课堂教学中贯彻落实新课改和新课标的教育教学理念与要求，形成了"在教学过程中研究，在研究状态下教学"的"教师研究状态"，在课程改革研究、课程标准、课堂教学方式方法、教师专业发展、学生"学会学习"、考试命题评价和班级管理等方面形成了一系列具有个性化、辨识度的研究成果，今天以《互动与分享：王为民谈思政教育》的形式呈现在大家面前。在此基础上，希望吸引积聚一批志同道合者，逐步推动新课改和新课标理念与要求在更大范围走进课堂、走进教师、走进学生，增强自觉践行新课改、新课标理念要求的文化自信与文化自觉。这就是我写作本书的初心，也是我努力写好这本书的原动力。

这是一本写给我自己的书。本书全面回顾总结我从教三十多年来教育教学经验积淀而成的个性化教学风格、特色化教学理念、体系化教学模式等。这些既凝结了我的教育智慧，也展现了我的名师工作室研究成果；既体现了我的教育理想，展示了我的教育思索，也表达了我对所从事的中学思政课教育教学的真挚情怀。

这是一本写给广大中学思想政治课教师尤其是未来名师的书。年轻人是教育事业的未来与希望。以铜为镜，可以正衣冠；以人为镜，可以知得失；以史为镜，可以知兴替。教师成长既需要自主奋斗，也需要汲取他人的经验。与人分享智慧成果，既能成就别人，又能实现自身价值。希望我曾经走过的路，能为未来名师照亮前行的方向。

安徽师范大学出版社倾力打造的新时代"强基兴师"丛书，旨在向青年教师展现名师"立德、立人、立言"的成长过程，为青年教师成长提供有价值、有针对性的专业指引，给他们以启迪。这是出版社郑重推出这一系列丛书的主旨心声，也是我们共同的社会责任。本书能够有幸成为安徽师范大学出版社新时代"强基兴师"丛书之一，感谢出版社领导的信任与厚爱，感谢编辑老师的辛勤付出，同时还要感谢我的名师工作室第一期和第二期二十多位研修老师，我的教育教学成果中也凝聚着他们的智慧与辛劳，这是我们共同的荣耀。最后，还要感谢我的家人，希望今后继续相互支持、相互激励、共同提高、共同发展。此外，本书在行文过程中引用了大量的文献资料，我对所涉及的作者表示诚挚的谢意！

时代在进步，教育在发展。改革只有进行时，没有完成时。基础教育新课程改革和中学思想政治课教育教学改革永远在路上，新的实践探索还在接续推进，新的思想观点也将层出不穷。本书虽然在基础教育新课程改革与高中思想政治课教学等方面作出了一些思考与探索，但是因本人的研究能力和水平有限，还很不全面，也很不深刻，所阐述的观点也不可避免地存在疏漏，敬请各位教育专家、同行不吝赐教、批评指正。

王为民

于 2023 年元旦